站在巨人的肩上

Standing on Shoulders of Giants

TURING

图灵教育

iTuring.cn

站在巨人的肩上

Standing on Shoulders of Giants

TURING

图灵教育

iTuring.cn

TURING

CIOs at Work

驾驭信息浪潮

对话世界一流组织CIO

[美] Ed Yourdon○著　米全喜 邱彦钧○译

人民邮电出版社
北　京

图书在版编目（CIP）数据

驾驭信息浪潮 ： 对话世界一流组织CIO / （美） 尤顿（Yourdon,E.） 著 ； 米全喜，邱彦钧译. -- 北京 ： 人民邮电出版社，2015.4
ISBN 978-7-115-38584-0

Ⅰ. ①驾… Ⅱ. ①尤… ②米… ③邱… Ⅲ. ①企业管理－信息管理 Ⅳ. ①F270.7

中国版本图书馆CIP数据核字(2015)第040195号

内 容 提 要

本书是一本访谈录，记录了作者与16位世界一流组织CIO的对话，内容涉及CIO的职责定位，IT部门与其兄弟部门如何配合、协调，作为成本非常大的中心的IT部门如何面向运营，以及CIO们对未来几年技术和商业方面的机遇的预测。

这16位CIO分别来自不同类型的组织，既有电信、出版等传统行业，也有谷歌、微软这样的新兴企业，其经验见解定能给国内大小公司的经营者不少启发。

◆ 著 [美] Ed Yourdon
译 米全喜 邱彦钧
责任编辑 朱 巍
执行编辑 李岩俨
责任印制 杨林杰
◆ 人民邮电出版社出版发行 北京市丰台区成寿寺路11号
邮编 100164 电子邮件 315@ptpress.com.cn
网址 http://www.ptpress.com.cn
固安县铭成印刷有限公司印刷
◆ 开本：720×960 1/16
印张：17.25
字数：348千字 2015年4月第1版
印数：1－3 000册 2015年4月河北第1次印刷
著作权合同登记号 图字：01-2011-8030号

定价：59.00元

读者服务热线：(010)51095186转600 印装质量热线：(010)81055316
反盗版热线：(010)81055315
广告经营许可证：京崇工商广字第0021号

版 权 声 明

谨以此书献给 Teddy。

致　　谢

很难想象哪本书能够仅凭作者一己之力完成，即便是小说家也无法否认朋友、邻居、配偶或某个重要人物给予的灵感、支持、鼓励与反馈。教科书和非小说类作品也是如此，本书自然也不例外。

毫无疑问，我最应该感谢的是我很高兴也很荣幸地采访到的 16 个人。他们不仅从百忙中抽出大量时间来分享经验、洞见和建议，而且也分享了其对 IT 行业的热情和兴奋，他们的大部分职业生涯都是在 IT 行业中度过的。

在每个受访的 CIO 背后都至少有一个人——常常是两三个人——是我需要感谢的。首先，感谢那些帮助上司安排日程并协调公司内外部交流活动的行政助理。我给 CIO 每发一封邮件，可能就要给他的行政助理发 10 封邮件。没有这些行政助理的帮助，我可能根本没有机会和那些 CIO 交谈。他们就是默默无闻的幕后英雄，所以，如果我没有提到他们的名字，希望他们能够原谅我。

有几个人帮我确定了要采访的 CIO 并与他们取得了联系。这些人中最重要的就是本书的编辑 Jessica Belanger，她热心地提出了一些被我忽略的行业，推荐了一些其 CIO 特别值得采访的公司，还提供了一些聪明的策略，以便找到那些很低调的 CIO。Computer Aid 公司的几位同仁在我寻找 CIO 时也提供了很多的帮助，包括 Mike Milutis、Joe Hessmiller 和 James Nicol。我还从 Leon Kappelman、Toni Nash、John Baker 以及 Twitter 上一些半匿名的人士那里得到了急需的帮助，其中我要特别感谢@redmamba 帮我联系上了英国议会的 CIO。实际上，这些受访的 CIO 也给了我很大的帮助，他们常常把我介绍给他们的 CIO 同事，或是告诉我如何找到并联系他们。

在本书进入实际编写阶段后，有 3 个关键人物让我保持正确的方向而不至于乱了方寸。Kristen Ng 极为专业而且迅速地把每次访谈的录音整理成了清晰可读的计算机文档。本书编辑 Jessica Belanger 不知疲倦地和我一起把几段谈话录音整理成可以阅读的英文，并且原汁原味地保留了那些 CIO 的风格、个性和口气。Apress 的助理出版人 Jeff Pepper 仔细审阅了每一章内容，并补充了一些问题，使得每个访谈都更加完善。

在表达谢意的时候，作者唯恐不小心漏掉某个人。我肯定也会犯这种错误，在编写本书的几个月中，我和朋友、同事以及家人有过无数次谈话，发过大量的电子邮件。有些人我忘记提了，而他们自己也没有意识到。有些人或许只是耸耸肩，但我估计有几个人会嘟嘟哝哝地说我是故意漏掉他们的。对于这些人，我在这里先行致歉，我保证下次会做好。

Ed Yourdon

前　言

在过去 60 年的文明历程中，我们生活在一个“信息时代”。至少在过去 30 年中，人们都说，我们的商业组织、政府机构和日常社会生活对计算机技术的依赖程度越来越高。我们对日新月异、突飞猛进的技术不再吃惊，因为这是每个人都经历过的：每个人都可以说出一些难忘的故事，告诉你以前的东西是多么原始，哪怕只是短短 5 年前的。

现在，一个组织中首席信息官（CIO）的办公室最能体现这一点。具有讽刺意味的是，在 20 世纪 60 年代那个“旧石器时代”，我大学毕业，刚参加工作，CIO 这个职位还不存在，那时公司认为他们做的是“机械产品”生意——汽车、烤箱或其他一些有形产品。今天，即使是坚定信奉勒德主义①的管理人员也认识到，正是信息技术（IT）把他们的组织及其产品/服务与市场、客户以及各种各样的笔记本电脑、平板电脑和智能手机联系在了一起。更有甚者，IT 成为了让他们的“工厂”能够一周运转 7 天、一天运转 24 小时的“电力”（或者，像美国联邦政府 CIO 维韦克·昆德拉所说的，是“数字石油”）。

CIO 也因此在私营企业和公共组织中成为了越来越关键的管理人员。正如我在本书的访谈中所确认的那样，他们差不多都有“副总裁”或更高的职衔，他们中的很多人直接向组织中的 CEO 或 COO 汇报工作，有些人是所在组织的董事会成员。但同时，他们似乎又很难被辨认出来，有时候联系上他们是非常非常困难的。当然，直接拨电话找大机构的 CEO 也不是件容易的事情，但出乎意料的是，有很多公司都没有关于 CIO 身份的公开信息，甚至看不出来他们有 CIO 这个职位。

更让我吃惊的是，对于 IT 如何让组织的生产率更高、竞争力更强、效率更高，很多 CIO 都没有兴趣和我谈谈他们的意见。毕竟，信息（information）是 CIO 这个职位的中间字母。正如一位 CIO 所说的，把这个职位称为“首席交流官”（Chief Communication Officer）也许更合适。

---

① 勒德主义指的是反对改变工作方式或引进新机器或新技术。最早的勒德分子是 19 世纪早期的工人，他们认为机器会危及自己的工作，于是捣毁了机器。——译者注

在与华尔街多家银行和金融服务组织的 CIO 接洽几次都未果后，我终于明白了：在这些组织中，人们认为对 IT 的战略性使用是一种竞争优势。既然如此，他们为什么要把这些竞争优势和别人分享呢？为什么要讨论这些优势呢？甚至为什么要承认自己有这些优势呢？这就像是让美国中央情报局或美国国家安全局把他们所有的保密文件都开放给公众讨论一样。

而且，这些组织对 IT 采取的保密、“封闭”的做法让我想起了世界上一些“封闭的”国家目前正在经历的混乱。他们想要关闭互联网的做法实质上却让国家的经济停滞不前。华尔街的公司不是美国中央情报局，我认为长远来看，他们试图从这个联系不断增强、互联网随处可用的世界中隔绝开来的做法，必将会是一个失败的策略。

不过同时，有些组织显然对他们通过信息技术所完成的事情以及未来计划做的事情感到自豪。他们自然不会把自己专有的算法“秘笈”分享出来（例如，谷歌不会和我分享他们的网页排名算法，可口可乐公司也不会把他们软饮料的详细配方告诉我），也不会把所有软件都存放在开源代码存储库中。但他们意识到他们的员工（数量常常是几万甚至几十万）往往代表着各自的一个圈子，他们鼓励员工与外面的客户、供应商、销售商和业务伙伴交流，这种态度是积极、有益的。

此外，我采访过的大多数公司最终都接受了《市场就是谈话》（*The Cluetrain Manifesto: The End of Business As Usual*）一书中所提出的真知灼见，这本书中包含了作者（Rick Levine、Christopher Locke、Doc Searls 和 David Weinberger）认为能够描述网络化市场新“现实”的 95 个论点。在 10 年前，书中的有些建议听起来相当激进，像“市场不愿意和宣传员以及大肆推销的人对话，他们想参与到公司防火墙后面的谈话中”（第 62 个主题），或是“公司需要认识到市场经常在嘲笑他们”（第 20 个主题）。但是今天，越来越多的公司认识到，正视这些论点（事实证明这些论点成为了现实，而不再是抽象的理论）最好的方法是坦诚、开放，要广泛、亲密地参与到他们面对的市场和客户的活动中。正如 Levine 等人所预言的，这些事情不可能通过“宣传员以及大肆推销的人”在市场上进行对话就能实现，而是要让每一个人，从职员到管理人员，都能与市场对话——通过 Twitter、Facebook、智能手机、博客、wiki，还有今后可能出现的各种新的交互方式。

显然，所有这些都涉及组织内的 IT 部门，因此也需要 CIO 和他的团队具有远见、战略和领导能力。但这并没有告诉我们 CIO 的日常工作是什么。我从访谈中得知，他们的职责一般分为三大类，第一类可以用比喻的说法说成“让灯一直亮着”。我得承认，在开始撰写本书时没有仔细考虑过这方面的内容，因为我自己的 IT 职业生涯是从 20 世纪 60 年代开始的，那时大部分组织使用的都是相当单一的大型计算机，放在上了锁、开着空调、由保安严密把守的数据中心里。当然，等到了 20 世纪八九十年代，公司开始购买成千上万的台式机和笔记本电脑，他们单一的大型计算机中心也发展成为越来越小的、分布式的、内部互联的计算机，分布在每个国家、每个制造中心、每个销售办公室以及组织内的各个角落。但是我对此更多的是理性的认知而不是发自内心的关注，这没有给我带来什么震动。

今天，常常可以看到 CIO 管理的 IT 基础设施包含了几万甚至几十万台计算机、服务器和通过计算机控制的装置，还有成千上万的应用程序和令人难以置信的海量数据。这个基础设施的各个部件可能会不时地出问题，但就整体而言，这是一种“关键业务”，因为如果关闭了计算机（或者是一些类似的事情，比如中断连接计算机的网络），那么大家也该拉闸回家了。要让所有 IT 基础设施都能正常运转，单说这样的工作是个不简单的事未免过于轻描淡写了。而一直让我惊奇的是，CIO 们对于他们承担的这部分工作是如此地平静而淡定。

可能是因为职业所限，我的直觉是，CIO 的大部分时间都是用来和组织中各业务部门的相关人员一起磋商，寻找让业务更有成效、生产率更高、企业竞争力更强的方法。这当然也包括用更少的人完成更多的工作，让系统开发项目总是能够按时交付，成本低于预算，并且没有那种让人抓狂的缺陷，让 IT 部门自身更有成效、生产率更高、竞争力更强。而且因为计算机硬件仍旧是 IT 预算中很昂贵的一部分，CIO 也在越来越密切地关注虚拟化和云计算带来的好处——实际上，这些技术在我访问的大部分组织中都已经“大功告成”了。

但是显然，仅仅让现有业务过程生产率更高、更有成效，已经不像从前那样激动人心了。毕竟，商业组织使用计算机已将近 50 年了，计算机已经让组织中那些大量数字运算、枯燥单调的日常运营花费的时间更少、成本更低。当然，总是还有改进空间的，但是目前强调的似乎是把 IT 重点从组织*内部*转移到组织*外部*，即把组织中的员工、过程和数据与客户、供应商、合作伙伴以及其他有业务往来的组织更紧密地连接在一起。

当然，这些领域的改进不是由 CIO 独自完成的，也不是由技术高超的 IT 技术人员代表那些被动的、对技术一无所知的业务人员完成的。更常见的情况是，业务单位的人几乎和 IT 组织中的人一样懂计算机。他们也是“数字化国家”的一部分，出生后就开始使用计算机了。实际上，他们当中的很多人从小就像那些 IT 奇才一样开始学习编程，只是他们决定把自己的精力放到营销、制造业、金融或遗传工程上。

所以，我在访谈过程中看到，CIO 工作最让人振奋的是，IT 专业人员与业务单位的专业人员，以及外部客户、供应商，在很多情况下还包括业务合作伙伴，建立起了真正的伙伴关系，目的是找出以前不存在的、*全新的*业务。新市场、新客户、与现有客户打交道的新方式、新产品以及现有产品的新功能……可能性似乎无穷无尽。当然，在通过这种伙伴关系构想出需要构建、制作或完成的新东西时，每个人都希望 IT 部门

能够以人类最快的速度把它做出来。如果说以前我对系统开发是否会广泛采用“敏捷”方法尚有一丝疑虑的话，那么在做过一两次访谈后，这种疑虑毫无疑问被打消了。“瀑布式”开发方法或许还没有彻底消失，但不可否认的是，它已远远地退居幕后了。

在整个访谈过程中，我问 CIO，预计未来几年会出现的让他们感到最兴奋的新技术、新进展是什么，然后我又问了一个相反的问题，即他们最关注的是什么，让他们晚上睡不着觉的是什么。大多数人的回答都在我的预料之中，比如认为手持设备越来越智能，价格也是世界各地的人们所能承受的，“移动性”带来的巨大影响现在才刚刚显现出来。每个人都担心安全问题，从恐怖袭击到传统的网络安全，再到“监守自盗”。几乎所有的 CIO 都已经采取了虚拟化技术，并且他们当中的大部分人都认为“云计算”是一种浪潮，如果用在关键任务应用程序上，（在安全、隐私和可靠性上）也许能够很好地防止攻击，也许不能，但这项技术最后即使做不到“一统天下”，也至少会是随处可见的。

CIO 经常说到的一些趋势是我已经知道的，或是我很久以前就应当注意到的，但他们的回答仍旧让我感到吃惊。例如，我记得在 2001 年 9 月 11 日世贸中心遭到袭击后的那段时间，我在纽约市的朋友和同事对他们雇主的一个规定感到非常愤怒，即为公务配备的蜂窝电话和黑莓手机只能用于工作，不能用于私事。我的一个朋友对我说：“如果再次遭到袭击的话，我最先考虑的不是公司，而是家里人的安全。如果公司坚持那些荒谬的规定，那我就要再买一部私人用的手机了。”

我当时想，再买一部手机的想法有些极端，但又完全可以理解，这只是个别人的牢骚，并不代表一般趋势。但那是 10 年前，现在拥有多部手机已经成为一般现象了，不是因为危机或是恐怖袭击（不过卡特里娜飓风、海地的地震、日本的海啸和其他很多事件都强化了这种趋势），而是因为人们知道自家能用上的技术比工作上用到的还要强大，价格也完全可以接受。

情况就是这样，我很想听听大公司的 CIO 对这种趋势有什么反应。毕竟，公司下达的“不准使用个人消费性设备”的最后通牒是不大可能行得通的。如果员工把智能手机带到办公室，如果他们有两部黑莓手机（为了确保公司的安全人员不会监视他们的私人电子邮件），如果他们家里的台式机比办公室的老古董要强劲得多，那么 CIO 会怎么说呢？

还有，技术供应商对这种趋势作何反应？有几个 CIO 向我抱怨说，因为供应商的技术是大量出售给大公司的，所以 CIO 以前都习惯于供应商先到他们这里来，然后才会让部分技术“流到”处于公司最底层的工作人员那里。现在，很多供应商（想一想谷歌、苹果、微软等公司）都是先接近大众消费市场，然后等着看看这种草根革命是否能够让技术渗透到公司高层。

除了听他们讲述对于当前趋势的反应外，我也很想知道 CIO 对于教育的看法（计算机科学学位比一般学位或文科学位好吗），对于项目/工作分配的意见，以及对晋升到 CIO

职位所需的公司环境、导师和技能的见解。同样，有些回答和看法是预料中的，而有些是我根本没有想到的。如果你梦想着有一天成为 CIO，但苦于自己没有麻省理工学院或卡内基梅隆大学的软件工程硕士学位，你可能也会对 CIO 说的话感到吃惊。同样，如果认为从加州理工学院或斯坦福大学获得的计算机硕士学位能够确保自己今后得到这样一份工作，你同样会对他们的话感到吃惊。

我问 CIO 的最后一个问题是：接下来他们将做什么？他们的答案与年龄密切相关。快退休的人一般都认为 CIO 职位是他们职业生涯的顶点，他们希望接下来找一个半退休状态的职位，比如顾问、教授或是董事会成员。那些处于职业生涯中期的 CIO 一般都对当前的职位充满热情，对于是否某一天会晋升到更高的职位，比如 CEO，他们有着不同的反应。而那些相对年轻的人，二十几岁、三十出头的，一般都珍惜他们现在做的事情，在让自己的组织变得生产率更高、更有成效和更有竞争力的同时，期待能够接受更大的挑战。

所有这些至少都是发人深省的，特别是对我这样一个在 IT 行业工作了 45 年的人来说。我唯一感到遗憾的是大学毕业之后没有立刻做这些访谈，不然的话，我的职业生涯可能就完全是另外一个方向了！我认为今天的读者有着同样的可能，不论年龄如何，是 20 岁、30 岁、40 岁还是更大一些。本书访谈的 16 位 CIO 代表的是这一行几百年的经验，看看他们是怎么说的，你可以从他们的经验中获益！

Ed Yourdon
2011 年 6 月于纽约

目　录

第1章

本杰明·弗里德

——谷歌 CIO

本杰明·弗里德是谷歌公司的 CIO，负责管理公司的全球技术系统。他在技术上的实践经验非常丰富，做过 dBASE II 程序员、一线支持经理、Macintosh 开发人员、Windows 1.0 程序员和 UNIX 系统程序员。加入谷歌之前，他在摩根士丹利的技术部门工作了 13 年多，晋升到执行董事的职位。在此期间，他带领的团队负责软件开发技术、网络和电子商务技术及运营，以及知识工作者使用的技术。

弗里德拥有哥伦比亚大学计算机科学学位。

埃德·尤顿：首先我想问一下，你有今天的成就是不是早期受过某位榜样或英雄、导师的影响？

本杰明·弗里德：我受过很多人的影响。我工作过的公司主要只有四家，三四家吧，但是有很多榜样。我很幸运，在每份工作中都能碰上让我钦佩和学习的人。

尤顿：嗯。

弗里德：所处环境不同，榜样的类型也不太一样。上学时，我花了大量时间读书。你猜我那时的榜样是谁？是那些计算机科学的经典教材。

尤顿：（笑）

弗里德：我什么书都看，有布赖恩·柯尼汉和 P. J. 普劳格写的 *Elements of Programming Style*，有贝尔实验室的人写的书，有高德纳写的《计算机程序设计艺术》（*The Art of Computer Programming*）和他的其他著作。你和贝尔实验室一起出版过书吧？我记得好像是。

尤顿：因为我的书花了两年才出版，确切地说，是因为比尔·普劳格，我们得到了国内第一个非学术界的 UNIX 许可证。

弗里德：真的吗？

尤顿：我问普劳格：“这是免费的吗？”他回答道：“当然不是，要 1 万美元呢。”那是 UNIX 在 20 世纪 70 年代的价格。钱是他贷给我们的，不收利息。所以当时我心想：“他是认真的。”后来我们又贷款买了排字机，利用 TROFF[①]进入了出版行业。

弗里德：哇，真的吗？排字机的工作平台？是这么叫的吗？文档工作平台？真不错！

尤顿：嗯，他和布赖恩·柯尼汉写的那本书无疑是这个领域中非常重要的一本著作。

弗里德：是的。贝尔实验室出的那些书，例如布赖恩、罗布·派克等人写的书，都产生了深远的影响，高德纳的书也是。我想我小时候肯定有很多时间。我在高中和大学期间花了很多时间自学计算机，所以有很多学术榜样和计算机英雄可以学习。参加工作后，我总能遇到一些导师或让我钦佩的人，可以学习他们的做事方式，理解他们在做什么。我非常非常幸运，在摩根士丹利就工作了差不多 14 年，学到了很多管理大公司的知识，例如管理大公司意味着什么，优秀的技术和优质的服务之间的区别是什么。

尤顿：嗯。

弗里德：还有如何做到……比较恰当的说法是“现实”。有些人空有优秀的技术，但不会交流，不理解人们想要什么，或是不清楚如何谈判、如何找出折中方案、如何展开讨论等。如果不具备这些能力，优秀的技术本身并不能带给你多少好处，我看到很多人在这些方面都做得不错。所以说，我有很多榜样。很难说清楚具体是哪个人，但总有一些让我钦佩的人。我想这可能是我个性中的一部分吧。

尤顿：好的。你后来怎么来到这里了？毕竟你在摩根士丹利工作了那么久。

弗里德：我非常幸运，有几个朋友在这里工作，他们几人很早就加入谷歌了，大概是 2000 年或 2001 年的样子。

尤顿：嗯。

弗里德：当时，谷歌正在慢慢成长壮大，他们说：“噢，你应该来面试一下。”有意思的是，在 2004 年，我还在摩根士丹利开发了很多谷歌 IPO 时用到的技术。那段时间，我见到了很多在谷歌工作的人，也来过谷歌很多次。到了 2005 年，又有人向谷歌推荐我。在 IPO 项目之后，我来到这里见了很多人。说起来非常有意思，谷歌当时发展非常快，他们说：“我们对你很感兴趣，但现在没有适合你的工作，也没有职位空缺，不过你来试一下，走一下流程，如果符合条件的话，我们会设法为你安排的。”

当时我在摩根士丹利的工作很好，做得也不错。我心想，谷歌是一家小公司，还在成长阶段，虽然他们干得很不错，却不知道该让我做什么，这可不是什么有趣的事

---

① TROFF 是 AT&T 为 UNIX 操作系统开发的文档处理软件。——译者注

情。事后想想，这种想法可能是个错误。不过到了 2007 年，原来负责招聘的那个人又给我打来电话，说谷歌的 CIO 调到别的岗位上了，他说："我们正在物色一个接替他的人，你也许会感兴趣。"接下来就开始了漫长的面试过程，我经历了很多很多轮面试，我想，嗯，他们现在终于有一份适合我的工作了。我在面试过程中见到了这里的很多人，最终得到了这份工作。

尤顿：你在摩根士丹利做过 CIO 吗？

弗里德：没有，完全没做过。说句实话，我连想都没想过。如果想了解我，这可能是最重要的一点了，我从来没有想过要成为一名 CIO。我可能思考过这个职位该做什么，传统的 CIO 职位，甚至是华尔街的 CIO。在华尔街，技术是竞争优势中极为重要的一部分，他们都锐意进取、不循常规。但我从来没有想过自己会到任何一家公司担任 CIO。

我真正感兴趣的是 IT 中的工程技术和计算机科学部分。我认为自己骨子里是个对计算机非常感兴趣的人，我想把工程技术和计算机科学等带到这个行业中，我认为自己可能会一直像在摩根士丹利那样，直接向 CIO 汇报工作，而自己在工作中则是更多地关注技术。谷歌的 CIO 职位正是这样设置的，所以我想自己也许会喜欢这份 CIO 工作，并且可以胜任。

我的看法可能有点嘲讽的意味，但据我观察，CIO 在组织中往往是非常大甚至是最大的成本中心，所以大多数 CIO 肩上的担子都很重。他们的工作主要是运营，是面向运营、面向执行的。他们需要同时做几件事情：因为 IT 的开销巨大，所以要对其财务状况了解得非常非常清楚；又因为公司依赖于系统，所以要保证系统每时每刻都非常非常稳定地运行，这是极为重要的。但如果只是运营这部分的话，对我的吸引力不大。说来说去，这也只是在执行而已，对吧？

这三部分中的任意两部分都能让人产生一定的兴趣，不过我觉得"管理账目"是我到目前为止最不感兴趣的，希望我们的 CFO 会原谅我这么说。因为 CIO 是巨大的成本中心，所以我发现华尔街和其他行业的一些 CIO 都快成为众矢之的了。我可不愿意为这些事情操心。我感兴趣并且擅长的是计算机科学、工程技术、创造东西、解决问题，还有开发软件、构建系统基础结构和其他类似的事情。而 CIO 是不会在这些事情上花太多时间的，他们管理的是这样那样的大事。他们在管理上花了很多时间，在那些重要但让我不感兴趣的事情上花了很多时间。

但是谷歌把 IT 看成了一门工程学科，所以对 CIO 的工作进行了新的构思……我向技术部的一位高级副总裁汇报工作，他又向主管工程与研究的负责人汇报工作。我是工程主管小组的成员，这个组的成员还包括负责谷歌搜索、谷歌应用程序、谷歌企业和广告的主管。我把 IT 看成了工程学科，并且对它非常感兴趣，而他们对软件构建有着非常坚定的信念。

我观察到的另一个趋势是，很多优秀的IT部门和优秀的CIO都在忙于购买软件。这不错，可以成为 IT 转型的一种方法，但是这还不够。购买当然好，但开发也是我的热情所在。我认为我可以发挥我的优势，可以提供帮助，创造一个良好的管理工程师的环境。所以谷歌定义 IT 工作的方式非常独特，它对开发软件有着强烈的信念。我认为这是工程技术，在摩根士丹利的时候，我就对计算机很感兴趣。我认为我从摩根士丹利获得的非技术能力能够为谷歌的工程技术服务。他们需要我提供一流的服务，即具有谈判能力、建立管理方法的能力、顺畅交流的能力。与此同时，我还能够像工程师和拥有计算机科学学位的人一样，按照自己的兴趣和热情做事，这一点非常吸引我。

尤顿：好的，说得很好。但是显然，谷歌和微软与一般的“某某产品公司”的重要区别是，你们不生产机械产品或有形产品。你们的业务是软件，即软件产品或软件服务。

弗里德：对。

尤顿：所以你给出的答案和我以前得到的不太一样……上星期我见了一家公用事业公司的 CIO，他们的业务是发电。显然，发电也要依赖 IT。但是在过去，他们一度认为自己的业务是向全国各地输送电力。这让我想到了下一个问题。你们的业务是开发软件、提供服务，那么 IT 以及你作为 CIO 所做的工作，是如何让谷歌更成功、更具竞争力的呢？

弗里德：这个问题很有意思，因为我在谷歌不负责任何产品的开发，我的同事们负责所有的产品……但我认为，IT 在这里通过几种方式发挥着极为重要的作用。我认为 IT 的作用之一是能够让公司转型，这是技术令人赞叹的一个地方。实际上这和 IT 的使命有很大关系，但是在与 CIO 谈论这个话题时会被其他内容淹没了。IT 能够在公司中有所作为，在组织中成为有影响力的因素。我认为，有关 IT 最棒的一点是，技术人员处于公司的中心，他们了解公司与众不同的地方和公司所追求的目标，能把了解到的情况与技术带来的机会融合在一起，从而知道公司应当如何利用这个迅速发展、不断前进的领域。

这是一个非常好的机会，对谷歌来说意味着什么呢？我认为，IT 对于谷歌非常重要，它让谷歌与众不同，这主要表现在几个方面。首先，我们是一个非常年轻的公司，是由两个在互联网时代长大的人创办的，他们都是计算机科学家。我们有根深蒂固的文化信仰，即要让公司非常非常迅速地转变。我们希望尝试各种方式，即刻令公司发生转变，我们不想让公司……

一般 CIO 或公司高管在制定决策时，总是想要体现 ERP 供应商所实现的一些最佳实践或之类的东西：“我们购买产品是为了解决这些问题的，我们准备采用该产品提供的 HR 流程和技术。”但谷歌首先要问自己并且反复这么问：“我们想要成为什么样的公司，应当怎么做，在技术上该如何满足我们的需求？”我举个例子，谷歌工程部的招聘过程非常特殊，负责招聘的经理在招聘员工时，发言权是十分有限的。谷歌对软件工程师有一套标准，对负责面试的人有一套标准的培训。负责招聘的那些人并不是你那个岗位的各级领导、员工，或者说大部分人都不是。

尤顿：顺便问一下，我记得在哪个地方看到，最近你们在一个星期中收到过 75 000 份简历，有这回事吗？

弗里德：嗯，是的。我们现在有上百万份简历，上百万份求职申请。当然，这个数量是不断累积起来的。我们每星期，有时是每天，都会收到成千上万的申请。这本身就是一个很特别的问题，或者说是一个很少见的问题。我相信沃尔玛也有类似的情况，对吧？但是我们招聘人员的方式和其他公司不一样。在让一个人开始工作之前，我们非常重视的是客观地评估其作为工程师的技能。实际上，一般的流程是，我们先提出让他做软件工程师的岗位，他接受之后才安排具体工作。

尤顿：噢。

弗里德：我们有统一的规定，还有流程来支持这个规定并保持高标准，这是非常非常重要的。我们招聘人，然后对录用结果进行一系列的复查和审核，确保招聘流程统一，遵循统一的标准。这很有意义。

尤顿：嗯，这样看来，对于我刚才提出的问题——如何通过 IT 让你们更有竞争力，一部分答案就是：“把世界上最优秀的人才都招过来。”

弗里德：有意思的是，我们的答案是这样的：“招聘最优秀人才就是这个意思。这是招聘时必须采取的方式。现在开始开发软件，让这个流程运作起来。”

尤顿：嗯。

弗里德：类似地，我们做绩效考核和 360 度绩效管理的方法也很特别。我们不但认为 360 度考核得出的有关个人绩效的信号非常有价值，而且也知道这些信号会带来很大的影响，所以公司的每个人都要做考核。每个人都要停下手头的事情来做考核。不仅如此，我们还总想对考核方式进行优化。随着时间的推移，我们能够做些什么让这些信号更好地反映出人们的实际表现，反映出他们在什么地方需要改进，等等。绩效管理系统针对我们重视的技能做了很多优化，这样很容易就能得到有关人们绩效能力的信号。我们在每个绩效管理周期都会修改需要度量的指标、度量的方式以及采集信息的方式。顺便说一下，我们每年有 4 个绩效考核周期。

尤顿：每个人都是这样吗？

弗里德：至少在工程部是这样的。我不知道其他部门是怎么做的，但我觉得我们的做法很特别。类似地，我们采取的薪酬管理方法也和别人不一样。支付报酬的方式、具体的做法以及薪酬的组成部分，一旦把这些都明确下来，我们就能回答“IT 在谷歌中的作用是什么？”这个问题了。

其作用之一就是让谷歌能够成为它想成为的那种公司，不会受到已有体系的约束，能够快速转变。这种能让公司快速转变、重新确定目标的要素，也体现在我们做的其他事情中。那些提供技术支持的人、在你的笔记本电脑出现问题时帮你修复的人、为你提供软件的人，都是我们这个组织中的一部分。让公司迅速适应转变的理念也同样体现在这些支持终端用户的工作当中。

我常常看到人们把对终端用户的支持搞成这个样子——毫不犹豫地采取一切措施减少开销、降低成本，限制可选方案，只提供最基本的东西，尽可能地把工作外包出去，让工作成为不用动脑子也能完成的事情，这样就不需要给员工支付这部分工资了。我们的方法却不同。技术总是在变化，种种原因要求我们能够迅速转变技术环境。有时候是因为在把谷歌的新软件拿给他人之前，自己需要首先试用。有时候是因为我们发现世界变了，或是安全方面的要求在迅速变化，因而需要非常快速地实现这些变化。

所以我们招聘的计算机技术人员都是技能很高的多面手。我们通常采取的方式是，你把笔记本电脑带来，当面把你的问题告诉支持人员，我们称那个地方为技术服务部（TechShop）。

尤顿：类似于苹果公司的“天才吧”①吗？

弗里德：是的，不管接到什么问题，支持人员都应当和你一起解决。他们应当具备那样的技能，他们不一定要亲自去做，但要告诉你该怎么做。他们也可以找其他专业人员。这种模式和其他公司差别很大。这让我们的组织能够迅速地改变环境。我们曾经无数次试用谷歌的产品，收到了大量的反馈，最后决定不发布或者把它停掉。有时候会有几千个人在做这项工作，于是我们要尽快让他们停止使用，把产品停掉，去做别的事情。在这种情况下，支持组织中的多面手们能够帮助公司非常迅速地前进，快速做出转变。类似的情形还有很多。我认为这也是 IT 的一个基本要素。我现在对此深信不疑。我认为，IT 就是通过各种方式让人们获得最高的生产率。

尤顿：嗯。

弗里德：我们的方法是，在谷歌工作的人可以自己选择是要 Linux 机器、Macintosh，还是运行着 Windows 系统的机器。因为我们相信你知道自己如何才能生产效率最高，所以想为你提供能让你最高效的工具箱。我想这种社会契约和你在其他很多 IT 公司看到的有很大差别。他们的观点更像是：“我们做了一些决定，IT 领导层认为这样做

① 天才吧（Genius Bar）是苹果公司为其产品提供技术支持的地方。——译者注

是最优的，并且针对这些决定，我们将对你进行培训，为你提供支持。”而我们相信的是：“你很可能知道如何最高效。”这并不是说要你去百思买自己买一台机器，然后拿来工作。采购是由我们来做的，我们提供 Mac OS、Windows 和 Linux，我们的团队中有这方面的专家。但我们会尽量提供你选用的工具，而且因为你选择了你想要的工作方式，我们也不会按照我们的方式要求你，而是让你采用自己的方式。

尤顿：说得好。

弗里德：这样，用户就能更多地参与进来解决自己的问题了，因为在某种程度上，他们认识到“嗯，这是我选择的”。

尤顿：对。

弗里德：“我想用 Mac”或者“我觉得 Windows 最好”。这也让我们看到一个事实，也是你等一会儿要提到的，即我们现在面临的两代人之间一个最大的差异就是，现在这一代人不仅是第一代在计算机环境下成长起来的劳动力，而且也是第一代在计算机、互联网、电子邮件和即时通讯软件的伴随下成长起来的劳动力。而大约在 1994 年，我第一次进入大企业时，完全是另外一种景象。人们常常是在工作中领到笔记本电脑时才第一次看到笔记本电脑，或者是在工作中才第一次看到 Windows。

尤顿：是的。

弗里德：那个时候，最好的计算体验都是公司为你提供的。但是现在情况完全变了。

尤顿：嗯，是这样，毫无疑问。

弗里德：我们清醒地认识到，这些变化所带来的结果是 IT 需要起到另外一个作用，就是让个人能够产生最大的绩效，让用户能够选择工作方式，让组织能够快速转变为其希望成为的那种重要的组织。我认为，CIO 和技术专家都有机会利用技术积极地让其所在的组织与众不同。这不仅仅是竞争优势的事儿。竞争优势或者说让公司更有竞争力只是其中一部分，还有很多方式可以让一个组织、非营利机构、政府和公司变得与众不同，使他们对自己的个体特征有一定的意识。我们必须认识到，技术应当成为其中的一部分，往往就是这样的。每家公司都有一项内部技术会成为一个大家惯用的名词或动词，变成公司的流行语。

尤顿：嗯。

弗里德：这从一个方面证明了技术是可以起到这些作用的。IT 领导人需要认识到，这种与众不同之处非常重要。它可以让公司更有竞争力、生产率更高、利润更高，当然也可以只是组织的一个特别之处而已。我认为，公司 IT 使命的核心所在，就是要让 CIO 和 IT 部门处于公司的中心，能够发现和创造这样的机会。而且鉴于技术领域转变的速度只会加快，这种使命是唯一持久不变的。

尤顿：嗯，确实如此。如果可以的话，我想问一个相关的问题。你说你不负责谷歌产品的开发，但是显然，谷歌的产品运行在各地由成千上万台服务器构成的服务器农场上。你负责服务器的日常管理吗？

弗里德：不负责。我们负责的只是一两个方面，但是不负责那些服务器的管理。很多人都知道，谷歌设计并制造自己的服务器。我有一个团队负责制造过程的供应链、库存和资产管理，做一些修理和部署工作。

尤顿：但是说到“让灯亮着”，这不是你的工作吗？

弗里德：不是。我让一些团队负责管理那些由谷歌工作人员使用的东西，比如“让灯亮着”。

尤顿：比如说，像她的笔记本电脑（用手指了一下）？

弗里德：对，可能还包括和她的笔记本电脑进行通信的服务器。

尤顿：好的。

弗里德：对于谷歌公司本身使用的服务器，我们是负责的。对于运行谷歌商业产品的服务器，我们不负责。

尤顿：好的，和我估计的一样。我刚才信手写下来一个单词，是微软的托尼·斯科特说的，我很想知道你们是否也参与其中。他说的那个词是“吃狗粮”（dogfooding）。你肯定知道这个词的含义。

弗里德：是的，我知道。

尤顿：你和IT部门会在内部首先试用可能推出的新产品吗？

弗里德：在谷歌，内部试用是一个很大的领域，形式上有很多不同的特点。内部试用是极为重要的工作。也有人把内部试用称为“喝自己酿的香槟”“吃自己做的奶酪”。我是一个香肠生产公司的合伙人，所以也可以把内部试用称为“吃自己做的萨拉米香肠”。内部试用是我们工作中极为重要的一部分，不过也有很多内部试用是我们没有参与的。要知道，谷歌主要是消费类产品公司，是提供消费服务的公司。

尤顿：对。

弗里德：在我们这个提供消费服务的领域中，最有意义的常常是两类角色之间的直接对话，一类是负责提供那些服务的产品管理人员和工程团队，一类是在谷歌工作的、能够像客户那样对服务做出评价的人。我们和其他公司的一个差别是……比如微软有很大一部分业务是为大大小小的企业提供服务，对吧？我们也有一个进行企业服务的重要部门，但是在谷歌所占的比重不像在微软那么大。

尤顿：不过也是在快速成长的。

弗里德：是的，发展非常迅猛。我们都认为这个部门是谷歌工作中极为重要的一部分。在这个部门中，谷歌产品所做的事情与企业或组织中使用的技术的关系更为密切。我的 IT 组织更多地直接参与到了内部试用，并提出了反馈意见。

尤顿：这很有意义。

弗里德：我们在工作中也常常需要考虑在企业中如何使用消费者技术，我们也很愿意在内部试用，看看本来面向消费者群体的技术在企业中的使用情况。这对于我们这样的组织来说是一个需要关注的机会和使命。以前我就认为谷歌是一个很重要的公司，其中一个主要的原因是，在过去 10 年、15 年、20 年间，消费化 IT 远远超过了企业化 IT。

我想每个人都会看到，技术常常是首先为具有购买力的公司服务，然后再转向消费者那里的。这种情况通过谷歌等几家公司得到了改变，现在所有这些创新和研发都是先用于消费产品，之后才进入企业使用。说句实话，谷歌做的主要就是把谷歌的消费者产品拿到企业中使用。这种做法取得了巨大的成功，其中的原因有很多。你刚才问到了影响技术的最重要的事情。

尤顿：是的。

弗里德：我认为这是其中一个原因，也许是最重要的一个原因，即消费者驱动的技术、消费者驱动的计算和消费者驱动的“软件即服务”的崛起。因为出现了这种从消费者到企业的转移，所以我非常关注让我的组织率先了解以前为客户提供的哪些软件可以重新用于企业。例如我们花了很长时间，想把谷歌的用户视频聊天产品移植到公司电话会议中。

尤顿：嗯。

弗里德：我们现在正在和负责这件事的谷歌视频会议团队一起合作。但实际上我们为此已经投入很长时间了。有些事情如果能想到的话，其实是很明显的，这件事就是其中之一。你刚才问到了内部试用的话题，我就长篇大论地给你讲了一通。

尤顿：嗯，我明白了，你们在内部试用那些已经或者准备进入企业客户的产品，这和内部试用消费产品是有差别的。

弗里德：我不是这个意思，对于那些试用面向消费者的产品的支持人员，我们常常也需要提出一些问题并回答他们的问题。他们可能会走过来说，“我不知道它为什么不能用”或者“这里没法操作”等。这时你必须提供支持，这就又和前面那个看法有关系了，即很多推出的技术都是实验性质的，让支持人员做出反应并亲身学习是非常非常重要的。如果我们只是按部就班，把工作外包出去，提供的只是初级的支持，那么我们就无法生存下去。

尤顿：这又让我想到了一个问题，我甚至不知道该如何向其他 CIO 提出来。我发现一个有趣的现象，即在大约 10 年的时间里，谷歌的每一样产品都是 Beta 版的。

弗里德：是的。

尤顿：而且你们引以为豪。现在这种做法开始有所改变了，但是从很多角度来看，仍旧让人觉得不可理解，我总觉得这和老式的 IBM 模式形成了鲜明的对比……或者说，和我知道的一家德国公司形成了鲜明的对比。10 年或 15 年以前，我在他们公司为他们的一个软件工程工具提供咨询服务。项目经理说了一句让我永远都无法忘记的话，就像电视上那种老套的广告一样：“我们在产品就绪之前是不会交付使用的。”我说道：“要是等到那个时候，已经没有人关心这个产品了。”他说道：“这我不管。”你知道，这是一种日耳曼式的理念。

弗里德：是的，精确的工程。

尤顿：你们却完全相反。这是否反映出了谷歌的主流 IT 文化？

弗里德：你在谈敏捷问题的时候也提到了这方面的内容。你有一个访谈的问题是关于敏捷方法的。

尤顿：对。

弗里德：我看了那个问题，问得很好……有一篇文章叫《谷歌的十大信条》[①]，阐述的是谷歌的核心价值，其中有一条就是这种发布和迭代思想的价值。优秀的产品之所以优秀，通常是因为三角测量法[②]。

弗里德：这些是我的话，不是作者的原话。但是发布和迭代的价值在于发布你认为正确的东西，你认为好的东西，然后获得数据……我们坚信，要依赖数据做出决策，哪怕决定应用程序细小的特性时也是这样。有一个故事肯定会让设计用户界面的人感到极为沮丧：我们做了些实验，想搞清楚用户对图标上的哪一种蓝色响应最积极。UI 设计人员可能对此会不太高兴，因为他们认为设计方案体现了他们的艺术创意（不应

---

① *Our Philosophy: Ten Things We Know To Be True*, www.google.com/about/corporate/company/tenthings.html。

② 三角测量法（triangulation）指的是在测量某点的距离时，不采取直接测量的方式，而是通过测量一条基准线的端点与该点的角度，换算出距离。这个词也可以表示通过三名或更多的研究者对同一个人进行采访或是评估，以减少个人偏见所带来的影响。——译者注

该这样来评判）。但实际上我们能够收集到数据，说明人们点击更多或是响应更多的是哪种蓝色，我们就是这样做出决策的。以数据为驱动，意识到世界是变化的，意识到自己不可能完美，必须发布然后反复修改，并且要有一个让你能够这样做的环境，这些是我们的精髓所在。

你问的那个问题反映了一个深刻的认识，即谷歌断言的是软件即服务的说法。我们在自己控制的服务器上运行软件，在我们选择的时间范围内部署。而所有传统技术公司断言的是客户在他们的笔记本电脑、个人计算机或数据中心安装的软件功能。

软件的安装、升级以及各种相关的事情所带来的痛苦和困难都让人产生一种“这里应该好好弄一下”的心态。我甚至不认为这种想法是有意识的。即使组织主观意识到了这是一个网络世界，哪怕传统的下载和作为套件出售的软件也能通过互联网下载更新，但安装过程的这种痛苦无意中烙在了一个组织的 DNA 和难以磨灭的记忆中。客户的安装经验也会留下非常深刻、不可磨灭的痛苦记忆，但我们没有这个问题。实际上我们从来都没有这个问题。我们只有很少量的东西需要人们安装在他们的计算机上，但即使是像 Chrome 这样需要安装的产品，按照我们的设计，也总是提供最新的软件模型和软件服务。

尤顿：是这样的。你说的这些真是引人入胜。这方面的情况我有必要多考虑一下。以后可能还会再找你问一两个相关的问题。

我们再谈谈另外一个重要的话题，实际上你在刚才的谈话中已经涉及了：在今后几年，有什么重大的新趋势可能会影响谷歌并最终影响我们所有人？

弗里德：嗯……谢谢你问出这么好的问题。

尤顿：任何一个话题都够我们说一阵子的。

弗里德：我来说说我看到的影响今后几年发展方向的技术趋势。一个对我来说最有教育意义的趋势是，我明白了面向消费者的技术优势将远远超过面向企业的技术，还有就是一些只适合于像谷歌这样大型的“软件即服务”提供商的大规模经济。现在像“云”这样的术语被人们随意乱用，什么东西都往上靠。

我们刚才已经谈到一个现象：个人对技术的期望以及技术的作用是人们在公司以外而不是在工作场所中决定的。我认为这是最重要的趋势，从中可以得出各种有趣的推论。你常常会发现，人们现在遇到的最先进的技术是他们在家里用到的技术。他们用的最好的计算机是他们自己买的，不是公司提供给他们的，而公司却是把设备的折旧周期从三年延长到四五年。

尤顿：对。

弗里德：但对于个人计算机设备，越来越多的用户根本无法忍受那些用了 5 年、4 年甚至是 3 年的计算机。

但是接下来的期望就会延伸到这些免费的软件即服务中，那些由广告和其他机制支持的软件即服务。那些产品，比如说 Gmail，如果必须投入一个庞大的客户支持团队的话，是根本不可能成功的。嗯……这是一个有趣的现象，这是 Gmail 在企业中能够产生重大影响的原因。传统的企业软件极为复杂并且功能丰富，因为企业要求提供那些功能，但是造成的后果是这些系统一直都需要一套成本极其高昂的支持过程。Outlook 是一个极为复杂的软件，做了很多企业很长时间以来一直想做的事情。微软那样做是对的，他们响应了客户的需求，在产品中增加了特性。但最终结果是软件极其复杂，很难想象怎么可能不需要一个用于支持的基础设施呢。而对于 Gmail，你并不需要支持，每天使用 Gmail 的用户不计其数，他们都不需要客户支持。

尤顿：对。

弗里德：这就可以让你以另外一种方式来做事情了。在改变技术世界和规模经济之间找到平衡点……谷歌的计算机和数据中心非常多，具体数字我就不说了。如果你们公司不像我们这么大，是不可能像我们一样获得计算机和资源的定价权的。这是不一样的，我在华尔街的大银行工作过，我们使用了非常先进的计算技术，能够从供应商那里拿到很不错的价格，但是和谷歌获得的这种定价权还是根本无法相提并论。

尤顿：嗯，你刚才说的这些我还从来没有听其他 CIO 说起过。我准备先不提，看他们会不会主动说出来。

说到对免费东西的世界观的根本转变，我可以给你讲一个简短的故事，这个故事现在已经上了新闻了。我在 1992 年和朋友汤姆·迪马可一起去开罗参加一个会议，后来发现会议上只有我们两人是美国人。不知怎么的，我和一个人争执起来。那个人说："微软为什么在非洲不对他们的产品进行支持呢？"我当时可能聪明过头了，说道："嗯，你们要不是用了这么多盗版软件的话，他们也许会提供支持的。"他说道："你不了解情况。一份 Microsoft Word 正版软件的价格相当于这里一个念过大学的人一年的收入，在非洲任何一个地方都是这样。"

弗里德：是啊。

尤顿：他又说道："你认为我们怎么可能会花全价购买软件呢？"当然，现在他们有谷歌应用程序了。

弗里德：我在加入谷歌前的 10 年间也有很多这样让我惊讶的"啊哈"时刻。我也有这种类似的经历。你指出来了，很有意思。摩根士丹利曾考虑购买中国的一家公司，我不记得具体金额了，但是大方向是没有记错的。我们看了所有的成本、账目之类的

东西。业务部门的人一直在推进我们完成这笔交易。看上去摩根士丹利一台 PC 的价格再加上支持这台 PC 所需的所有基础设施的成本，就相当于那家公司员工的平均年收入了，是吧？而且，如果我们需要从摩根士丹利派一名一线技术支持人员到他们那里，把 PC 和基础设施也搬到那里，那么这些成本、这个人的工资加上搬迁设备的成本，就会超过那家公司全部大约 60 名员工的工资总额。

尤顿：（笑）

弗里德：这并不是说摩根士丹利的成本过于膨胀了。它并没有。这反映的正是你观察到的那个现象。

尤顿：嗯。

弗里德：同时我看到出现了另外一种情况："嗯，如果要在发展中国家从头开始做的话，只要能连互联网就可以了，或是只要有一台能连互联网的计算机就可以了。不用考虑私有网络，不用配备文件服务器和打印服务器，也不用为一大堆计算机软件操心。"我认为在这个以谷歌为特征的世界中，最大的机会是所有公司都想在发展中国家寻找新的收入来源，却又要面对第一世界国家的成本结构。我认为这是一个非常大的障碍，可能会影响在发展中国家开展业务，增加收入或是做些类似的事情。

我很想做的是能够提供技术并告诉他们："你想在吉尔吉斯斯坦开一个石油探测办公室吗？"或者是："你想在胡志明市做些事情，对吗？你去那里取得成功所需的全部东西就是一个网络连接和一些很基本的个人技术，然后就能得到你需要的所有东西了：应用程序、电话会议、电视会议和其他一切东西，而成本又很合理。"在接近新兴市场时，这些第一世界的、成本驱动的公司能够采取更为新颖的方法。我认为他们是可以做到的。

尤顿：嗯，说到未来几年，虽然……我们有点跑题，你觉得这种现象过去几年只是多起来了，还是说已经发生了根本变化？

弗里德：我认为这些变化就像是潮汐力的作用，但是因为还没有达到引爆点，所以效果还没有完全显现出来，其中的原因我相信是和人口处于第几代有关系的。

尤顿：是吗？

弗里德：在大企业中，很多做出决策的人——不管是 IT 决策制定者，还是比 IT 更高的决策制定者——他们是通过前面说的思维方式晋升到现在这个位置的。他们的思维方式就是："供应商来找我，我告诉他们我需要什么。他们非常努力地想卖给我，我需要的东西进入他们的研发领域，我出钱为他们提供研发资金。"对吧？那一代人是以这个模型成长起来的："我控制我们要使用的所有东西。我构建我们的数据中心。因为我付了钱，所以要和那些完全按照我的要求去做的软件供应商一起工作。而如果我不给他们付钱，其他像我一样的人也不给他们付钱，他们就不会做那些事情了。”

尤顿：嗯。

弗里德：我认为这和第几代人有关系，现在这一代决策制定者、批准资金的人还是那种思维方式。但是他们周围的世界在变化，我感到潮汐的力量正在推动着他们周围的水面上升。我觉得到了某个时刻，他们会开始退休，或是有些公司能够转向这个新模型，证明了他们具备其他公司所不具备的竞争力，那时就会产生一个引爆点了。在我看来这是注定会发生的。我不知道准确的时间，也不知道引爆它的究竟是什么。

很有意思……比如说，我在加入谷歌的时候，没有预测到会出现 Chrome OS，但是我想到了让人不会紧张不安的个人计算机。你永远不用担心病毒，计算机总是最新的，永远不用因为数据录入到公司并放到那里而感到担心。因为只安装着一个浏览器，所以非常容易维护。因为计算机中需要运行浏览器的硬件很容易满足，所以进一步降低了成本。这些听起来对 CIO 都很有吸引力，对吧？它消除了很多安全死角，极大地降低了支持成本和设备成本，这也许会是一个引爆点。引爆点是一件我无法预测的事情……人们会被那个作为引爆点的模型所吸引，会更迅速地接受这个纯网络交付的、软件即服务模型。

我确实不知道。我无法预测什么时候会发生，但我仍旧感到这些是将会改变我们行业的潮汐力，只是时间的问题。就像 Apple II 进入这个行业并发挥效力一样，而且只用了一台打字机的预算。

尤顿：是的，确实如此。

弗里德：但是到了某个时刻，IT 行业就推出微型计算机了，对吧？这是肯定会发生的。我不知道具体时间。但有一个很重要的事实是，推动这种变化的因素是不可避免的。

尤顿：我一般也喜欢问这个问题——你认为在过去 5 年或 10 年中，有哪些最重要的事件彻底改变了我们的行为方式？我指的是你所在的谷歌公司。

弗里德：嗯。

尤顿：谷歌最初的搜索引擎就是一个例子，显然，还有互联网和网站。但是在你成长的岁月中，在你上大学的时候，在你大学毕业后的头 5 年或 10 年中，还有一些其他不太明显的事件吗？

弗里德：我不知道能否说出一些其他人没有观察到的新东西。ARPANET 的出现，DARPA 的出现，如果没有 DARPA，就不会有 ARPANET，没有 ARPANET 就不会有 NSFnet，没有 NSFnet 就不会有互联网，也就不会有谷歌了，对吧？

尤顿：对，是这样，说得很好。还没有人提到这些，显然，这些都是社会或人类的创造，让我们有了今天所有这一切。

弗里德：还有一个很特别的东西——斯蒂芬 · 列维写过一本书，叫作《黑客：计算机革命的英雄》（*Hackers*）。我是那本书的忠实粉丝。

尤顿：嗯。

弗里德：我们的文化是在那个特殊的时间点创造出来的，现在很明显地体现在了 Linux 和开源软件中，这种文化极大地降低了计算成本。结果，现在人们也在谈论开源硬件了，这种看法认为人们应当能够……如果你相信列维在书中的看法，就会发现这种看法源于这样一种观点：计算机应当是开放的，任何人都应当能够使用计算机，试着用用计算机，学一学如何编程。

我突然觉得我们都比较幸运。业内每个人或是受到这个行业影响的每个人都很幸运。那种文化气质落地生根，赋予了我们成立"自由软件基金会"的能力。开源软件、自由软件都能和这种文化气质联系起来。自由软件基金会、开源软件、Linux 和其他很多东西，都来自那个有趣而特别的时空。我们确实很幸运。如果事情稍有不同的话，我们可能就不会有这些了，比如开放式基金。冷战推动了开放式基金，很多的资金投入到从事研究的大学中，支持了计算机方面的工作，让人们能够更好地接触这些东西。从冷战中能够产生这么好的东西，真是有趣。还有一部分思潮是在 MIT 出现的，来自很多早期的模型铁路爱好者……

尤顿：叫作 TMRC。技术模型铁路俱乐部[①]。

弗里德：嗯。我们经历了那些重大的关键时刻，对吧？分时系统、个人计算机、计算机联通、计算机之间的联通，Multics 带来了 UNIX，UNIX 又带来了 Linux。能够发生这些事情，我们真是太幸运了。史蒂夫 · 乔布斯去参观了施乐帕罗阿尔托研究中心（PARC），我们真是太幸运了。

尤顿：嗯。（笑）

弗里德：而且，他们认为自己在那里有了重大发现[②]。

尤顿：还有最后一个方面的问题，我也是刚刚想到的，希望你也能说一下。有种稍有争议的说法。继 Multics，UNIX 到 Linux 后，接下来维基百科中将出现某种新的东西。几本你可能听说过的书中讲到了这个问题。其中一本是由克莱 · 舍基编著的《认知盈

① 技术模型铁路俱乐部（Tech Model Railroad Club，TMRC）是麻省理工学院（MIT）的一个学生组织，成立于 1946 年，是黑客文化的源头。《黑客：计算机革命的英雄》一书中也介绍了技术模型铁路俱乐部。——译者注

② 乔布斯和同事曾经到施乐 PARC 参观过图形界面技术，他们是最早将这项技术投入商业使用的人。——译者注

余：自由时间的力量》(*Cognitive Surplus*)。

弗里德：克莱，他很有感染力。

尤顿：YouTube 上现在有一个叫做“出售脑力”的新视频，我还没有看过，说的就是我们刚才已经讨论过的各种内容的另外一个方面。地球上已经有 60 亿人了，有很多可供使用的脑力，他们愿意为一个高尚的目标做出贡献，不论是维基百科、Linux 还是其他的什么。我们现在有一个非常好的互联网基础结构来支持这种做法。谷歌是否注意到了这种现象呢？我的意思是，你们有非常好的产品，但你们是否想过利用这种现象呢？

弗里德：我觉得让我做部门发言人比做公司发言人要容易一些。我们认为我们使命中极为重要的一部分就是让大众都能有使用的机会。比如说，创建了一个开源的手机操作系统，它将会成为下一代占据统治地位的计算工具，看看我们在 Android 上做的事情。开放的系统让手机与互联网能够保持良好的交互性，所以人们可以相互协作，上面运行的软件都非常优秀。所以我们相信在这方面是可以有所作为的。我们需要参与到互联网中，让它变得更好。你所说的为世界创造协同工作的机会，让社区发现自己的特长，创造认知盈余。我相信我们已经通过多种方式在其他事情上把你说的这个想法体现出来了。

尤顿：嗍。

弗里德：我从来没有听我们说过“这是我们谷歌这个组织明确的目标”，但是我在我们做的所有事情中都看到了这种原则，在我们所做的很多正确的事情中也看到了类似的原则，例如开发一个非常棒的、免费的网页浏览器或操作系统时。总的来说，我们对互联网用于协作的能力深信不疑。如果考虑一下，你会发现一些象征性的东西发生了变化，如托马斯·库恩[①]等人提出的范式。我不喜欢用“范式”这个词，但是我认为我们的生产率应用程序的范式确实发生了变化，比如谷歌应用程序，人们在这些事情上最重要的原则就是协作。这并不是个可有可无的特性。程序在设计上首先考虑的就是能让人们在一起工作——不管什么特点的文档都是协作的结果。所以这种范式的改变是从让人们协同工作开始的。

尤顿：说得很好。

弗里德：我要说的是，我们通过其他方式体现了你说的那个价值。我们的责任是为别人提供条件，我们承担了这个极为重要的角色。

尤顿：嗯，我来个 180 度的大转弯，问一些“阴暗面”的问题。如果有什么事情让你

---

① 库恩是《科学革命的结构》(*The Structure of Scientific Revolutions*) 一书的作者。

这个 CIO 晚上睡不着觉的话，那么我们在 IT 世界中面临的哪些问题是让你睡不着的？

弗里德：我的 3 个孩子都还小，他们让我晚上睡不着觉。

尤顿：（笑）

弗里德：我得说让我最担心的是安全问题，有可能出现信息泄露和攻击。这是我们所生活的互联世界的一个负面影响。在 20 世纪下半叶和我们现在所处的 21 世纪，用一个比喻的说法，就是社会在跟着技术的脚步走。在很多技术领域，社会的发展赶不上技术的进步，社会规范和社会制度的发展远远落后于技术的发展。

尤顿：对。

弗里德：在与信息安全、信息战相关的领域就是这样。这些事情让我感到特别担忧，因为技术发展得太快了，非常强大的工具极有可能被用到不该用的地方，而且发起攻击的机会很多。我十分担心人们有了利用这些弱点的能力之后会很容易去攻击他人。安全问题确实让我感到担忧，不管是谷歌的安全还是世界的安全。谷歌受到的攻击在 2010 年 1 月被多次谈到，我从中得到的经验是掌握了大量资源的组织在这方面具有很强的能力。对我们今天使用的软件和互联网络的攻击比我们想象的要厉害得多，甚至非常重要的用户都很容易受到攻击，有一些攻击者是非常顶尖的。

我一直在关注最新的资料，发现攻击者比我想象的要先进得多。业界对这种情况的认识程度——我说的业界是最广义的词，不仅仅指技术方面——业界对这些事情的认识能力以及采取的响应措施都远远落后于攻击者采用的最新技术。防御者的最新技术以及公司、组织的响应能力也远比其落后。让我晚上睡不着觉的东西可能不是很多，但安全确实是其中一项，这种重要的事情需要我们每个人都花时间思考。

尤顿：当然，每个 CIO 都说过这样的事情，只是表述方式上可能稍有差别。但我特别感兴趣的是你刚才所说的，你说你们受到了消费者使用的技术水平的很大影响，但是显然，一般来说，对于安全问题，消费者远不如你们这种大公司先进。

弗里德：是这样，这很有趣。现在有了一整套技术产品，体现的部分文化基因是“把自己的计算机带到工作中”。而我担心的一个问题是，这种现象做出的安全假设更多的是一种事后补救而非事前预防性质的。对于过去已知的攻击，我们真的可以抵御吗？同样，我们认为反病毒技术已死，但就是不想宣布这种技术已经死了，对吧？但是传统的基于特征的反病毒技术现在实际上只能提供最低限度的保护。

我担心这些“把自己的计算机带到工作中”的技术产品在安全方面同样是事后补救性质的。我确实有一些担心，面向消费者技术的优势最终确使企业易于受到攻击，但可能不会像我们受到的攻击那样严重。非常幸运的是我们有一个我所见过的最令人钦佩的安全组织。所以，我们是不容易受到攻击的。我们有很多技术高超、能力出众、善于思考的人。我担心面向消费者技术的优势会让他们把自己的技术带到工作中，想带什么就带什么。这样可能会导致一个不够安全的世界，因为我们不知道“把自己的计算机带到工作中”之类的产品会受到什么样的攻击。说实在的，我们才刚刚开始研究受到那些庞大的僵尸网络发起恶意攻击的可能性。

尤顿：是的。

弗里德：我的意思是，世界上最大的分布式计算环境就是那些僵尸网络。等到几个世界级的分布式计算专家和几个世界级的恶意软件黑客一起思考他们利用几十万、几百万的互联机器能够做些什么的时候，真是太可怕了。

尤顿：确实很可怕。

弗里德：不管怎么说，你不能被击退。必须制定一个行动计划，按照这个计划采取行动，不能让这些事情成为你的噩梦、占据你的梦乡。在我感到担忧的事情中，安全毫无疑问是其中的一件，它与行业的关系最密切。

还有其他一些让我晚上睡不着觉的事情，或者说我需要花很长时间考虑的事情。其他 CIO 可能也是这样。我的管理方式是否正确？为我的组织带来的管理组合是否正确？我们为客户提供的一套服务是否正确？我们和他们打交道的方式是否恰当？这些事情有时候确实让我晚上睡不着觉。这些也是处于我这个职位的人都有的担忧。

尤顿：我从很多 CIO 那里听到他们都对同一件事情感到担忧。他们说：“我在这里负责业务的技术部分，周围有很多业务上的同事，他们负责各种各样的产品或服务，因为他们很出色，显然，同样因为他们的个性都很强，所以晋升到了现在的职位、有了现在的权力。显然，他们觉得自己比其他任何人都清楚应该如何运作他们的业务。而且，实际上，甚至对于如何运作**我的** IT 业务，他们都认为比我懂得还多。因为我的技术渗透到了他们所做的每件事上，我发现自己在很多事情上都和他们意见不一致——或是需要劝说他们做我认为他们需要做的事情，或是阻止他们做那些我认为注定会失败的事情。当然，我不是他们的老板，不能命令他们。所以问题或让人担忧的地方是——我的同事可能相信我，也可能不相信我，但是对于我比较了解的技术问题，应该怎样去影响他们呢？”

弗里德：是的，我认为这是一个普遍现象。说到那种传奇式的人物，华尔街的比例特别高。

尤顿：（笑）

弗里德：我可是在华尔街工作了很多年的……

尤顿：我最早也是在华尔街听到这些担忧的……

弗里德：华尔街也有这样的问题。你可能有一个很赚钱的业务，你去招一些人，给他们高工资，然后就可以让他们做你想要的、非常具体的事情了。

尤顿：对。

弗里德：有一类人叫作“宽客”，他们具备计算机技能，坐在交易员或其他人的旁边，自己做交易，或是为他们提供交易方面的技术帮助。实际上，对冲基金中，这些人一般有可能是华尔街银行的交易员，他们就坐在那里。不管怎么说，这是我们对华尔街的一个担心，但这个问题在其他地方也是普遍存在的。它以这样或那样的方式，会一直存在着。

随着消费技术的出现，这个问题变得更严重了。因为至少在 30 年前，也许是 IT 管理员第一次把计算机放到你的桌子上，而在今天，情况不是这样了。你回到家中，给自己买一台计算机，自己可以决定要什么样的配置。现在这些人的本事更大了。今后 CIO 会面临一个问题：有些人的想法全都是由现代技术驱动的，我参与为用户部署的、软件企业的硬件研发周期的模型会遭到他们无情的破坏。这种情况很快就不可收拾了，他们不再使用我提供的任何东西了，对吧？“我不用你的东西，我们不需要你。”

尤顿：这种情况可能在引入 PC 后就出现了。

弗里德：是的。

尤顿：但是现在还没有严重到那个程度。

弗里德：是的。当然是有这种情况，人们用打字机的预算买了 Apple II+，以运行 VisiCalc，这样就不用再依赖大型机用夜间的时段来做账目了。但是现在的情况要糟糕得多。人们不需要 IT 中心提供的东西就可以执行的活动越来越多了。这是 CIO 工作中非常困难的一个地方。而另一方面，我有自己的看法。客户组织中总会出现一些技术。问题在于这些技术有多少、是什么技术，而且这个数字永远都不可能完全为零。一般来说，你也不应当期望这个数字变成零。有多少技术是他们需要的、已经有的或是想要控制的？你必须考虑对他们合适的那部分。我想到另外一件事。至少在美国，在萨班斯–奥克斯利法案[①]颁布后的世界中，看看过去 12 年的丑闻，看看全球出现的规章制度，企业比以前更加遵守规章制度了，强制推行的标准可能已经超过了需要。这样当 CEO 和 CFO 因为公司账目或记录凭证不准确而被捕入狱时，肯定是受到了技

---

① 萨班斯–奥克斯利法案（Sarbanes-Oxley Act）是美国立法机构根据安然有限公司（Enron）、世界通讯公司（Worldcom）等财务欺诈事件破产暴露出来的公司和证券监管问题所立的监管法规。该法案由参议院银行委员会主席萨班斯（Paul Sarbanes）和众议院金融服务委员会主席奥克斯利（Mike Oxley）联合提出，于 2002 年颁布。——译者注

术的影响。所以，说句实话，我认为 CIO 过高地估计了自己的力量。

尤顿：嗯。

弗里德：话虽如此，但不断变化的现实情况还是给出了一个必须遵守的限制条件，规定了企业能够做些什么。我认为最后起决定作用的，虽然费事但却合适的做法是，产品凭借自身的优势取胜，而不是强加给用户。这种做法要好得多。

尤顿：说得很对。

弗里德：现在很难谈论安全的问题。在某个时候，你可能需要让 CEO 或公司高层领导参与进来，为对人身安全的保护、计算机安全、知识产权的保护等事情设定界限或框架。可能需要公司制定政策，对这些东西强制实行集权。但是总的来说，更好的方法是努力说服并赢得你的客户。这样或许更好。在现在的环境中，说服并赢得客户比做一个独立的供应商更难。这不是说要让多个处于竞争关系的供应商提供同样的产品就会有效或是更好。但是正如人们所说的，最好是在自由的思想与争鸣中取得胜利。

尤顿：嗯，很有趣。我再问这方面的最后一个问题，然后就想问问两代人的事情了。关于敏捷，我想问的一个问题是：因为 CIO 一般都要负责新系统的开发，至少要负责内部使用的新系统的开发，而从瀑布方法过渡到敏捷方法，最初只是被看作一个方法上的问题，但是我了解得越多，就越发现它似乎给你们如何管理人员和管理组织的方式也带来了影响。很多和我交谈过的 CIO 都说这对他们来说是个问题。当然，我估计你们所做的每件事情上都打上了敏捷的烙印，敏捷也许已经成为你们 DNA 的一部分了。

弗里德：我得说敏捷是我们 DNA 的一部分。总的来说，这种做法是正确的，对吧？特别是对于内部使用的软件，在开始的时候最好有一个隐含的假设，我们谁也不会特别清楚需要做什么。但是我们做的事情足够多时，可以得到定义实际要做的系统所需的证据、反馈和数据。构建前端程序，或是从前到后完整地构建一部分应用程序，这是否可以解决问题？这是你们想做的吗？边做边观察程序是否能运行，有问题的话就修改这部分程序，直到满意为止；如果程序是正确的，就进入到下一部分。这能帮助我们解决大量问题……比如在传统瀑布模型中，我们等待软件的出现，就像等待戈多[①]一样，怎么都等不来。

尤顿：呣。

弗里德：那是不可接受的。我的意思是，那种方法在 30 年、40 年、50 年前被认为是

---

① 戈多是爱尔兰作家萨缪尔·贝克特创作的一部戏剧《等待戈多》的人物。剧中的弗拉第米尔和爱斯特拉冈两个人一起等待戈多的到来，他们在无所事事的漫长等待中谈论着自己的生活，然而戈多终未到来。——译者注

最先进的，但是今天的商业变化比那时要迅速得多。我们必须意识到，如果交付周期太长，那么谁也不会在项目结束时使用项目启动时所需要的软件。所以说，敏捷是必不可少的。但有些事情还是很难处理的。一方面，我遇到的很多用户都不愿意只是看到一部分、一部分的功能，即便你每星期发布一个版本，每周三就能看到一个新版本。很多人都更愿意一下子看到全貌。

尤顿：唔。

弗里德：在技术上我们一般都会很敏捷，也了解它的优势。但用户在这方面正快速追赶我们，在应用程序开发的早期特别需要敏捷，那时拿不出来多少东西，但一定要采取敏捷的方法。我认为这是其中的一部分。我最近从敏捷方法中得出的一个结论是，开发人员很容易陷入一个快速发布的怪圈中，实际上却没有多大的变化。在设计 Scrum 时就有了一个整体方案，很清楚下一个版本将要做些什么。应当说，人们很容易接受这样的观点，接受快速发布以及随之而来的东西。与此同时，如果不关注将要发生的变化，那么对最终用户来说，快速发布似乎不会带来真正的差异。这是一个有趣的特殊现象。如果能够考虑到的话，它是很明显的，但在做的过程中你可能就是想不到。

尤顿：你不断提到获得真实的反馈、真实的指标。我们看到，在拥有分散的项目团队的传统行业以及其他情况中都开始出现敏捷项目了，而他们以前却总是说“嗯，那是行不通的”。

弗里德：他们说的是“那是不会成功的”。

尤顿：事实上它却成功了。

弗里德：真是令人欣慰。听到这样的消息太好了。我估计敏捷的另外一个症状就是用户在某种程度上可能变成一个像素级的谈判者，与产品框架相比，在 IT 框架中会更明显一些。

尤顿：嗯。

弗里德：如果用户告诉你单选按钮应当是什么颜色的，或者“按钮需要左对齐，不是右对齐”，实际上意义不大。不过敏捷很容易实现他们的要求，因为船小好掉头。这也是要避免的一个症状，必须通过某种方法来避免它。我并没有对哪一种敏捷方法有很特别的爱好，所以没有看到你说的那么全面的后果。我坚信快速发布可以为产品工具和测试创造条件，最终能够产生高质量的结果。为了实现快速、高质量的发布，可能需要自动化测试。

尤顿：还有回归测试，等等。

弗里德：是的。单元回归系统测试、冒烟测试，所有这些都要成为循环发布过程的一部分。这样，在这些活动上投入一定的时间能够得到更高的质量。

尤顿：我们继续说说两代人的问题吧。你能不能说说关于这一代劳动力好的和不好的地方？可以把他们称为数字化的一代或是其他什么叫法。他们不仅来到了你的 IT 部门，而且进入了整个劳动力市场，带着他们的玩具、小装置和社交媒体。

弗里德：还带着不同的期望。他们不会想通过工作得到一部蜂窝电话了，对吧？他们也不想在工作中另外再得到一部智能手机了。科技还在不断追逐他们的期望，虽然追赶的速度已经很快了，但是仍旧在追赶。这不仅是谷歌和消费者之间的问题。其他公司也有这个问题。平板电脑重新定义了人们对个人技术发展方向的期望。你对这种情况可能比我描述得要好。在你提的问题中暗示了你对这一代人的另外一个担忧——计算机科学专业的毕业生减少了。

尤顿：嗯。

弗里德：这对我们来说是一个很大的问题。学术界想尽办法去弄清应该如何解决，应该采取什么措施。其实方法就是让计算机科学更贴近实际，让这个学科专业化，并修改课程的设置。有一个想法我从来没有验证过，但我一直是这么想的：曾经有一个阶段，学习计算机科学是接触新技术的不可替代的途径。

尤顿：是的。

弗里德：可以说，那时候有些人是这样进入这个领域的——他们感到好奇，他们以前听说过计算机，因此进入了这个领域。他们上课，并对计算机着迷了。但在今天，你不需要上课也能大量接触计算机。我见过很多优秀的程序员、软件工程师，他们都不是计算机科学专业的。因为不需要，对吧？我自己也可以做啊，根本用不着上这个专业。这一代人接触计算机的方式和以前不一样了，这可能也是这个学科很难吸引人的部分原因。

尤顿：嗯。很有意思。

弗里德：这就让这个专业没有奥秘可言了。奥秘是这个专业吸引力的一部分。我对这个专业一直都很感兴趣，我最早的时候有一份工作是在哥伦比亚大学计算中心。那个地方……世界上也只有那个地方让我有可能用上 Imagen 激光打印机和其他激光打印机。除了这个地方，我根本无法接触这些技术，这是促使我进入这个学科的一个原因。但现在不需要这样了。这是一个非常严重的问题，因为我们培养的计算机程序员远远满足不了需求。

尤顿：嗯，还有一种观点——这一代人在技术上太肤浅了。当然，你想要的东西通过互联网都能找到，但我注意到很多书上都提到了一点——现在没有人愿意读书了。人

们在任何一件事情上集中注意力的时间都不会超过 10 分钟。尼古拉斯 · 克里斯托弗写过一些东西，说在当今世界，谁还会去读《战争与和平》呢。不管是小说也好，计算机科学书籍也好，谁有时间去读一本 1200 页的书呢？

弗里德：嗯。

尤顿：谁会去读高德纳的那四卷巨著呢？

弗里德：嗯，我刚买了一本新出的，第 4A 卷刚刚出版，对吧？很有意思。有一段时间我们很多人都认为或是希望电子邮件的广泛使用能够造就新一代的信件和写信的一代人。但是当然，实际出现的情况是即时通信和微博等越来越分散人们的注意力了。这是科技造成的一种趋势。另一方面，我以前对电子书深表怀疑。我不想让人们在日志中记录下来我正在看什么书，我希望图书是思想的现金。

嗯。

对吧？图书是“现金”，不是“收藏品”，对吧？图书是流动的，不可追溯的，体现的是人们能够转移、分享思想和想法的能力。图书具备现金的一切特征，是这么棒又能促发其他可能性的东西。所以我以前是非常怀疑电子书阅读器的，因为它似乎违反了这种对图书来说很重要的、类似现金的原则。但是我后来买了一台 iPad，很方便。我读的书更多了，真的更多了，而且不是那种无关紧要的书，你知道吗？我在买了 iPad 以后读的书比以前要多得多。

尤顿：呣。很有趣。

弗里德：所以我看到了一些希望，一些以前没有看到过的希望。不仅在我的身上看到了，在我 6 岁的儿子身上也看到了。他很会摆弄数字设备，让我们这些人都有些自叹不如。

尤顿：呣。（笑）

弗里德：他刚刚开始在 iPad 上读书，或是在我的 iPhone 上阅读谷歌图书。我们在餐馆或是做其他事情时，他觉得无聊时就会在我的手机上阅读谷歌图书。他刚刚看完一本《关键第四号》（*I Am Number Four*）。那本书是为十几岁的孩子写的。他自己一个人花了几个星期的时间全部读完了。他在我的手机上发现了那本书，在这么小的屏幕上，把整本书都读完了！

尤顿：不简单。

弗里德：手机里还有很多东西，肯定会分散他的注意力，但是他让我看到了希望。他知道在谷歌图书应用程序中如何查找其他书、如何下载免费图书。他问我是否可以输入密码，让他能下载付费图书，他通过这种方式比其他方式读的书要多。

尤顿：当我看到 Kindle 上的一个协作功能时，吓了一跳。你在读书的时候，会突然看到一条提示说："有 10 个人认为这一段非常重要。"我就在想："嗯，我才不关心他们是怎么想的呢。"我不知道这个功能好不好，但显然，这是阅读过程的一部分。

弗里德：嗯，我有一个朋友在亚马逊负责电子书的所有业务。我应该和他说一下，这种东西分散了人的注意力。有字典是吧？双击一下单词就能得到词条释义了。

尤顿：这个功能很好。

弗里德：比如说我的小孩，他今年上一年级。谁知道他读过的书中，有多少是他自己能够理解的，有多少是他自己理解不了的？这种东西给我们带来了彻底的改变。我不知道在数字化时代，福尔杰图书馆出的莎士比亚著作会是什么样子的？

尤顿：（笑）

弗里德：不需要再在正文旁边那页说明"这里的含义是什么"了。可以做一些集成。电子书阅读器也许能以一种全新的、对人干扰不大的方式把注释集成到正文中。

尤顿：我再问最后一个问题，显然，这是最后一个问题了。你今后打算做些什么？有什么计划、梦想或是想法吗？

弗里德：没有什么计划或梦想。我认为我的上一份工作就非常棒，我可能会一直从事那份工作。但是他们后来找我来到这里，我想这是一件很好的事情，我要试一试。这是我听到的唯一对我有吸引力的 CIO 职位，我不知道今后……

尤顿：嗯，这就很好了。我上星期对底特律的 DTE 能源公司的 CIO 进行访谈时，她说她从来没有追求什么，但机会总会自己出现。她不知道下一个机会将是什么，但是她有现成的证据可以证明，到了某个时刻，机会就会出现。

弗里德：我相信这些事情是会出现的。就个性而言，我是一个愿意花很多时间去思考如何让事情做得更好的人。我总是认为未来的机会会更多，这种想法也给我的职业生涯带来了好处。这种想法以前被验证过，我们看看今后会是怎么样。我对政治之类的事情没有什么追求。谷歌是一个很特别的公司，正处于它发展过程中的一个特殊时期和位置，我很激动能在这个时刻加入。

尤顿：你现在已经处于浪潮之巅了，可能会一直处于这种顶峰的。这是很有用的。

弗里德：但相当地耗时耗力。

尤顿：可以理解。嗯，谢谢你。非常感谢你的时间。

第2章

托尼·斯科特

——微软 CIO

托尼·斯科特于 2008 年 2 月加入微软公司，担任公司副总裁兼 CIO。微软信息技术支持部在斯科特的领导下，全面负责微软的安全、基础设施、通讯和业务应用程序，并向产品团队、公司业务团队、全球销售和市场营销组织提供支持。斯科特支持把 IT 作为微软的一项增值业务，并与公司的所有团队一道寻找业务机会、制定 IT 解决方案并交付重要成果。斯科特还是微软企业操作风险管理工作的行政发起人，他支持将卓越质量经营管理原则集成进来，这推动了整个微软公司持续的过程改进，并得到了突破性的成果。

在加入微软之前，斯科特曾担任华特迪士尼公司的高级副总裁兼 CIO，负责整个公司 IT 系统和基础设施的规划、实施和运营。他还担任过通用汽车公司（GM）信息系统和服务的首席技术官，负责制定 GM 全球业务的信息技术计算和电信通信战略、架构和标准。此前他担任过百时美施贵宝公司信息服务部的副总裁，还在万豪国际集团、Cadre 系统公司、Sun 公司和普华永道会计师事务所工作过。

埃德·尤顿：*我来问一个简单的问题，你在大学毕业后是如何进入这个领域的？是马上就进入了 IT 行业，还是通过其他途径进入的？*

托尼·斯科特：1970 年我高中毕业，当时有一种看法认为，由于技术的进步，今后我们用于工作的时间将会大为减少。

尤顿：*哈哈。*

斯科特：如果是那样的话，我们会有大量的自由时间，我们都将想方设法安排好自己的闲暇时光。我的职业生涯就是从那里开始的。那个工作叫作公园与娱乐休闲管理，那个学科叫作娱乐休闲研究，目的是帮助人们弄清楚如何才能利用好全部的闲暇时间。

尤顿：*在你刚开始工作的那段时间，是否将一些人视为你的榜样或英雄？*

斯科特：我所在的那个领域有很多针对领导力的培训，因为公园与娱乐休闲管理主干学科考虑的是“利用全部的闲暇时间能够做些什么”，这个工作的一部分内容就是培养能够主持各种活动的领导和人。在这个学科中我有很多榜样。其中一个人叫做里克·邦奇，他是第一个把我带入这个领域并在他手下工作的人。

尤顿：这样我显然要问下一个问题了，你刚开始是在那个行业，后来是怎么转到计算机领域和 IT 行业的？

斯科特：两年后我发现那种情况是不大可能出现的。如果说会有什么变化的话，技术所带来的结果是人们不大可能减少工作时间，反而可能要做更多的工作。那是我的结论，所以在一个偶然的机会我就改行了。

那时我从伊利诺伊大学香槟分校搬到了硅谷。我开始在硅谷工作了，仍旧在公园与娱乐休闲系工作，但是开始认识了一些技术人员，他们有在惠普工作的，还有在一些芯片公司工作的，包括德州仪器和其他各种公司。我从那时开始迅速地全面了解技术。最后出现的决定性事件是我准备结婚了，我的未婚妻也在公园与娱乐休闲系工作。他们有规定，夫妻两人不允许在同一个系工作，这样我们两人必然有一个要另找工作。最后我在万豪集团找了份工作……1976 年的时候，万豪集团正准备在加利福尼亚州圣克拉拉开放一个叫作 Marriott's Great America 的主题公园。

尤顿：噢，我去过那里。我去的时候你可能也正好在那里。我那时在阿姆达尔公司[①]工作。

斯科特：我所在的那个团队于 1976 年开放了那个公园。我负责游戏和游乐中心方面的工作。都是一些电子弹球游戏机，还有游乐中心的各种游戏，有 Pong 和各种赛车游戏，雅达利公司是主要的供应商之一。你可能还记得这些游戏。

尤顿：肯定记得。

斯科特：我们后来发现那个主题公园在业务管理方面有几个很大的问题需要解决。其中一个问题是，公园是劳动力密集型的，和麦当劳很相似，都要依赖于兼职劳动力，公园里的餐馆、零售商店、游戏和游乐中心、游乐场的乘坐装置等都需要劳动力来管理和操作。需要多少劳动力，则完全取决于那天来公园的游客人数。

尤顿：对。

斯科特：并且取决于他们在一天的什么时候出现。我们的利润高度依赖于是否能够准确预测某一天所需劳动力的数量。到了 1978 年初，在游乐中心的工作上获得了一两年的经验后，我调到了另外一个岗位上，是为这项业务制定计划并预测所需的劳动力。

---

① 阿姆达尔（Amdahl）公司由大型机最早的设计者之一吉恩·阿姆达尔于 1970 年创办，主要生产与 IBM 大型机兼容的计算机产品。公司于 1997 年成为富士通的全资子公司。——译者注

我发现有一家叫作苹果计算机的小公司，他们有一款 Apple II+计算机，可以使用诸如 BASIC 和 Pascal 这样的语言编程。

我在想，我们是否可以编写软件，预测来公园的人数以帮助制定计划呢？作为基准，我从计算机科学公司（Computer Sciences Corporation，CSC）购买了分时服务。CSC 向公路收费站、电话公司以及面临类似问题的公司出售劳动力建模软件，那些公司也需要根据外面公司给出的推测和估计准确预测出他们所需的劳动力数量。

这样我就得到了一台 CSC 的终端，弄清楚了他们那个程序的工作方式，我们开始和 CSC 一起开发了一个复杂的计算机模型，以便更好地预测劳动力数量和来公园的人数，我们一边开发这个模型，一边还在 Apple II 上编写能做同样事情的软件。不出三四个月，我们就发现我们的程序把 CSC 的程序打得落花流水。

这不是我一个人做的。我们有一些 IT 部门的人，他们擅长编程，而我则更擅长理解那些程序中用到的数学。但是不管怎么说，我开始自学编程了。他们编写基本的程序，我要做一些修改工作，比如加入一些数学模型之类的。我们后来买了很多 Apple II 计算机和 Corvus 磁盘驱动器，并在 Apple 计算机上做了很多事情，比如创建各种数据库之类的事情，我们着迷了。可以说，一切就此起步了。

我后来去了 sun 公司，也获得了大学学位，在旧金山大学完成了信息系统管理的大学课程，我在太阳微系统公司的时候还去圣克拉拉法学院上课。接着我又去了普华永道、百时美施贵宝、通用汽车、迪士尼，最后又来到这里。所有这一切都是因为当初要解决我们遇到的一个实际业务问题，需要解决像来公园的人数、预测、建模、劳动力调度之类的问题。

真是说来话长啊。

尤顿：是的，不过很吸引人，我觉得很有意思。我刚才说过，我和你差不多在同样的时间、同样的领域工作过，我也给我的小孩买过 Apple II 电脑。到了最后，你来到了微软。

我想问问你在微软作为 CIO 所做的事情。这个工作承担的职责和活动是什么，是否可以简要介绍一下你在微软作为 CIO 的主要职责？

斯科特：可以。我的职责可以分为三部分。中间那部分和任何一家大公司的 CIO 所做的都一样。我们有大量的支持业务运行的内部系统，如销售和市场营销系统、财务系统，这些系统和软件可能和其他任何一家公司的 CIO 所负责的都一样。我们有薪酬系统，还有一些你知道的这样那样的系统。

尤顿：我知道。

斯科特：在这方面，我的职责和其他 CIO 是一样的，我关注的地方、遇到的问题也和其他 CIO 一样。这份工作和其他人不一样的是另外两部分。一部分是，我们与产品团队一起密切地工作，在开始时先是定义产品将是什么样的，并会一直参与到后续工作中。

在进入开发过程后，IT 向产品团队提供了很多用来开发产品的工具产品。像源代码存储库、代码签名技术、各种帮助开发产品和质量检查的工具以及类似的产品，在微软都是由 IT 负责的。我们发挥重要作用的地方还体现在当产品进入开发早期，完成了足够多的东西并可以开始部署时，我们会先在微软内部部署。开始时是少量部署，然后等产品成熟并越来越接近发布日期时，一般会在微软内部进行大规模部署。这种做法甚至还有一个名字，我们称之为“内部试用”（吃狗粮）。

尤顿：噢，是的。这个短语已经用了很长时间了。

斯科特：因为我们所处的这个角色很重要，我们成为填写缺陷修复请求和改进请求等内容最多的人，比微软其他客户加起来的总数还要多。同时我们也是签收产品并决定产品是否可以交付的团队之一，内部试用对 IT 组织来说还算常见，但我们特别看重它。我们在这方面的主要作用……可以说是相当典型的。

我们的另一职责在于和客户打交道，我和我的团队在客户身上也会花相当多的时间。几乎每个来访的客户，来参加管理人员情况通报会的也好，有其他事情的也好，都想知道微软是如何实施 IT 的。他们会问这样的一些问题，如“你们在微软是如何使用产品的”“你们是如何把产品集成在一起的”“从最新的科技中你们学到了什么样的经验”，等等。

显然，这是和客户对话的一个重点，但他们也很想了解我们是如何治理的，我们的 IT 生命周期管理过程、组织方式、内部衡量成功与否的度量指标是什么样的，诸如此类的信息。对于如何实施 IT，我们希望自己能够成为值得信赖的顾问。有一些问题我不仅在问自己，也在问我的团队——我们希望成为世界级的 IT 标杆，如果不是我们，那会是谁呢？如果不是在这里，还有其他什么地方的 IT 组织想要做这些事情呢？如果不是现在，那会是什么时候呢？我们问的都是类似这样的问题。我们追求的是这样的角色，并且每天都在实践，我们从客户那里得到了很多非常正面的反馈，并了解到他们从对话中获得了价值。

尤顿：在 30 年前，这些事情都是由 IBM 来做的。你认为你说的这些内容是否代表了某种技术转变，今天每个人都认为他们将使用微软的产品和分布式计算工具，而不再使用大型机？

斯科特：我认为它仅是这种技术转变的一个方面。当然，微软有许多其他科技公司都不具备的产品。

尤顿：说得对，是这样的。

斯科特：说到未来的发展方向，微软在几个领域都是领先的——不论是云计算、移动计算，还是其他领域。我们参与到了很多不同的领域，这样做的公司并不多。所以我认为那是一个因素。我们能够命中大多数 IT 组织所需要的核心东西，这也是部分因素。

尤顿：我对微软在市场上做的很多事情都很关注，对于云计算等很多时下关注的话题，我认为你会给我一个概要的回答，你们或微软在这方面已经有白皮书或立场文件了。总体而言，那些东西是你们团队想出来的，还是说那些东西是受到了你们团队的影响？

斯科特：实际上那是合作的结果。这与内部试用以及我刚才所说的是一样的。例如对于云计算团队，我们对产品的形成起到了关键作用，我们从架构的角度进行考虑，并进行换位思考，想想他们对 CIO 在功能和可管理性方面会有什么样的期望、我们对云计算的业务论证是如何考虑的，以及我们对其他问题是如何考虑的。可以肯定地说，我们是整个讨论过程中很重要的参与者。

尤顿：非常有趣。再问一个问题，也许是这方面的最后一个问题了。我自己非常感兴趣的一个话题是关于这一代人的问题。与我们这一代人或你们这一代人相比，即将大学毕业的年轻人是如何看待 IT 和技术的？

斯科特：技术和这一代人确实是相关的，毫无疑问是相关的，不管把他们称为新千年的一代或别的什么。我们利用我们在这方面的模型和客户一起做了很多工作。

尤顿：一个很重要的主题显然是社交计算，你是怎么看的？你认为作为 CIO，应当考虑这方面的问题吗？

斯科特：我们使用了一个非常好的模型，所有类似的东西基本上都可以沿着两个不同的向量进行评估。一个向量是价值，另一个向量是风险。根据某项技术落在矩阵中的位置，可以接受、忽略、管理或利用。这是我们在那个领域中四种不同的思考方法，每一种策略都有一套特征，外面的公司可以把具体技术放到矩阵不同的地方进行评估，这样就可以了。

我们给他们的是一个模型，他们再结合公司的实际情况和管理环境等做出自己的决定。我认为帮助业界开发有用的模型和框架是我们能够发挥领导力的地方。

尤顿：我有很多特别想问的问题，因为我相信每个人也都想知道答案是什么。这个问题就是，是比尔 · 盖茨或史蒂夫 · 鲍尔默招聘了你，并把你提升到现在这个职位，还是因为其他一些我们不知道的趣闻，很想听你说说。

斯科特： 实际上我在凯文·特纳的手下工作，他是微软的首席运营官，不过史蒂夫也参加了面试过程，而且我在来微软之前就和比尔一起做过一些工作，这可能也是我唯一一份在上班前就比较了解公司高管和公司情况的工作。至于其他工作，基本上是面试，自己也搞不清楚谁是管理人员，公司是什么情况。

尤顿： 被 COO 面试就足以让任何一个人大名鼎鼎了。你在进入微软的面试过程还有什么特别之处吗？

斯科特： 三年前史蒂夫面试我的时候，问了一个很明显的问题——你对未来的看法是什么？史蒂夫在纸上画了画，说明从云计算、手机及其他事情的角度来看，公司的发展方向是什么。那张纸我到现在还保留着，这个问题给我留下了深刻印象。当时制定的计划，我们的投入情况，史蒂夫几年前列出的愿景在后来的实现情况，这些都给我留下了深刻印象。

尤顿： 这个过程令人难忘。我又想到了一个与之相关的问题。如果给有志于成为 CIO 的人提一个建议，不论他是梦想着有一天成为微软的 CIO 还是成为其他组织的 CIO，你的建议是什么？

斯科特： 我的建议是我一而再、再而三地学到的一个经验——任何事情都不会像看上去那么好，也不会像看上去那么糟。我自从担任这个职务后，每次听到事情很糟糕或一切都很顺利时，通常都会有一点夸张的成分，事情本身可能没有多么糟糕或是多么美好。

尤顿： 这是一个很有意思的建议。还有一件相关的事情，有点像这个问题的延续，我已经和五六个 CIO 谈过了，他们几乎都谈到了由他们组建的、并帮助他们度过每一天的团队的重要性。对于几乎每天都和你一起工作的团队成员，我很想知道你最为看重的品质是什么。

斯科特： 有三个关键品质是我特别关注的。第一，是纯粹的领导能力。我们管理着庞大、复杂、充满挑战的有形组织，为了做好管理，需要有很强的领导能力。必须要有人喜欢这个角色，把在组织中培养其他领导当作他们核心职责的一部分。领导能力可能是我最关注的。

第二，他在技术上要敏锐、要有能力，特别是在像微软这样的技术公司工作。技术给我们每天所做的事情带来了很大的影响，懂技术并做出正确的选择，这对我们来说是最基本的。最终我们需要做出很多重要的架构决策，所以这种技能是相当重要的。第三，我关注的是正直诚实，不仅要说真话，还要体现实际情况，以非常诚实、坦率和直接的方式处理人和事。我要找的是认可我们的价值并较好地体现出这些价值的人，正直诚实的品质对我们所有的领导角色都是至关重要的，如果不是在生活中，也至少要在人们所担任的领导角色中体现出来。

尤顿：昨天我在采访一位 CIO 时听到了类似的说法。她认为团队中的每个成员都能互相保护是最为重要的事情之一。他们认识到他们所有人都必须成功，所以不允许采取那种背后暗箭伤人的竞争方式，更不允许在某种场合下甚至还盼望着团队中出现这种竞争，如果他们遇到困难或是负担过重，她的团队不能让其他任何一个成员掉队。估计你会说，这也是正直诚实的一个方面。

斯科特：嗯，我认为这也是领导能力的一部分。

尤顿：对，说得对。

斯科特：我要寻找的部分要素是，我们都要一起紧密地工作以取得成功，这种成功甚至不是我们自己团队的胜利……特别是在微软，情况更是这样。这种胜利是微软的胜利，同时也是为世人创造条件，让他们发挥自己的潜力，这是我们使命的另外一种说法。这是一个很高的目标，但我们会肩负起这个重任。在微软，如果我们不把工作做好，在某种程度上就阻碍了世界发挥它应有的潜力，所以我们要努力实现一个相当高的目标，这并不仅仅是个人的胜利。这代表的是一个更广的目的。

尤顿：啊，说得好。你们现在正在帮助埃及吗？这可能有点跑题了，但是，天哪，看看那里发生的事情，太让人吃惊了。你和其他人肯定都在目不转睛地盯着电视，想了解那里发生的情况。

斯科特：是的，真是让人难以相信。等到尘埃落定的时候，你会看到我们一次又一次地看到的一种情形，我们微软的团队会尽快赶到那里，帮助某个国家或地区重建，重新建立必要的基础设施，并让这些基础设施运转起来。不论是石油危机、海啸、洪水、雪灾还是地震。微软总是尽早做出响应，赶到那里帮助重建。

尤顿：我没有想到这些，但是我刚刚想起来，联邦快递的 CIO 和达美航空的 CIO 说他们在卡特里娜飓风之后也必须要做类似的事情，甚至不是在飓风之后，而是在遭受飓风袭击的过程中就要做了。一般来说，现在任何一家高科技公司在发生自然灾害或政治灾难后，都需要并且希望参与到各种基础设施的各种重建活动中。我估计每个 CIO 都必须准备好处理这样的事情。如果看一下新闻，当世界上你从来没有关注过的某个地方突然出现混乱时，肯定会对你明天早晨要做的事情产生很大的影响。

斯科特：是这样。

尤顿：真是耐人寻味。我再问另外一个有趣的问题。你和我访谈过的每一位 CIO 一样，都要和很多固执己见的同事打交道，他们不归你管，一般来说，他们在其他业务部门，或者对于你们这样的公司，他们在产品团队工作。他们认为自己知道如何使用 IT。他

们不但知道如何完成自己的工作，甚至可能认为对于你的工作，他们比你做得还好。他们不向你汇报工作，所以你无法指挥他们。你是如何影响这些人，如何让他们做你认为正确的事情，不要做你认为不正确的事情的？

斯科特：我用的是很多年前学到的一个原则，那时我是一个儿童游乐场的负责人。这个原则是从另外一个儿童游乐场的负责人那里学到的。你带着孩子们在操场上活动的时候，总有某个孩子躲在一边，置身事外。他可能很霸道，也可能只是恶作剧、瞎捣乱或是有什么其他想法。我学到的方法是给他找点事做，让他成为解决方案的一部分，不要成为问题的一部分。我在整个职业生涯中一直都在遵循这个原则，如果某个人固执己见，对事情有强烈的看法，首先，他们可能是对的，你必须考虑这种可能性。

尤顿：是的，确实如此。

斯科特：但是接下来，就要给他们找点事做，让他们参与进来，确保他们成为解决方案的一部分。我发现两种情况当中会发生一种——他们或是参与进来并有所贡献，或是很快就闭上嘴跑开了。

尤顿：当然，你的同事都是在产品团队或业务团队中的，他们的技术水平可以说都是非常高的。这是和别人不一样的地方，可能在其他计算机公司或高科技公司也会是类似情况，不过我在其他有些公司并没有看到。他们不是股票交易员或汽车设计师。显然，这些人对 IT 都懂得特别多，所以你就更不能指挥他们了，不能跟他们说只有你才了解你们正在做的事情是多么复杂。所以你说的这个策略非常好，让他们也参与进来。

斯科特：实际上我们的产品团队也可能像其他人一样固执己见。不过这种固执一般都针对别人的产品。他们一般认为自己的产品不错，而其他人的产品都有问题，但是我们可以采取同样的策略——让他们参与到工作中。实际上我们也有很多人是不懂技术的。他们承担的是传统的业务职责，像财务、人力资源之类的工作，并且只想得到一些能够使用的东西。他们可能不像有一定技术背景的人那样容易被新功能、新特性所吸引，所以，我们在开发应用程序或创造用户体验时，遇到的一个难题就是，对于我们要做的东西、我们的实现方式、我们提供的服务，需要同时满足技术人员和非技术人员。这是在微软工作的一种乐趣。

尤顿：还有一方面是我想再多了解一些的，现在的技术成本很低，且无处不在，那些同事和他们各自的业务部门自己就能够做一些技术工作。25 年前我们在用 PC，可以到 Radio Shack 买一些东西。而在今天，只要在 Android、iPhone 或其他设备下载一个应用程序，然后就可以在办公室使用你甚至都不了解的技术，直到这个技术影响越来越大，被人们发现。这种问题你遇到的多吗？

斯科特：不多，实际上我们认为这并不是问题。我们采用了一个模型，用来分析我们

对某个应用程序的看法，这个模型大体说来就是一个矩阵，如果哪个应用程序存在相关威胁或风险，矩阵的一边就是这些威胁或风险，矩阵的另一边是那个应用程序的业务收益。结果就产生了 4 个象限，这样你可以说："我们必须包含这个应用程序。必须接受这个应用程序，或者说应当接受这个应用程序。应当允许这个应用程序的存在，不要干涉，让这个应用程序存在下去。或者应当禁止使用这个应用程序，有效地对其进行封锁。"

有些是病毒或某种威胁，可能是 IT 方面的威胁，也可能是其他方面的威胁，这些东西的业务风险很高，却没有什么业务价值，这是我们需要封锁的。但是也有很多其他东西，像很多社交网络功能以及其他更好的功能，我们会说："我们不但要接受，而且还准备全面利用那个程序可能带来的业务收益。"这样每个东西都会落在矩阵的某个地方，对于任何一个事物，每个公司都可以做出自己的判断，看看落在矩阵的哪个部分。我们切实地利用这个框架来进行评估，然后根据不同的情况，决定是否采取适当的措施。

尤顿：说得很清楚。我听到很多 CIO 都非常清楚地表达了这方面的意思，有人可能在你不知道的情况下往办公室带来一个新玩具、一个新装置、一部新智能手机，但是迟早，一般都会比较早，他们会访问你的数据，他们会连接到你的基础设施中。这些都在你们的掌控之中，你们非常关注风险，显然，安全性和隐私等是包含在内的。所以可以说，他们很快就会碰上你们设置的保护措施或评估矩阵。我在这个问题上可能有些过于担心了。

我再问一个很明显的问题。让你感到担心的、晚上睡不着觉的主要问题是什么？你所担忧的又是什么？我估计安全问题是首先要考虑的，此外还有其他问题吗？

斯科特：是的，安全是最重要的。微软是地球上受到袭击最多的公司之一，每个黑客都想看看是否能够攻进来，从而让自己大名远扬，所以我们必须要做好安全工作。因为我们每天都在考虑这方面的事情，所以没有出过多少问题。

我考虑很多的是一件我称为"宏架构威胁"的事情，我来解释一下这是什么。这些年来，用于构建产品的组件的质量一直在不断提升，这种情况随处可见。比如说，汽车的质量更高了。随着大范围质量运动的开展，我们购买并使用的每一样东西的质量都在不断改进，变得越来越好了。所以，也许在几年前还能看到的那些产品故障现在已经很少再看到了。也很少看到某个产品中的缺陷了，因为大多数制造商，微软也好，硬件制造商也好，其他制造商也好，在构建高质量的产品或组件方面都已经相当尖端了。新出现的缺陷可能存在于从这些组件构建起来的架构中。比如说，在为终端用户构建某个东西或某个解决方案时，虽然组件的质量都很高，但是把那些组件组合在一起的方式却有可能很脆弱，或是在构建架构的过程中产生了某个缺陷，所以说仍

旧可能出现宏架构威胁。而且今天的这些东西很多都特别复杂，很难全面了解这些架构上的缺陷，这也增加了宏架构威胁的可能性。在国家电网中就能看到这样的例子。①

尤顿：是的。

斯科特：在某些情况中，事故的发生是因为某些意外事件利用了潜伏在系统中的架构缺陷。互联网就像一个皮氏培养皿②。在某些方面，我们在利用已有的组件构建解决方案和功能时，这些架构故障不但可能发生，而且有时候造成的影响还特别大。我并不是说我们不应该使用互联网，也不是说互联网很危险，但我认为我们应当做好准备，以应对可能出现的严重故障，并且能够相当快速地复原，因为故障总是会发生的，比如股票市场的崩盘。

尤顿：噢，就像去年的“闪电崩盘”③？

斯科特：我们不断地遇到这种长时间地、让人非常沮丧的东西，以前出现过，现在也还有这种情况，我们在技术领域面临的威胁很大程度上仍旧是这样的。这些事件会发生，我们能够相当快地复原，但这些事件可能造成多方面的影响。

尤顿：我可以明确地告诉你，国防部和政府的各个机构投入了很多时间来考虑这方面的问题，因为这些不仅仅是偶发的架构缺陷，还有人在蓄意利用这些东西。

有趣的是，我谋生的手段之一是当律师的专业证人。当一些大型系统不能正常工作时，我要尽量分析出是谁的错。我常常要在不同的供应商之间找出是谁的架构出了问题，比如说，微软的产品没有问题，某某产品也没有问题，但是在架构接口上有些地方可能被人利用，或是存在一些谁都没有想到的缺陷。我认为这个问题短期内是不会消失的，实际上，要说会有什么改变的话，情况也只会更糟。所以说你提到的这个问题很好，因为这类事情可能是每一个 CIO 都已经在关注，或是他们应当关注的。

斯科特：我完全同意你的看法。

尤顿：如果没有其他措施的话，这种大型的、涉及供应商软件的复杂架构一般都是由这些 CIO 最终批准并认可的，所以如果追究责任的话，通常都是他们来承受的。我最后再问几个问题。你在我们刚开始交谈时说的一些事情提醒了我。在开发新产品时，你说到了你们的 IT 部门是如何与其他几个产品团队一起工作的。我很想知道你们 IT 团队在和其他部门打交道时采取的是积极主动的方式，还是在他们开始做了之后，你

---

① 2009 年 4 月 8 日，黑客侵入了美国电网。——译者注

② 皮氏培养皿（Petri dish）是实验室用于培养细菌等的有盖小玻璃盆。——译者注

③ 闪电崩盘：2011 年 5 月 6 日，道琼斯股指在盘中急挫近千点，在 10 分钟内跌幅最高达到 9.2%，创 1987 年股灾以来最大的单日跌幅。一般认为技术方面的原因是导致这次闪电崩盘的主要原因。——译者注

们再等着他们来找你们讨论新东西？

斯科特：我们是非常积极主动的，实际上，在每个产品周期开始时，我们都要参与早期的设计。对于需要什么特性、需要什么的功能、应当如何工作等各种事情，我们都会给出意见，我们在整个生命周期过程中都会跟进这些事情，包括升级和后续可能需要打的补丁程序。在整个生命周期，我们和产品团队都会在一起工作，我们有一个非常主动的方案，可以衡量我们在产品上的合作关系的健康程度。

尤顿：是不是可以认为，在开始的时候甚至需要开发早期的试验性原型？

斯科特：噢，那是肯定的。

尤顿：嗯，让人们了解这一点是有好处的，这些产品是经过你们的很多内部工作之后才从微软的防火墙后面拿出来的。

我们可以交谈整整一个下午。但是你肯定还有很多事情要做，人们正在办公室外面等着你，所以我得走了。

斯科特：好的，谢谢。

尤顿：谢谢。真是非常感谢，祝你一切顺利。

第3章

蒙特·福特

——美国航空公司/AMR 公司高级副总裁兼 CIO

蒙特·福特是美国航空公司及其母公司 AMR 公司的高级副总裁兼 CIO，全面负责管理公司信息技术战略与运营。作为一个在信息技术领域被广为认可的领导者，福特在美国航空公司需要再次取得技术优势的时候加入了其中。作为世界上最大的航空公司之一，技术革新是它能取得长期成功的一个关键因素，而福特的领导力对于美国航空公司重返技术革新的前沿至关重要。

在加入美国航空公司之前，福特在第一联合资本公司和波士顿银行担任过高级管理职务。福特先生曾经服务于两家上市公司的董事会，现在是美国领先的能源传输与分销公司 Oncor 公司的董事会成员。他还是国际性智囊团 Research Board 的成员，该机构成员仅限于世界上各大公司的 CIO。同时，他还是 CIO Strategy Exchange（CIOSE）的成员，这是一个由多人发起的、经过认真筛选的项目，服务对象为“具有前瞻性”的公司的 CIO。他在社区计划、教堂领导、Baylor-Grapevine 理事会、达拉斯儿童医疗发展董事会等都非常活跃。长期以来，福特一直在达拉斯和波士顿这两个地方参与社区活动。

埃德·尤顿：在访谈一开始我都会问同一个问题，因为我知道很多年轻的 IT 专业人员梦想着有一天也能晋升到你这个职位……我想问的是，你是如何取得今天的成就的。这是你第一次担任 CIO 吗？你是通过技术级别的逐步晋升最终成为 CIO 的吗？

蒙特·福特：我刚开始在业务厂商和供应商那里工作，如数字设备公司[①]和 IBM。

尤顿：噢？到目前为止，在我访谈过的人中你是最独特的。顺便说一下，我最开始也在 DEC 工作。

福特：那是一个非常好的公司，不过我最后应聘到了 DEC 波士顿分公司的客户那里，并担任了管理岗位。我那时正准备在 DEC 换一份工作，一份更高级的工作，我把情况告诉了客户，结果他让我到他们的公司去工作。

尤顿：噢。

---

① 数字设备公司（DEC）是一家计算机系统、软件和外围设备供应商，2002 年与惠普公司合并。

福特：于是我就去了，去了那家公司工作，成为了 DEC、IBM 和当时其他一些公司的客户，并继续从事技术工作。我从事的那部分工作是需要向 COO 汇报的，他以前也是个 CIO。后来我去德克萨斯州找了一份工作……目的是成为那家公司的 CIO，结果真的当上了。再后来我离开那家公司，成为了美国航空公司的 CIO。顺便说一下，我在 DEC 时做的也是市场营销和技术工作。

尤顿：啊。和你相反，我一直都在技术部门。最早的时候，我是在马萨诸塞州梅纳特的那个旧厂房[①]工作，开始用的是 PDP-5，后来用的是 PDP-6[②]。在那个地方工作很不错。（笑）非常好。

福特：是的。

尤顿：先不说这些了，我想问的一个问题是，这期间你是否有重要的导师或榜样？

福特：我一直都有导师和榜样。在销售与市场营销上，在技术上，我一直都有能够和我形成互助关系的导师、榜样和其他一些人，给我带来成长和发展的机会，直到现在也是这样。至少，我总在尽量确保我和每个形成这种关系的人都是相互受益的，不过不论是在工作中还是在工作之余，我一直都能遇到这样的人。

在这个行业和这个工作中，作为一个非裔美国人，我有幸结识一些榜样，他们告诉我在技术领域应该如何工作，还有人告诉我利用技术能做些什么。对我来说，技术是讲求实际、注重实用的结果，是根据环境来解决业务问题、满足业务需要的。我知道这本书是关于技术的，但技术工作不仅关于技术，同样也关于人，而人的成分可能要大于技术的成分。所以我以及我的榜样，这些年来一直关注的都是人，而对技术的关注要少得多。

如果把人这部分搞好了，技术部分自然也就好了。技术来来去去，不断变化，我还经历过几项据说是要拯救地球的技术。

尤顿：（笑）

福特：技术让编程成为一件美妙的事情，让世界变得非常简单，我知道你这些年经历了这些事情，在书中也写到了这些。我们常常会听到某个新技术将要改变一切的说法，而且通常技术也确实带来了变化，但总会出现另外一个新技术。能够让你成功地做出

---

① DEC 公司的总部在 1957 年至 1992 年间设在马萨诸塞州梅纳特一座由旧羊毛工厂改造的大楼中。——译者注

② PDP-5 是 DEC 公司的第一个流行的小型机，1964 年面世，是更受欢迎、也更小的 PDP-8 小型机的前身。PDP-6 是 DEC 公司的第一个大型计算机，1965 年面世，面向的是科学/工程市场。PDP-6 根据 36 位字长的内存设计而成，所以在一定程度上和 IBM 的 7090/7094 形成直接竞争关系。这种机型是 PDP-10 和 DECsystem 10 计算机的前身。——译者注

这些改变和更迭，适应技术带来的能力与局限的，必然是和你一起工作的人，你给他们带来成长机会，培养、管理他们，并让他们得到发展。所以，我对技术的关注实际上是对人的关注。

尤顿：嗯，这些东西在大学里是肯定不会教的，至少在我上大学那会儿是不教的。在大学毕业后的几年内，我也没有机会学到。但在说到导师和榜样的时候，我从每个人那里听到的几乎都是这个观点。顺便说一下，我一定要问 CIO 这个问题的一个原因是，比如说，我知道我采访微软的 CIO，不免会问他一些像比尔·盖茨是不是他的重要榜样之类的问题，而在这个问题上我也得到了各种有趣的回答。

再问“开篇”的最后一个问题：你在沿着这个职业通道发展时，是否觉得有必要接受进一步的教育？你是否回去拿了一个 MBA 之类的学位？

福特：我有过几次获取 MBA 学位的机会，包括一次全脱产的 MBA 课程，还有几次学 EMBA 的机会。但我都没有去。这是我选择的结果。

我认为对我来说最重要的榜样……从技术的角度看，包括今后可能遇到的，最重要的榜样是一个叫作吉姆·卡什的人。

尤顿：我好像听说过这个人。

福特：他当过哈佛商学院的院长，主办过《哈佛商业评论》，以前是哈佛商学院的教授，负责过他们的高级管理人员 MBA 培养计划。他是技术专家，写过一些书，加入了一些公司的董事会，嗯，他刚从微软董事会卸任，现在还是通用电气、沃尔玛的董事。他担任过奈特·里德报业集团的董事，现在是丘博保险集团的董事，也是 Tandy 的董事，Tandy 的前身是 Radio Shack。他做了很多有分量的、自己能够完全胜任的事情。他很早就指出把工作外包到印度意味着什么。

尤顿：啊。

福特：他是最早指出实时库存管理的人，并且提供了这方面的咨询服务。他还最早指出了包括社交网络在内的一些东西，以及很多技术的发展趋势。他智慧过人、富有条理，深受人们欢迎。

尤顿：很有意思。对技术和 IT 给美航这样的组织所带来的成功，你是怎么看的？从某种意义上讲，这是你们日常生活的核心。大家都知道，美国航空公司的订票系统 Sabre[①]早期在业务和技术上都发挥了重大作用，但到了 2011 年，情况又是什么样呢？

---

① Sabre（Semi-Automatic Business-Related Environment）系统是一个在旅游业使用非常广泛的订票系统，由 Sabre 公司开发。Sabre 公司曾经是美国航空公司及其母公司 AMR 的一部分，现在已成为一家独立的公司。——译者注

福特：我们的业务是技术业务，或应该说是信息业务。我们搞的是飞机运输。毫无疑问，我们让世界变小了。我们通过飞机搞运输，但是人们最需要的，不论是运输货物、自己乘飞机、别人乘飞机还是运送其他东西，他们最需要的是信息。一般情况下，我们每天通过飞机把 33 000 人送达到他们的目的地。我们的飞机大多数时候是准点的，准点率大约是……84%~87%，这在业界是一个相当了不起的数字了……很不错。如果考虑一下飞机起飞所要做的各种后勤工作和其他事情，你会发现这是一个小小的奇迹。你根本不用担心行李或其他东西。

尤顿：（笑）

福特：我们每年运送大约 1.1 亿件行李，我们也确实会丢失行李，1.1 亿件行李中会丢失几千件。这些行李中很少的一部分（不到 3‰）会晚到，其中的 80%会在下一个航班到达。

尤顿：嗯。

福特：想一想，1.1 亿次……当然，如果是你自己的行李晚到了，那是另外一回事了，感觉是不一样的。但是不到千分之三也是一个很大的数字。在一个正常的日子，一切顺利，机场和航班一切正常，会是很棒的。我们衡量的是不正常的情况下发生的事情。像几星期前，达拉斯机场就因为沙尘暴而关闭。

尤顿：对。

福特：最近，东北地区和芝加哥遇上了有历史记录以来最恶劣的天气。如果几千架飞机和数十万名旅客受到影响，会发生什么情况？如果这种状况持续两三天，又会出现什么情况？如何才能恢复正常？人们需要掌握他们航班的信息。他们需要知道将会出现什么情况、自己应该怎么办，以及有什么选择。所有这些都是围绕着技术开展的，都要靠技术去推动。技术在我们所做的每件事情中都处于中心，信息技术，特别是信息，处于那个传感器的中心，是传感器的核心。所以说，我们发挥着相当重要的作用，可能比我们以前使用 Sabre 的时候还重要，因为即便使用了 Sabre，很多工作还是要手工或通过其他方式完成，而对于今天的数据量和技术，手工是无法完成的。

尤顿：我听到达美航空 CIO 特丽萨·怀斯在一次演讲中提到了类似的东西，她说他们现在要做的一件事情就是几乎 24 小时与客户保持联系，这和你的说法是相似的。而作为一名乘客，我现在能从 iPhone 上看到这些信息了——“您现在可以办理登机手续了”，或者“您的航班延误了”。几星期前，我在去机场的路上就看到了这样的信息：“您有如下选择”。所以总的来说，我当然是赞成你的观点的。这三四十年来发生的一个变化可能就是，你能够通过技术随时随地提供这些信息，这种做法深入人心，人们已经不愿意再回到原来的那种方式了。

福特：我们的理念和目标不仅仅是考虑客户和员工，而且还要满足客户和员工的需要，我们不能命令他们该怎么做。嗯，你的 iPhone 上安装了美航的应用程序吗？

尤顿：装了。

福特：我们想尽力做到的，以及我们在 iPhone、Android 和其他平台上正在做的所有东西，都是想尽可能地随时满足他们的需要。你会看到一些这方面的例子。我们不能采取命令的方式。也就是说，在一个社交网络的世界，在一个社交媒体、社交技术的世界，我们无法控制一切。世界已经从非常垂直的模式演变成非常水平的了。

尤顿：没错，是这样。

福特：在一个水平的世界中，你不希望在业务上存在等级体系。我习惯于每天早晨坐在那里等着报童出现，并希望他不要乱扔报纸，我以前在波士顿生活的时候，就希望他不要把报纸扔到雪地上。

尤顿：（笑）

福特：我希望他不要打碎玻璃，不要用报纸把门敲得砰砰响，我只想坐在那里，耐心地等着报纸告诉我世界是怎么样的，发生了什么事情。现在，我每周日都会收到《纽约时报》，我喜欢靠在沙发上看报纸，打开报纸，将它们四处摊开，自己随手就能取到。但现在人们愿意即时获取信息。我的几个小孩就不看报纸。

尤顿：嗯。

福特：他们在线阅读，不读实体的东西。这让我觉得很难过，因为我很喜欢看报纸。但是，他们可以随时随地获取所需的信息，不用等着送报纸的男童或女童来。信息水平流动的速度是我们无法控制和管理的。大约 3 年前，我不记得具体时间了，有一架飞机迫降在了哈德逊河上，而媒体居然是在 Twitter 上发现这个新闻的。

尤顿：对，是在 Twitter 上。离我现在坐的地方只有 1.6 公里。就在哈德逊河上，是全美航空公司的飞机。真是不可思议，居然是在 Twitter 上。

福特：是在 Twitter 上！第一张图片是某个人通过智能手机发出来的。没有人知道他的姓名。不知道是谁第一个通过 Twitter 发布的。不过，这并不重要。重要的是，这个消息不是来自 CNN 的头条新闻，而是由 CNN 报道的来自 Twitter 的头条新闻。在一个水平的世界，人们相互获取信息的速度是非常快的。等着报纸或电视来告诉我世界上发生了什么事情，这种等级体系已经不复存在了。我们通过互联网提供各种各样的信息。客户很快就能整理、汇总那些信息。我们一提供，他们马上就能整理、汇总，所以他们能够知道并且理解当前发生的事情。

在还不具备今天这种能力的时候，我们开始在互联网上向其他服务提供商、信息

提供商等机构发送有关航班以及这样那样的信息。在我们自己开始做这些事情之前，我站在登机口前时，才会得知航班延误了。我给指挥中心打了电话，知道航班发生了什么情况。我在机场里四处走动，观察着发生的情况。指挥中心告诉我："我们正在做出决定。请稍等一下。好的，需要改变登机口。飞机发生了故障，我们要等一架新飞机来。要往南边走两三个登机口，不过也可能是其他登机口。我们很快就会得到登机口的信息。"指挥中心一发布信息，信息就通过互联网广播出去了。

尤顿：对。

福特：我坐在那里等着。很多人在低头看自己的智能手机和手持设备。突然，大约20%、25%的人拿起他们的包，往南边走了两个登机口，此时从登机服务台也刚好传来广播的声音："我们很快就会带给大家更多的消息。请耐心等待。"但是，那些人已经得到信息了。令人啼笑皆非的是，那个信息是由我们发布出去的。当时我想："这些事情肯定会发生的，但是我可不能让我们的员工陷入这种尴尬的境地。"我们强调的是尽快向他们发出实时信息，至少要在向客户发出的那一刻也向他们发出。

尤顿：有意思。

福特：现在，我们能够把任何一个人所需要的数据都汇总在一起。我们看到了智能手机的使用情况等等。我们对此的反应是：在应用程序中，在设备的功能特性中嵌入了技术和信息。因此，这不是网站体验，而是功能体验，利用了设备的特点。你在 GPS 和手机中也能看到这种体验。在达拉斯的沃思堡机场，人们遇到的一个大问题是：他们到机场时把车停到了某个地方，但出差回来后换了个航站楼，却记不清车停在哪里了。

尤顿：对。

福特：现在，应用程序里内嵌了这样的功能：你可以把停车的地方拍下来，把停车的位置号拍下来。等飞机降落的时候，包括停车场图片在内的信息就会显示在手机上。这是内嵌在应用程序中的，利用的是手机的功能。

尤顿：很不错。

福特：这个程序是推送的，比如说，对于 Android，推送的是航班状态通知。这并不是什么很夸张的想法，因为我们知道你的位置——客户愿意共享这些信息。任何人都没有了隐私，因为像什么时候上的飞机、自己的位置、GPS 的位置在哪里之类的信息都是公开的。如果我知道你几天前离开了达拉斯，而应用程序知道你正在往回走，它就会意识到你现在已经到了达拉斯，并且会弹出你汽车的图片，告诉你"记住，你的车停在 B23"之类的信息。

尤顿：是的。

福特：这些是公众迫不及待想得到的。我们在这类事情上的想法是正确的。我有点偏见，但我愿意检验一下。对于技术的作用和能力，对于把技术如何嵌入到那些实施这些技术的人的脑海中，我们的思路要比和我们类似的其他公司强。这些人不仅仅只是客户，还包括实施这些技术的人，也就是客户加上员工。所以，我们拥有 CRM。

尤顿：对。

福特：CRM 是客户关系管理。我们还有 ERM，即员工关系管理，它关注的是同样的理念。

尤顿：啊哈。

福特：我们的员工与客户的生活方式是一样的，同样，他们和客户的工作方式也是一样的。员工在工作之余也生活在一个扁平化的世界中，让他们在某一天上班时突然变成垂直的，这种想法不现实。如果必须待在这个垂直性的等级体系结构中工作，技术上不允许他们扁平化，这种做法不可理解。根据我在机场工作的经历，我可以告诉你，我们必须像关注客户那样关注员工，否则就还缺半壁江山。但大多数人都不是这样思考问题的。我们关注员工所得到的信息，也从社交网络、社交媒体和社交技术等方面关注他们所做的事情。而传统看来，这些方式本来是对客户会更有用一些的。

如果听起来有点吹嘘，我承认确实有点，不过这并不重要。重要的是，在我们的环境中，技术最能说明问题，可以说明环境和工作场所能够提供什么样的能力。人们甚至愿意出钱请我们这么做。比如说，我们可以达成这么一个交易。你可以花 10 美元坐一次航班，你来到机场，排队等候，取到票，完成其他事情。你也可以花 12 美元坐同一个航班，但是这些事情都可以由你自己来做，通过自助设备完成。你会愿意选择后者。

尤顿：只是因为你觉得自己掌控得更多了。

福特：对，掌控得更多了。你得到了所有信息，得到了自己需要的所有东西。在一个扁平化的世界，没有人愿意站在那里，等待着垂直的等级体系，排队等候轮到他们。你可以跟他们说："不要着急，我们会向你提供信息。"他们会说："不，我要的不止是信息。我自己可以做到。"没有谁愿意再等待报童的出现了。

尤顿：非常有趣。这些很多都涉及向客户和员工提供机会，让他们做以前基本无法做的事情。在你们的组织中，大家是认为 IT 技术能够发起或创造这种新想法、成为新方法的发源地，还是说想法来自各个地方？

福特：是由 IT 发起的，我们称之为"可能的艺术"。但这个方法包含三方面。我们在美航做的部分工作是找一些最好的业务人员，整个组织中最好的业务人员，他们有负责收入管理的，有负责运力计划的，有我们常旅客回馈计划的总负责人。把公司最好的员工都找过来，当然，我指的是他们中的一部分，让他们尽量参与到整个 IT 组织

中，你可以把他们称为公司的资产。我把他们找到这里来，给他们贯彻新思想，从头开始培训他们，从如何启动项目到管理项目、运作项目等一切 IT 方面的事情——因为他们现在是在信息领域工作了。

尤顿：对。

福特：在他们的业务部门，他们的能力只能实现次优的技术解决方案。所以我们把他们找到这里来，让他们像 IT 专业人员一样在 IT 组织中做一些常规工作，然后再把他们送回业务部门，不会让他们长时间待在这里。

如果你真的相信世界是在围绕着 IT 运转，那么这种理念就会发挥很好的作用。因为你们的人可能是优秀的经理、思想家或是这样那样的人，但是如果他们走进房间说："好吧，我们准备好好谈谈业务，业务的每个方面都要谈谈，除了 IT——这种事情要扔给程序员考虑，我不懂 IT。"在某些公司，走进房间里说这样的话是完全可以接受的，但是如果你这样说就不可接受了："唔，数字、财务、预算——我不懂预算。我要让财务人员处理这些事情。"根本没有人会接受这种说法。但是在某些公司，如果某个人没有全面的技术背景，没有接受过培训也不理解技术，仍然是可以接受的。

尤顿：这些事情中有多少是这一代人的职责？现在还会看到一些年长的经理自己不看电子邮件，但在年轻一代中，这种情况却很少见，对吧？

福特：对，年轻一代是这样的。不过，他们面临着更大的挑战。年轻并不能解决问题，因为 IT 还在不断发展。年轻一代在以一种非常水平的方式推动 IT 的发展。IT 渗透到全新的地方。社交计算、社交媒体、扁平化技术，这些都是持续发展的一部分，而不是终点。人们，我指的是年轻人，还在把事物推向另外一个地方、另外一个层次。比如说——我不知道怎样才能更好地表达我的意思，我想说的是，我们必须去的那个地方比现在的要好。在把年轻人带到这个组织中时，他们期望即时通信、社交媒体、社交技术和水平的世界。他们推动着需求，推动着事物的发展，他们指出了下一代的发展方向，这些东西比今天的东西要好得多，也是我们必须提供的。

这样，我们的工作就是要指出像移动计算这样的东西是怎么回事、是做什么的、意味着什么。我们不能再开发那种"有状态的"应用程序了，甚至像主机或客户端服务器类型的应用程序也不能再开发了，当然，我说的这些不包含基于云的应用程序，在开发的时候当然不能不考虑移动计算。你不会以那种本质上不是敏捷的方式进行开发，或是不采用敏捷开发方法，因为他们不可能静静地坐在那里弄上半年的需求，然后再用一年半的时间等着你把项目做完。

尤顿：对。

福特：但他们没有采取这种工作方式，一方面他们推动着我们今天正在实现的一些事情，但另一方面，他们却没有认真思考过，未来将会是什么样的。如果一切都成为基于互联网的功能，一切都基于互联网的协议，我们将使用哪一种蜂窝或无线网络？

尤顿：很有意思。你谈到了 IT 在未来几年可能影响你们组织的新趋势，这和我接下来想讨论的几个问题实际是相关的。你说到云计算和移动计算是两个明显的趋势。未来几年里是否还会出现其他新理论或新趋势？

福特：真正要实现的是敏捷计算。不是说说就完事了，而是要真正实现敏捷计算。

尤顿：有意思。我还没有听到其他 CIO 特别强调这一点。

福特：不管你在这方面提出什么问题，我都会感兴趣。比如说：你们现在通过“敏捷”方式做的是什么类型的项目？你们使用的应用程序中，有多少是老的、历史遗留下来的？你们是如何处理这些老应用程序的——重构吗？你们遇到过什么问题，又是如何处理的？

尤顿：嗯，这是一个很好的问题，应当加到我的问题清单中。我现在来个 180 度的大转弯，问一些阴暗面的问题。让你晚上睡不着觉的问题是什么？在 IT 方面，今后几年会让你感到担忧的是什么？

福特：我说过 IT 是具有挑战性的，这种说法和你提的这个问题有一定关系。我表达得可能不太好，但是由美国航空这样的大公司，甚至是其他一些技术供应商来决定未来的技术是什么样的，这种等级森严的旧日子已经一去不复返了。在一个水平的世界，基于消费者的技术将决定大公司该怎么办，如何提供、提供什么、何时提供、提供给谁。这种技术还将决定你的雇主需要什么、你的客户需要什么。不管我们正在做的是什么项目，如果项目依据的不是基于消费者的技术，不能推动人们获取做事情的能力，那这个项目就是没有用的。我所说的“基于消费者”指的是，人们能够拥有并使用的个人技术。

我们面临的一个挑战是，我们不能再确定所有的规则了。我们不能走到大型机的权威那里，告诉每个人通过网络能接入什么，以及他们能做写什么、不能做些什么。DEC 就是靠着打开这样的局面来赚钱的。

尤顿：对，是这样的。

福特：我们不能再那样做了。我们必须考虑并预测趋势、技术和媒体，为了向用户提供他们所需的能力，我们要比现在超前得多，要比我们认为的事物可能的发展要超前得多。要按照用户的要求去做，因为如果不能通过智能手机和人们联系，那么不管你认为自己的应用程序有多么好，他们都不会和你交谈。所以，我认为最好以敏捷的方式构建程序，你工作的方式最好是移动的，确保通过云来快速来回地工作，并且最好能够快一点、敏捷一点。

我认为未来这三件事情是一体的，密不可分的，就像是三驾马车、一个三条腿的凳子，在功能上不可拆分。这样做的困难之处在于，如何预测预算是多少？如何预测接下来发生的是什么？我不能总是做一些五年或十年的规划，至少我不习惯这么做。规划必须是由短时间内的计划组成的。我必须能够快速地左右变换方向，做很多以前不一定能做的事情，并且要能够较好地预测我们的钱将花在哪里。在采取敏捷开发方法的项目中如何做预算？每天都有站立会议，每天早晨都有十分钟的站立会议。开始时，有这些敏捷研讨会，每隔两个、三个或四个星期都会带回来一个原型，而在六个月前开始做的东西做到现在肯定跟一开始设想的不一样了。

尤顿：对。

福特：但现在的情况更好，你以前认为范围将是 XYZ，但现在的范围变成了 ABC 和 XYZ，或者你以前认为范围将是 XYZ，但现在变成了 Z。在这样的环境中，如何以一种可预测的方式来管理技术？在这方面，我们才刚刚开始涉足，我认为整个世界还没对这方面搞清楚，但是我坚信，这是发展方向，也是我们正在做的。我不认为大多数 CIO……他们不是技术提供者，我不能替他们发表意见——我不认为业界的大多数 CIO 都在以那种方式考虑问题。但是，我们必须这么考虑问题。

尤顿：所以，你把这看作是一个巨大的挑战。嗯，当然，我赞同你的意见。你说的每件事都很有意义，但有意思的是，你把这看成是最重要的一条，而我从其他几乎每个 CIO 那里听到的他们最关注的、给他们每天晚上带来噩梦的都是安全问题。我并不是说你把安全问题完全忽略了，而是说，这不是你首先提到的。

福特：但那是已知的。如果火车出现异常，你可以让它停下来，但是不能因为水平的世界带来各种安全上的担忧就让火车停下来。当然，担忧是存在的。我的意思是，在新闻行业，对报道的证实要难得多，有一些人说："停止这种水平的报道，这些报道让人无法相信。"我们都知道，这类报道并没有停下来。安全保护措施必须追赶上来，毫无疑问安全是应该保护的，但是应当采取其他方式。安全必须按照我们需要的那样有效发挥作用。像我这样的人必须以另外一种方式考虑安全。我们刚开始搞云计算的时候，有 150 个理由说明为什么不能搞云计算，因为云计算给人的感觉既不像大型机，又不像客户端服务器，也不像数据中心。云计算是不会像那些东西的，所以想想我们能够做些什么，能够如何改变安全理论，我们可以通过这种思考方式适应人们的需要，因为，记住，是消费者而不是我们在对这些东西发出号令。人们总是要提供他们能够销售的东西，那是人们要购买的，这是水平的技术，不是垂直的。安全最好能说明我们应当如何追赶……它对我来说是已知的。

顺便说一下，我在谈到三条腿的凳子时，你知道，我指的是敏捷开发方法、移动计算和云技术，我们把供应商也拉过来了，让他们按照我们的要求做。所以，不仅仅

是我们在跟进技术趋势，还包括像我们这些公司的供应商。而且……CIO 没有做好这件事，他们没有解决问题，也没有搞清楚该怎么办，我们需要一起做，同时做。

尤顿：有意思。你说的这些和新闻上常见的报道不太一样，新闻报道给人的感觉是供应商在指引道路，而你说的完全不是那样。

福特：完全不是那样。不是那样，那种说法可能是你从供应商那里听到的，但是，当然了，他们是供应商，他们认为自己得到了所有的技术。但情况根本不是那样。

尤顿：哦。有意思。你说安全是已知的。不过我感兴趣的一件事情，是我从一些 CIO 那里听到，他们对安全是非常非常担忧的。

福特：噢，埃德，我根本没有想要对安全的重要程度轻描淡写。我们的工作都是围绕着安全开展的。我们时刻都在想着政府的要求，想着交通安全管理局的要求。我们的航空业务占美国的 20%。如果出了什么事，系统停机了，后果是相当严重的。因为，我们保存着大量的个人信息。

尤顿：这些都是隐私的东西。

福特：我们做的每件事情都必须符合支付卡行业标准（PCI）。所以，我们关注的是安全、安全、安全，非常非常关注。我唯一要说的是，你只能那样做。这必须成为你生活的一部分。不关注未来的技术会让事情都停滞不前。对未来技术的关注就是对安全的关注。如果能够关注安全，你关注的是停掉那些已经发生的东西，而不是停掉那些可以安全地去做的事情。这是另外一种思路。

尤顿：是的。这种思路是很有意义的。

福特：顺便说一下，如果不能安全地去做一件事，我们就不做。但是到目前为止，我们不能做的事情非常非常少，这种时候，我们就拉上供应商和我们一起做。

尤顿：啊，有意思。时间不多了，我还有两个领域的问题想问一下。我们已经谈到了这个话题，关于年轻一代，或者说是数字化的一代人，或者别的什么称呼。当然，他们不仅来到了你们 IT 部门，而且也来到了其他商业组织的各个部门。对于他们如何使用技术以及他们的期望，你有没有什么担忧的地方？

福特：没有。我唯一的担忧是我们是否能够从他们那里得到足够多的有意义的信息。如果能够让他们好好坐下来，从他们那里得到足够多有意义的信息，我们就能描绘出未来的路线。他们是遍布公司的巨大资源，如果能够自主行事的话，我们是不会对技术和组织中理解技术的人做出限制的。

如果公司有大量技术专家是在业务领域工作，每天在做业务方面的工作，我会感

到很高兴。这也就是我们为什么把员工从业务部门调到技术组织，然后又将他们送回业务部门。如果要参与管理培训计划或其他事情，就算他们懂技术，也需要在这里工作，要有技术背景。我不认为这是限制、问题或是其他什么。在我早期参加的一个工作中，当时我应聘到了客户那里，他们首先跟我说的是："你要先处理一下这个电子邮件系统，现在已经快失控了。"

尤顿：（笑）

福特："我们要把这个系统停掉。人们在上班的时候使用这个系统，太让人生气了。人们使用这个系统——天哪，他们整天在用这个系统发电子邮件，什么工作都不干了！你要停掉电子邮件，搞清楚如何控制这个系统。还有一件事情是，这些个人计算机现在也失控了。它们让人们开始干他们自己的事情了，大家家里都买了这东西。他们开始把这里当成自己家了。太疯狂了。必须停掉。"

我做的第一件事情就是去调查了问题。我当时在想："这些家伙真是疯了。我们不能把这个系统停掉。"于是，我回去报告说："如果真的想控制，就要让人们做他们想做的事情。"他们说道："不行，不行，绝对不行。"但我说服了他们。我们开始那样做了，采取了一些方法、安全措施和控制手段等，之后得到的反馈难以置信地好。我的意思是，通过那种方式，比起让每个人东奔西走、想要停掉那些事情得到了更多的价值，并且我们明白了作为一个公司，我们需要什么。

我相信对于新来的人也是这样。除非你觉得他们是蠢蛋，否则就应当好好利用他们。正是他们让这些东西流行起来、能够很好地工作，让那些向他们提供技术的公司更好地关注他们的需要、他们想要什么、如何得到想要的东西。他们使用了 YouTube，并表示 YouTube 会成为下一个趋势，YouTube 最好的想法来自这些人，而不是来自某个大公司的天才。

尤顿：毫无疑问。确实如此。

福特：如果你真的相信世界是平的或是变得更平了，在日常生活中就要接受这种方式，包括你雇用的人和对他们的管理。顺便说一下，这不仅仅是技术方面的。你是如何管理这些人的？他们是不会坐在那里听你发号施令的，因为我们是航空公司，在这方面很敏感，所以需要有条理，对吧？

因为在我们做的每件事中，安全都是第一位的，所以我们需要有条理。但是，如何管理那些过去在一个垂直的组织中，而现在却是在一个水平组织中的员工？最好以另外一种方式管理他们，不然从他们那里得不到太多产出，或者他们会离开公司。所有这些问题，既有趣，又有差异，但是存在着巨大的机会。

尤顿：这让我想起了一个问题，这个问题在我今天早晨做的另外一个访谈中也谈到了。

一些年轻人在加入你们的组织中时是一个团队，后来也一直坚持作为一个团队存在，这种情况你看到的多吗？

福特：不多。

尤顿：看到过个别情况吗？

福特：没有。我不知道我们对这种情况的容忍程度是多大。

尤顿：嗯，你可能知道，IT 行业中有一个普遍现象，如果一个项目组在一起工作并且很团结，他们在下一个项目中还想继续待在一起，但这违反了很多人事政策。但是大学一毕业就作为团队招聘的情况，我一个月前从万豪集团的 CIO 那里听到过，今天上午又从亚利桑那州公共服务部的 CIO 那里再次听到，但在此之前我是根本没有听到过这种说法的，所以好奇地问一下。

福特：他们一毕业就作为一个团队招进来了？

尤顿：那些大学生坚持要求一起招进来。他们说："要么把我们四个人都招聘了，要么一个也别招。"

福特：我是不会接受的，我也不知道那些年轻人能在一起待多长时间。我是不会接受的，因为我们把人看成个体，但是你想想，如果做敏捷开发的话，必须更多地关注团队，必须给不同的人支付不同的工资，必须更好地关注团队和团队的价值，因为正是这样你才能做好你的工作。但是我根本不认可那套理念，如果团队来到公司后开始指挥你能做什么、不能做什么，那么接下来他们要说的就是他们打算做哪些工作、不打算做哪些工作了。我是不会接受的。我的理念是完全不一样的。我们定期把团队拆散，并且拆散的是高绩效团队。

尤顿：嗬。

福特：这是获得更多高绩效团队的最佳方式。在克服了初期的困难并达到最佳状态后，他们就很容易取得成功了，他们会觉得生活很美好，"太好了，我们是高度均衡的，我们是高绩效的"，当然，这种方式在某些时候难免会做得不好。

尤顿：对。

福特：你把领导人从那个团队中抽出来，或是组建一个新团队，或是把他们放在一个能够更高效发挥的地方，让他们把前一个团队的优点、特征以及他们学到的知识和其他东西带过来，在整个组织中传播，在整个组织中扩散，这样，你必然会得到越来越好的人、越来越好的团队，有更好的人在那里"交叉授粉"，最重要的是，在文化和职能上把一种态度、文化和理念带到那里，在整个组织中传播，如果不这样做的话，

你是不会有这么多收获的。

这样做的另外一个好处是扩散了团队的概念，会出现这样的情况，那些要求继续待在一起的高绩效团队在经过一段时间后，不一定是一个团队了，而是一个大团队了。有一类人在牺牲了大家利益的情况下，因为自己的表现比其他人好而感到骄傲，但他们没有让整个组织变得更好。你有多少个这样的团队？

尤顿：啊，有意思。

福特：他们是如何让整个世界变得更好的呢？因为你们的观念是"我们或世界"，或者"富人或穷人"，或者是"他们或那些人"，你培养的是一群自以为是的人，特别是在他们从事新工作时，他们只关注自己。"我的路或高速公路"，"只有我们"，"我只关心我"，"我工作做得不错，但是对于组织中的其他人，我可不关心他们在干什么"。如果你们例行地解散这些小组，得到的团队效应会大于各部分之和。你得到的是协同和增效的作用，如果不把他们送到组织中不同的地方，你是不会获得这种效应的。

尤顿：嗯，很有意思。让我再问最后一个问题，这个问题也适合作为最后一个问题——你计划今后做些什么？你希望一直做一名 CIO，还是说 CIO 只是今后众多机会中的一个？

福特：我准备在今后写一些技术方面的书。你觉得怎么样？

尤顿：（笑）现在写书的报酬可是不怎么样啊！

福特：作为以前同在 DEC 工作的同事，我和你也许可以组成一个团队，找到某个出版商，跟他们说我们要求一直作为一个团队一起工作。

尤顿：好啊。（笑）

福特：但我确实不知道今后做些什么。我没有真正地管理过自己的职业规划。社会总是需要技术人员的。我现在是一家公司的董事会成员，我担任过两家上市公司的董事会成员，现在担任的是一家类似公用事业的公司的董事会成员。董事会一直都会需要优秀、有能力、称职和具备我这些经验的技术人员。我在这里上班的时候，只能担任一家公司的董事会成员，今后可以多担任几家。世界现在需要的是思想开放、思维开放、不封闭的领导能力。世界需要明白在一个大的企业环境中如何发挥水平的技术。我认为自己在这方面极为擅长，这么说可能有点自我陶醉、自以为是了，但我认为自己能够做到。

我现在还没有认真地关注过这方面，但我知道如果事情像现在这样发展下去，会需要一些像我这样的人给他们带来帮助。当然，我不是唯一人选。有很多人都了解这些东西，我只是其中一个。但我认为我可以帮助人们获得他们所需要的。

尤顿：其他 CIO 还没有和我提到这种未来的规划。实际上，我也担任过几家上市公司的董事会成员，所以完全赞同你的意见，显然，在像硅谷这样的地方，也许董事会中每个人都是搞技术的。但在一个普通的财富 500 强公司中并不是这样。你要有能力很强的市场营销人员、财务人员等，但是，能在技术上发出强有力的声音——这是多么好的一个工作。

福特：我也坚信多元化的价值，硅谷那些公司的董事会如果不仅仅是由技术人员组成的话，它们会更好。

尤顿：是的，确实如此。

福特：想想看，他们的董事会中有 CIO 的不多。

尤顿：让我感到吃惊的是，在我打听过的所有公司中，CIO 常常都不在董事会中。你说的是对的。

福特：他们非常有必要进入董事会。这些人了解组织架构，了解他们想要做的事情和想要销售的东西。不管自身是多大的公司，他们总想向大公司推销。这种做法会给那些公司带来地位，给公司设定标准，让公司能到得到大合同及各种好处。甚至有些公司虽然嘴上说的是“我们是反对大公司的”，但是他们要做的最重要的事情，就是从大公司那里得到一份销售合同。

尤顿：（笑）对。

福特：具备那样的经验是有意义的。我也坚信，现在，因为不仅是安全问题，而且包括我们刚才谈的其他事情，所以董事会中肯定要有技术专家，就像在今天的上市公司董事会中，也必须要有财务专家一样。

尤顿：对。

福特：对我来说，任何一个重要的董事会中都要有技术专家，这是非常有意义的。我不知道会不会出台这样的规定，比如像萨班斯-奥克斯利这样的法案，要求必须有经过认证的技术专家或其他技术专家，如果你是个高瞻远瞩的 CEO，但你们的董事会中没有搞技术的人，不管你从事的是什么业务，我要问的是，你真的高瞻远瞩吗？如果想在今天的自由世界中生存下来，不管你是生产产品还是提供服务的，董事会中一定要有技术专家，至少要有一个。

尤顿：嗯，我完全赞同你的看法，等 CIO 到了某个阶段，也许是职业生涯的后期，这会是一个非常好的、适用面很广的建议。非常好。嗯，我们的访谈到此就结束了，我不想再打乱你今天剩下的会议安排了。

福特：谢谢。

第4章

米图·斯里德哈拉

——立博集团 CIO

米图·斯里德哈拉是立博集团的 CIO。立博集团在全球博彩与游戏市场处于领先地位，每年交易额超过 160 亿英镑，是全球范围跨渠道的纯数字业务。立博集团的交易、银行业务、流内容、不同渠道的个性化的游戏平台是结合在一起的，这为客户提供了一种与众不同的体验。立博的创新 KickOff 应用程序曾荣获移动博彩业 2011 年的“未来移动大奖”。

作为一位具有国际视野的人，斯里德哈拉先生在组建高绩效团队、构建产品、交付业界领先的客户体验等方面取得了出色的成绩。他以客户为中心的方法和热情得到了认可。斯里德哈拉先生的职业生涯包括在 Sabre 担任技术和产品市场营销方面的高级领导，在宽带通信公司 Versapoint NV 担任 CIO，以及在安飞士租车公司（Avis）担任集团 CIO。

埃德·尤顿：*我的访谈通常都以同样的方式开始。我不需要问你是在哪里长大的，在哪里上的大学，但谁也不是生来就是 CIO，所以我很想知道你是如何成为 CIO 的。你以前在其他地方做过 CIO 吗？*

米图·斯里德哈拉：做过。实际上，我会告诉人们我是谁，因为我认为在跨国组织工作的方式，会给个人增色不少。

尤顿：*确实如此，这倒是我没有想到的。和我交谈过的一些人爱说：“我们是跨国组织，不论什么时候在世界上的任何地方都可能出现危机（当今世界有很多危机），所以会在凌晨三点接到电话。”我希望因为你的原因，跨国工作的情况会大为不同。你们集团是个国际组织，所以可以想见，事情会和很多人预计的不一样，希望你们没有跨国危机。*

斯里德哈拉：可能在多数大规模的组织中，CIO 都要全天候进行管理，我指的是跨国组织的 CIO，因为跨国组织在任何时刻都可能出问题。此外，针对不同文化、不同地域，如何履行自己的职责、如何产生影响，也是和跨国规模相关的。因为，你是谁、你如何理解问题、如何传递信息，这对如何成功完成工作来说是最基本的。你是通过人，而不是通过技术来完成工作。你也要通过解决方案来影响客户，而解决方案中的技术要素是通过对用户需求的理解而得到的。跨国工作是我工作中极为重要的一部分，我职业生涯的大部分时间都用在跨国管理上。我在这个行业已经干了二十二余年。可以说，我是“年龄不大但阅历丰富”。

我刚开始是在美国航空公司的一个决策团队工作，那个团队后来成为了 Sabre 科技公司。

尤顿：那是一个完全独立的业务。我记得那件事情，信息的价值超过了孵化这些信息的母公司的价值，这算得上是最早的重大案例研究中的一个了。

斯里德哈拉：我们为整个旅游业开发了一套 ERP 系统，由于项目原来的负责人陷在西南航空公司的前一个项目中出不来，我从一个“写代码的人”转变为了项目的负责人，并且得到了认可和尊重。我责无旁贷，承担起了领导职责，为旅行社交付了一套 ERP 产品。那套系统已经完成了一段时间了，现在还在市场上使用。系统是我们和客户坐在一个房间，以非常敏捷的方式开发而成的。产品每天都会有一个版本，锁在房间里有助于推动交付过程。过了大约九个月，我们开发了一个用于旅行社业务过程的 ERP 系统，能够接受预订，可以在后台通过全球分销系统（GDS）处理订单，然后提供需要的所有服务。

后来，我前往美国航空公司从事业务流程方面的工作。大家很快发现，我不仅懂技术，而且还懂业务流程。

我开始管理一整个团队了，但更重要的是，我了解了客户需要什么。我们能够设法把他们需要的东西转化为需求，或者按照今天的叫法，在敏捷方法中的术语叫作用户故事。那并非传统技术，但是最后我通过技术为业务提供了解决方案。

尤顿：在访谈开始时，我会问每个人一个问题，那就是他们在这中间是否接受过正规教育。你在沿着通向这个职位的路线发展时，上过 CIO 学校或是拿过 MBA 学位吗？

斯里德哈拉：从教育的角度来看，我在集团层面已经做了十来年 CIO 了，这本身就是一个学校。但是，说到如何逐步成为 CIO，这个过程包括了各种角色和各种职责——不同的工作、职业和管理岗位。这些都为我积累了经验，让我能够承担起 CIO 的职责。

尤顿：有意思的是，没有几个人会这样说，“嗯，到了某个时候我就必须要去拿个 MBA 学位了”，或者“他们送我去学习了财务、会计之类的课程”。早期会特别强调知识面广博的重要性，但是此后，随着职位的逐步晋升，好像更多是在职培训了。

斯里德哈拉：马克 · 扎克伯格并没有去学校学习如何搭建 Facebook。我认为对于每个人，特别是对于我，这个问题的答案是每天都要学习，这是非常重要的。我每天上班

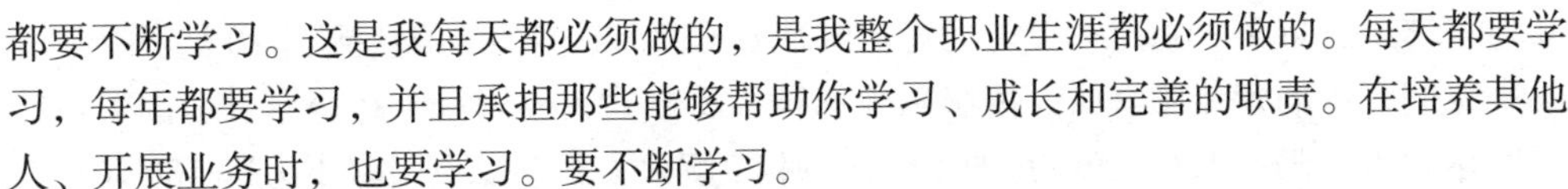

都要不断学习。这是我每天都必须做的，是我整个职业生涯都必须做的。每天都要学习，每年都要学习，并且承担那些能够帮助你学习、成长和完善的职责。在培养其他人、开展业务时，也要学习。要不断学习。

学习对我来说太重要了，我在伦敦商学院报名旁听了一些财务和市场营销课程。这让我自己每天使用的"工具箱"日臻完善。同时我也相信，一定要实际地应用这些知识。

我的秘笈是，不仅要在理论上掌握需要做什么，而且还应当知道该怎么做。同时，还要明白在完成工作的过程中应当如何进行优化。这是三件没有任何关系的事情。

你在开始的时候就可以成为一个顾问，一个非常好的顾问，能够看到需要做些什么，但是还要理解真正的背景，然后开始交付产品，在交付的过程中要优化计划并得到正确的结果。你可以把这看成是敏捷，这是策略上的敏捷，但却是在组织级交付的。

因为 CIO 也常常要让业务能做更多的事情，以较低的总体成本区分出自己的竞争优势。这不仅与技术有关，我还应当和你说说战略。

任何一个简单的战略都可以分解为三部分——在运营业务的时候，区分并增加最重要的收入，区分并推动更大的价值，降低成本、以少做多。

尤顿：回答得很快。我再问这种"开篇问题"的最后一个。这个问题是，你是否有过一些重要的导师或榜样，他们帮你取得了今天的成就？

斯里德哈拉：我非常非常幸运，在很多工作中，都能和几个杰出的人一起工作。有趣的是，我在思考你这个问题时想到的是，他们不仅在当时是我的导师，而且直到现在也一直是我的朋友、导师和榜样。

他们那时是年轻的管理人员，我会看看他们是怎么做的，我现在也会看看他们中的部分人是怎么做的，不仅要看他们在职业上如何做出决策，而且还要看他们如何制定基本生活决策。你可以向他们学习，而因为这种关系是终生的，所以可以不断向他们学习。我现在想到了几个这样的人。

通常，我想到的不仅仅是工作上的导师，还有作为榜样的导师。

尤顿：我想问的下一个领域，也是你刚才提到过的，你对立博的 IT 是怎么看的。比如，实现你刚才提到的竞争差异、推动价值，以及"让灯亮着"的目标。大家在这方面告诉我的情况都稍有差别。我们先从第一部分开始吧，谈谈竞争差异。你认为 IT 是如何实现竞争差异的，或者你们是如何利用 IT 实现这个目标的？

斯里德哈拉：关于竞争差异，我认为我可能需要先花点时间描述一下我们的业务，这样你就知道背景了。立博在英国的零售商店比乐购[①]还多，市值达到了 10 亿英镑。这不是我们真正的营业额。如果按照乐购那种计算方式，我们每年在博彩业上的营业额可以达到 150 亿到 160 亿英镑。所以在谈到 IT 解决方案时，我们需要为这 160 亿英镑中的每一个便士服务。

我的饭碗是电子的，销售的产品是电子的，价格也将是电子的。我离开高德纳公司（Gartner）已经十多年了，也可能是 9 年，这期间一直在说实时系统的事情。在我的整个职业中，没有哪个工作像现在这样。所谓实时，就要实实在在地做到实时。在这个行业中，举一个博彩方面的例子，如果马匹已经离开起跑门，而你过了两秒钟才下注，我们可能就有麻烦了。就算两秒钟也会产生巨大的差异。

你可能是在商店墙上的屏幕中以流媒体的形式观看的比赛，可能是在一张手写的纸条上下的注。如果我们以错误的价格接受了那个下注，可能会损失几百万英镑。

所以，要把这些手工操作全都数字化，将速度控制在一秒之内，并且价格要正确，速度必须和视频播放的速度一致，产品也要正确，这种能力至关重要。在跨渠道方面，我们是一个被客户体验左右的娱乐公司，如果你喜欢博彩或游戏的话，我们可以向你这个客户提供丰富的娱乐体验。这些都可以实时提供给你，而支持这个业务的正是技术。

说到实时，哪怕延迟 20 毫秒也会带来巨大差异。所以，要确保价格正确，确保所有支持这个业务的手段无误。而且，过程要做到自动化，因为你来博彩是为了娱乐，我们的反馈越快，你做出选择的速度就越快。你可以把钱放进去接着玩，也可以拿钱走人。

整个行业都想要理解客户，而客户的需求是关键所在。我知道你准备了一系列问题，你等一下会问到最大的差异是什么，出现的趋势是什么。

对我们来说，智能移动设备是一个值得关注的机会，我说的是智能移动设备，不仅仅是移动设备，因为突然间智能移动设备成为三维虚拟实景的了。而此前你看到的是平面文本消息。是的，你可以参与进来，因为我们可以向你提供丰富的娱乐信息，包括内容、价格，我们需要向你提供关于游戏的流视频或统计数据，需要向你提供价格。突然之间，智能设备让这一切都成为了可能。

那是你和我们快速聚合的地方。我们处于大多数行业的最前沿，因为其他人也必须应对这个问题。这种聚合对我们来说来得比任何人都要快，因为在我们这个行业，唯一有形的东西就是现金，而即使现金也要数字化了。

---

① 英国最大的零售公司，也是全球三大零售企业之一。——译者注

因为 iPhone 5 准备提供电子钱包的功能，这是与谷歌和每一家公司围绕着支付展开的一个新战场。说这是一个新战场，原因就在于聚合。

如何确保我们所做的每一件事都符合规定，这对我们来说是另外一个关键因素。我们的规定非常严格，比 FSA[①]有关部门要求的能做什么、不能做什么、需要做什么还要严格。我们不能总是做其他零售商能够做的事情。

这是一个很吸引人的领域，因为我们从事的是 Web 3.0 业务，我们的客户已经在智能移动设备上观看媒体、与商店进行社交活动，以及购买产品了。技术在这方面已经很活跃了，现在应该考虑的是如何在已有的业务过程中有效地使用技术。

尤顿：你刚才谈到的一个地方让我很感兴趣，那就是要了解客户的个人信息。显然，这也和实时相关，但是，信息的更新速度怎么样？能否预料到用户今后的信息，能否提供连用户自己都没有想到的机会、游戏或交易，这方面你们能做到什么程度呢？

斯里德哈拉：这就是我说的一句口号——比亚马逊还要电子化。为什么比亚马逊还要电子化呢？因为我们处理的不仅是产品，而且还是价格在实时变化的产品。很多产品不仅要通过网络渠道提供，而且还要通过商店、智能手机提供，提供的所有内容都要完全一致。在你做交易时，我们需要向用户提供无缝的客户体验。

我们在做交易，我们有交易员，所以就像银行一样。作为银行，为了了解你，了解客户，我们有人在汇总、分解资料。我们总是在考虑平台，我们的成长依靠的是单一的零售业务以及随着网络的出现而产生的网络渠道，但是我们从来没有看着业务说："噢，看看，我们只有这一项业务。"

我们业务的核心组成部分是博彩和游戏。这些业务全都通过技术实现了，不需要再以另外一种方式来一个一个处理。对于不同的客户和需要，我们需要提供差异化的服务，但在过去采取的做法和现在差别很大，我们的成长过程也非常不同。

我们所做的不但要让支撑业务的过程做到自动化，而且还要围绕客户构建平台，这样随着对客户的深入了解，我们就可以提供个性化的服务。

普通用户寻求的是体验。我们有能力在用户需要的时候，满足其需求。那正是我们现在正在实现的。我们可以通过多种渠道实现，不管在什么地方使用，用户获得的外观和感受都是一样的。

另一方面，如果用户不希望别人知道，我们不但尊重你的意愿，而且还会确保做到这一点。我们会通过多种渠道和你联系。我们的方式正在从"全部推出去，你选择其中一部分"转向"推拉结合"，但是同样，这也是实时的。

---

① 金融服务管理局（Financial Services Authority，FSA）：英国金融服务行业的管理机构。——译者注

尤顿：真是太吸引人了。你刚才提到的整体目标的第三个基本部分可以归纳为“让灯亮着”，也就是运营和管理。从你刚才说的每一件事情上都可以很明显地看出，每一纳秒都很重要，你们必须采取非常高效的方式。我估计可靠性、可用性等各种常规的指标对你们来说，就像对原子反应堆或空中交通控制系统一样重要。唔，在运营和管理方面，除了冗余可靠性以及遍布各地的大量服务器之外，还有什么特别之处吗？

斯里德哈拉：我们可买不起大量的服务器。我们这个银行没有钱做那些事情。

（两人都笑了）

斯里德哈拉：我们面临的挑战和其他银行一样，但却没有他们那么多预算或投资。我们在这些领域无法像他们那样进行投资。所以，对于如何支持所有技术和构建系统，我们必须做到极具创新。我们现在正在构建一个交易平台，那实际上是一个银行业务平台，但是我们的报价很低，甚至有些系统集成商拒绝参加投标。

不管怎么说，我们现在正按照业界标准技术交付那些平台，而价格只是大多数银行愿意支付的价格的几分之一。我们交付的是一模一样的系统。

我们也得到了规模经济的收益，因此在交付的系统中能够很好地构建冗余可靠性。这是技术令人满意的地方，而且价格也越来越低了。

今后还会出现一些新的技术。整体来说就是计算能力。现在，一个时髦的词汇是云，但是你也知道，关键在于安全。

我们很容易“被冒犯”——在下注结果出现之前的一分钟内会有 600 到 6000 笔赌金。在我们的业务中，一笔赌金和维萨卡或万事达卡的一笔交易是一样的。这不仅仅是支付，不仅仅是把钱从你钱包里拿出来、放回去，它还涉及到获得正确的价格，取得组合，管理后台负债。所以说，这不是简单的一笔销售，这种销售必须得到交易和监控，为了管理你的负债情况，还要再次计算你能赢多少钱。

通常，一笔交易意味着会发生六种不同的事情。所以，我们交易的方式相当“让人担心”。计算能力的成本是否可以接受，计算的峰值，以及这种能力的虚拟化等都是关键。

计算能力会更廉价、更快、更小，对于立博，简单地说，这又会回到战略、竞争差异和价值的话题上。

尤顿：是。但是似乎需要有一个量级的飞跃，CPU 的处理能力增加 10%、价格下降 10%并不会带来什么太大的差别。然而，在一些地方，以前无法做的事情现在突然变得能够实现了。估计你们也存在这样的情况，虽然我不知道会是以什么形式。

斯里德哈拉：这是有关客户及客户体验的。比如，有了智能设备，你就可以开始期望

在线观看流媒体，开始期望着看流媒体即使没有坐在那里看电视强，也至少不比看电视差。但是，除了观看视频外，你还希望能够在智能设备上打开其他窗口进行交易、查找其他信息。如果是这样的话，前台需要有一定的计算能力。

信息是压缩的、流化的，需要计算。但是在后台，你需要能够交付很大规模的信息，你根本无法知道有多少人在通过移动设备与你发起交互，而这个数量还会不断地快速增长。

这也说明了为什么后台用于处理所有这些请求的能力非常重要。特别是在我们的业务中，以合理的成本持续交付客户希望得到的体验的产品至关重要。

尤顿：你刚才说的内容涉及一个方面，即移动计算的理念传播的范围更大了。在很多领域，计算活动已经到了基本免费的程度。它们可能由广告或类似的东西支持，但不管是免费还是基本免费，突然之间，一个全新的市场就这样打开了。各大洲以前无法负担的计算现在都变得可以承受了。因此，我认为它们都已经成为了你们的潜在客户。这在以前是不可能的。我不知道我们离这个方向还有多远，估计还要 5 到 10 年。现在在非洲，还不是每个人都有一部手机。你认为这个数字还会再扩大 10 倍或 100 倍吗?

斯里德哈拉：嗯，肯定是以 10 倍的数量级增长。但我们的业务是个受监管的市场，不一定适合每个市场。市场允许的话，会取得惊人的增长速度。

尤顿：有意思。其他一些 CIO 和我提到了一点，因为计算的整体成本下降了，现在出现了一种被一位美国作者称为“认知盈余”的现象，维基百科就是这样一个例子。我们现在有足够的计算能力，人们有足够的空闲时间，他们心中有好的想法，愿意把部分认知盈余能力贡献出来，做一些像开源计算、维基百科之类的事情。这和你们的领域有关系吗?

斯里德哈拉：有关系，比如说，我们开放了我们做的东西，说：“嗨，如果你是游戏开发人员，就来看看吧。你喜欢开发游戏的话，我们会向你提供一套开发游戏的工具箱。你可以动手开发游戏，不需要操心管理上的事情。”

“我们会为你进行管理，你可以成为应用程序商店的一部分。”以游戏为例，我们运行多个版本的游戏，把不同版本的游戏投向市场。客户喜欢不同的游戏，喜欢多样性。随着时间的推移，这种做法会越来越普遍。

尤顿：数据可视化领域又是什么情况呢? 我能够想到，在你们所做的事情中，即使不是全部，也至少有一部分需要将大量数据呈现给交易员或玩家。如果有什么办法可以简化数据，让数据更容易理解、吸收，那就太好了。

斯里德哈拉：确实如此。我们正在将全部交易场地都实现自动化。实际上，系统在某些市场已经上线测试运行了，所有的市场都会逐步加入进来。但是还有很多可视化的事情要做，要做到可视化，可能要做两万件事情。

这样，对交易员而言，就可以做到可视化了。他们可以据此做出决策，但是，如果你现在进到我们网站，也会看到一些统计数据，或是某匹马以前的表现如何、某个足球运动员在前一场比赛或过往的表现如何。这些数据都是已经存在的，显然，转折点就在于让数据更加可视化。

在游戏机方面，我们正在中国测试一款游戏。与我们、我们的某些客户以及其他地方的人相比，亚洲人更喜欢看到并理解图案，以此了解正在发生的事情。所以，对于某些类型的客户来说，可视化是用户体验的一个关键要素。

同样，如果能够提供那样的东西，再将它们推广到某些平台，就可以正式推出产品了。这些都可以让你以可视的方式参与。

尤顿：当然，在很多领域，为用户执行后台计算、为用户进行展示，本身就要求大量额外的计算能力。这会很有意思。

斯里德哈拉：这也和你前面提到的容错性有关。我拿的是一台移动设备，而不仅是一台服务器，两台移动设备相隔不过一尺。两台设备必须同时更新价格。所有信息也都需要放到小小的屏幕中。对于设备的用户都是谁、各需要什么，都不能出错。

尤顿：我们先放下这些美妙的特性和绝好的机会不提，谈一些阴暗面的话题——关于问题和风险。有没有让你晚上睡不着觉的事情？如果有的话，是什么？

斯里德哈拉：你遇到的不是问题而是机会，关键在于你是如何处理问题的。如果某件事情是一个机会，你就会以不同的方式处理，因为你会问："这是一个机会吗？通过这个机会，能够采取另外一种处理方式并保证问题不会持续存在吗？"

所以，这常常是一个开始修复的机会，但是采取什么样的修复方式与需要修复什么问题同样重要。你要看一看客户需要什么，出了什么问题，如何确保不会再出问题？或者，如果确实出现了问题，那么出问题也是允许的，因为从你的经验来看事情可能关系重大，但客户也许并不这样认为。你可以采取"安全地失败"的方式，也可以采取"不会失败"的方式。

尤顿：在问到这个问题时，我迅即得到的回答差不多都是围绕安全展开的。我估计对于你们，一方面要对付威胁安全的技术，一方面还要受到各种安全规章制度的约束，这些约束通常都落后于技术发展的脚步，二者是不协调的。你在这两件事情上如何做出平衡？

斯里德哈拉：确实，我来自受监管行业，有些东西必须遵守，别无选择。我们设计的每一样东西都要安全、合规，要符合支付卡行业标准（PCI）的规定，符合博彩业条

例和其他规定，从一开始设计时就要符合这些要求。

这是第一。第二，现在不论是什么形式的电子操作，安全问题对每个人来说都是一个威胁。我们有类似对 DDoS[①]这样的防护，有全天候的监控，如果模式发生变化，这些监控就会发出警报，会自动阻止那些威胁。

但是不管是 DDoS 攻击还是其他攻击方式，或者是安全措施，都还会继续变化，会变得更加尖端，这些是你在不断寻找的东西，你要不断反思自己身处何方，反思自己是怎么做的。

毫无疑问，这是我们在不断地进行再评估的，我们会问："昨天处理问题选择的是这种方式。最近有什么变化吗？今天能用另外一种方式来处理吗？"

尤顿：你刚才说的这些让我想到了我们一所大学的 CIO 说过的一句话。他说，说到再评估，他要找的是他的学生，因为他说："我不是什么都懂，我的同事也不是什么都懂，我们并不总能跟得上事物的发展。但新学生会不断进来，他们比我们聪明，好奇心比我们强，我们把他们看成是处于前沿的人。"对于你们，有没有与此相当的说法？比如说，会不会是你们的部分客户？

斯里德哈拉：我们的客户，当然是的。我们的客户在寻找不同类型的服务。他们是我们在业界的同事。也是我们的合作伙伴。因为我们的地理分布情况，通常，因为监管方式不同，某个地方的想法并不适用于其他地方，但是从中可以得到有用的经验教训。创新或想法在以多种方式展现我们面前，我们这里也在培育创新，培育一个开放的文化，让每个想法都会受到重视。这个事情很简单：失败，快速失败，但更快速地成功。

尤顿：然后得到相关数据，是的。我赞同你的说法。最后再说一件让我总是感触很深的事情。我在这个领域已经有 45 年了。45 年前，我们在技术中处理的很多事情都非常昂贵、非常稀缺，因此需要得到特别谨慎的控制。但是现在，很多技术毫无疑问都很便宜了，甚至到了几乎免费并且无处不在的程度，我们的员工，不仅是 IT 部门，而且是包括各个部门的员工，或者对于你们来说是客户，他们家里用到的技术可能比在办公室看到的技术还要好。然而，我看到很多组织中由 CIO 所领导的控制架构似乎仍旧是这种自上而下的层级机制，这完全不合时宜。

我很想知道你对此的看法和处理方式。

斯里德哈拉：这和以前让我担心的事情是相关的。你需要把从客户开始的一切都看作服务，带给他们有用的服务。然后，随着进展的过程，如果你是交易员，那些交易应用程序或是交易员进行交易的地方会绝对安全，现在和今后都是安全的。可以看作是

① DDoS：Distributed Denial of Service，即分布式拒绝服务。

画一些同心圆，你在各层都是绝对安全的。

一般用户进来只是做些编写 Word 文档和发送电子邮件的事情。只要他们不去抽取客户资料，我们就可以采取另外一种级别的安全处理方式，这和存在很多客户资料的地方，比如说存在交易信息的地方，所采取的界限实际上是不一样的。

如果你是交易员，我会为你提供一台笔记本电脑和你需要的所有其他东西，这些都是加密的，可以远程擦除。

这也是关于业务过程的，也说明了为什么提供解决方案非常重要，甲承担了乙的角色，组织在寻找比他们应当寻找的更好的东西。他们需要对客户资料进行层级授权。所以，如果从“数据为什么重要”的角度再次看一看，就会以不同的方式来处理这些机会。

尤顿：说得很好。我发现和我交谈过的所有 CIO 都在关注我们刚才谈过的所有这些技术问题。但是，当然，他们也要和业务同事、业务部门或产品部门的负责人打交道，那些人都很聪明、能力很强，并且常常有着很强烈的意见，而这种强烈的意见正是帮助他们取得成功的因素之一。

而且，他们不仅认为自己比你更懂如何运作他们的业务，而且有时也认为比你自己还要懂得如何运作你的业务。你是如何获得所需的影响力，从而避免风险，并且因为你有经验，比别人懂得多，可以利用因此而带来的机会？

斯里德哈拉：这个问题问得好。我想你可能知道答案，知道我会从哪个方面来回答。在我从事过的业务中，我都非常幸运。在完成工作的过程中，受到同事很多质疑的情况很少见。我认为部分原因在于，大体说来，如果你从客户的角度来看问题，如果了解最终客户，就会发现他们都是合作伙伴。通过推动用户增长，我们实现了业务成果和股东价值，在这方面我和他们一样也会受到激励。这样，如果我处理的问题和他们想要解决的问题一样，我们就是在同一阵营。可能我们对于采取什么处理方式存在不同的观点，但大体说来，我们要解决的是同样的问题，这常常是意见趋于一致的基础，结果就是，因为你在比较各种解决问题的看法，你常常会发现：“是的，他们有很好的想法，让我们把这些想法和我们的团队的想法合并在一起。”然后，你们一起提出了单靠单个人无法提出的解决方案。这样就把大家都带到一起了，我以前把这种做法称为“2+2=5”，但是现在我越来越认为应当是“2+2=22”了。

这点非常重要。在一个迅速前进的世界中，没有某一个领域是我们能够全面了解的。所以，人与人之间的联合与合作比以前更为重要了。

尤顿：我完全赞同你的看法。我之所以问这个问题，其中一个原因在于，我看到 CIO 有时候在他的职位上才刚刚开始工作很短的一段时间，所以信任这种要素必须建立起

来，因为即使你的业务同事可能认为你是在争取实现同样的目标，他们也不一定赞同你的具体观点、解决方案或是你设定的优先级。

斯里德哈拉：我不知道有没有赢得信任的快速通道。赢得信任的进展可能会很快，但需要通过两种方式实现——随着时间的推移，做你所说的，说你所做的。说到值得信任、正直诚实和能力，显然，如果你能力不行，他们可能也会信任你，但并不会相信你能把工作做好。所以，不用多说，能力是支撑这一切的基础，所有这些都必须通过一定的时间来建立。关键之处为保证结果，因为这是敏捷发挥作用的地方，如果在敏捷中关注客户，你可以向最终客户、向你们共同的客户交付。而且，你做得很迅速，建立起了信任，因为这是在对话中进行的。

尤顿：是的，最后我一般都会得到这样的答案。我在刚开始进入这个领域时，常常是在 7 年的时间内什么都没有交付。在那段时间，只能依赖于信任，因为不存在任何中间结果、原型或每日构建。

现在，让我切换到最后两个方面。我很想知道大家对于“新一代人”的看法，你可以把他们称为数字化的一代或是其他什么。当然，他们来到了组织中的各个地方，而不仅仅是 IT 部门。他们带着自己的智能手机和不同的态度。他们是在谷歌和多媒体的世界中长大的。你在这里看到的这种情况多吗？你觉得这种情况是好是坏，或是无所谓？

斯里德哈拉：我认为是好的。这种现象在我们的工作场所中越来越多。总的来说，这是好的，因为这让你不断思考如何让自己的员工保持专注。但是同时，对于他们带进来的东西，因为我们和客户处于同一场所，所以对我们来说也是一个挑战。这些是我们以前无论如何都要在公司外部解决的问题，现在他们带来了好的想法，我们就得在办公楼里解决了。

他们是团队的一部分，这是在这些劳动力中令人鼓舞的创新的一部分，也改进了我们推动工作的方式。考虑到我们面临的挑战，这是一个令人激动的地方。它很容易引发新的想法，让我们以另一种方式看待事物，推动可以使用的解决方案。这种方式对新来的人自然是行得通的，同时还会推动正确的客户体验。

尤顿：嗯，说得很好。我听说在银行，传统的 IT 人员很难接触到那些刚刚大学毕业的这一代人，这是银行想发展的客户，但是他们可以通过 Facebook 找到一批年轻的程序员，并和他们开展有效的交流。这是非常好的方面。但是，有没有负面影响呢？对于数字化的新一代，或是你怎么称呼他们都可以，有什么需要关注的地方吗？

斯里德哈拉：没有。我认为他们都是与众不同的。我想再次说明，他们有各种各样的特点。你可以弄一个模式，说，“这是他们所有人需要的”。他们需要寻找有价值、有核心道德准则的地方。我认为，这对新一代的人来说十分重要，对于其他人也是如此。新一代人强调的重点不同。他们想要更多地了解自己正在做的事情，更多地了解该怎么去做。相比其他几代人，工作与生活之间的平衡对他们来说是一个更大的课题。

尤顿：我采访过的人中有一个是美国国防部的前 CIO。他很担心的是年轻一代的肤浅，认为他们无法长时间地集中注意力和关注需要用到智力的问题，因为在他们成长的世界中，他们可以迅即在维基百科中找到一些东西，可以马上通过谷歌搜索到一些东西，并且考虑任何事情的时间都不会超过 10 分钟。你看到过这种情况吗？

斯里德哈拉：如果能向他们提供好的导师教育和体系，我认为随着时间的推移，他们会适应工作环境的。是的，这是好事。你问他们问题时，他们可以非常快速地找出 80% 的答案，这样很好。他们并不是一个模子刻出来的。他们中有些人将从事行动方案管理，有些人将承担客户体验的工作。

如果你开始明白他们的长处，就会发现他们可以承担不同的角色。我认为他们会带来很有价值的观点、贡献和能量，让每个经理和全世界都能以另外一种方式思考。

尤顿：再问最后的问题，然后你就忙你的事情吧。我最后的问题是：你今后的方向是什么？对于 CIO 之后的生活，你有没有什么打算？

斯里德哈拉：今后的生活打算？有的。嗯，我先回答第二个问题吧。我有今后的生活打算，而且这个打算会不断改进，因为不断改进的技术能够为业务提供条件，会与业务运营更紧密地融合在一起。关于我担任过的职位以及我目前很荣幸地担任的这个职位，它们总是与前端、客户端和服务的解决方案紧密地结合在一起的。

我从事的每个工作都是技术密集型的，都以客户为核心。交付能够创造企业价值、股东价值和客户体验的产品平台及解决方案。实际上，我在篱笆的两边都待过，既担任过纯“CIO”，也负责过 B2B 和 B2C 的技术和产品营销。所以我认为，CIO 的角色将不断地融合与提升。想要成长和提升的人将会继续承担一些非常有趣的职责，特别是当你从解决方案的观点来看的时候，你了解了技术，了解了客户。我当然期望在今后的 15 年或 20 年拥有更多的乐趣。

尤顿：嗯，好的，这样真是再好不过了。我想我的采访也该结束了。非常感谢你的时间。

第5章

史蒂夫·鲁比诺

——纽约泛欧证券交易所执行副总裁兼 CIO

史蒂夫·鲁比诺是纽约证券交易所（NYSE）的母公司纽约泛欧证券交易所（NYSE Euronext）的执行副总裁兼 CIO，全面负责这个世界领先的证券交易所的技术工作和全球创新工作。他此前担任位于芝加哥的群岛控股公司（Archipelago Holdings）的首席技术官（CTO），负责软件开发、质量保证、运营、客户关系以及对群岛交易平台的技术支持，这个交易平台是首批正式用于机构股票交易的电子通讯网络平台。该公司于 2006 年与纽约证券交易所合并，后来又在 2007 年与泛欧证券交易所合并，组建成为纽约泛欧证券交易所。

此前，鲁比诺博士是 NextCard 公司的 CIO/CTO，AdKnowledge 公司的副总裁兼 CIO，他还担任过位于波士顿的富达投资公司的副总裁，主管公司的管理信息系统。他的第一份工作是在芝加哥的大陆银行担任系统分析师。

鲁比诺博士获得了化学学士和硕士学位，计算机科学硕士学位，市场与金融 MBA 学位（以班级第一名毕业），他还获得了化学博士学位。

埃德·尤顿：我首先想问一些很有战略意义的问题。我知道 IT 是“有战略意义的”，不过我不想用“武器”这个词。我想问的是，你们的 IT 中哪些要素具有战略意义？它们又是如何发挥作用的？

史蒂夫·鲁比诺：你这种说法很有意思，因为过去人们经常说我们这个行业是一个反复无常的战场。战争术语在我们这里用得相当普遍，不过我们不用“靶心”（bull’s eye）这个词。

如果你在某天同某些人交谈，他们会告诉你，我们不是一家需要利用技术来做些事情的证券交易公司，而是一家从事的业务刚好是证券交易的技术公司。这种说法有几个原因，其中一个是，如果没有技术，也就没有公司了。毫无疑问，使用纸条传递价格的公开喊价已经是另外一个时代的做法了。现在，一切都是电子的，绝大多数交易都是服务器之间的对话。人类是这种交易模型的构建者，但大部分交易都不需要人参与其中了，除非交易是在楼下交易大厅进行的。这是非常重要的工作，但只占我们工作的一小部分。

另外一个原因是，如果要定义我们所做的业务，可以分为三部分。第一部分是现金交易业务。这是人们在提到纽约证券交易所时首先想到的。这项业务非常重要。第二部分是金融衍生产品交易业务，我们在全球有大量的现金和金融衍生产品业务。第三部分，最新也是最有趣的，是我们的技术业务。我们都很愿意将自己构造、创建的每一个产品和服务出售给其他公司。

最后一个原因，我认为这是一个非常有前途的业务。去年，我们向世界宣布，这个业务在 5 年内的销售额将达到 10 亿美元。我想向我们的供应商指出，我们也会成为供应商，公司提供的特色技术服务也将成为很大一部分业务。我告诉他们，我们很乐意他们作为我们的供应商。我们喜欢他们和我们一起做的事情。但是，我们和他们会有少量竞争，这种竞争在今后也可能加剧。这是一个有趣的关注点。

尤顿：我刚才还想着我在电视里看到的那种情形，交易员挥舞着一沓子纸，不过那种交易方式在 5 年或 10 年前就已经停止使用了。

鲁比诺：少部分的业务是在交易大厅发生的，有时，人们问我要交易大厅干什么，为什么还要保留交易大厅？世界上很多交易所都没有交易大厅了，交易大厅基本上都消失了。我的回答可能听起来像是公司的方针路线，但却很有道理：只要客户用他们的钞票投票，只要他们支持交易大厅，我们就会保留交易大厅。交易大厅的交易量虽然不大，但却是我们交易的一个非常重要的部分。客户支持交易大厅。交易大厅可以为我们赚钱。这个服务能为用户多提供一种选择。

只要这种模式仍旧有效，我们就会保留。如果模式发生变化，我们可能会重新评估，但它似乎不大可能变化。而且，这是一个非常好的平台，可以让 CNBC、福克斯新闻网和所有的机构内部媒体都在这里直播，不像我们的一些竞争对手，在没有生命的地方直播。

尤顿：另外一个极端是一种我过去不知道的现象，即交易量很大的高频交易业务。我们面对的是多么大的一笔财富，太惊人了。这种现象会继续增长吗？

鲁比诺：是的，肯定会增长，这种趋势在美国已经出现几年了，在欧洲也日渐明显。我认为它在亚洲和其他几大洲也会成为常态，只是多长时间能够实现的问题。这是我想从技术角度向人们指出的一件事，也是我们做的一件非常有趣的事情。业界在设计一些关于毫秒级响应时间的系统。为了开发这样的系统，不但要了解如何编写好的、能够使用的软件，还必须知道如何编写高效率的软件，必须理解操作系统、网络、硬件和计算机环境中的各种资源。

在最终成功开发了软件时，你肯定会发现这些东西让工作变得非常有趣。要想以毫秒级来做一些事情，有时那是唯一的方式。当然，还必须处理高交易量。我们的部分系统，像我们的市场数据系统，每秒钟要运行数百万的报文。处理时，只允许非常少的延迟抖动。客户不喜欢响应时间出现波动。他们需要系统非常稳定，从而在交易量高时获得低差异、高响应速度，还必须非常安全、非常可靠，当然，成本也要合理。把这些因素都结合在一起，就形成了一个有趣的技术平台。

尤顿：性能是问题的一部分。这让我想起了 20 世纪六七十年代，那时的硬件技术不如我们现在，受到的限制也比我们多，我们对那一长串的标准已经开始感到轻松多了。但是现在这个问题又来了。这是我没有想到的。确实非常有趣。

鲁比诺：我们去年完成了两个新数据中心的建设。一个在新泽西州，一个在伦敦郊区。数据中心的大部分空间都不是为我们准备的，是给客户用的。主要原因在于，他们希望减少传输速度方面的问题。你如果让客户走进数据中心，看看我们的交易引擎，就会对此赞叹不已。他们可以看到他们的设备放在哪里，还会看到其他一些设备，有时候他们会问："那里放的是什么？"

"这是给另外一个客户用的。我只能告诉你这些。"

那些设备离我稍微近了几英尺。我会说："我们再看看。基本规则是，光在真空中的速度大约是每纳秒一英尺。那么，我们来看看几英尺意味着什么……就是几纳秒。几纳秒是有差别的，但我不知道你现在用几纳秒能做些什么。也许明年，也许十年后可以。我不知道……我认为这是无关紧要的，因为我不认为这对你来说有多么重要。如果这种情况发生了变化，我们会考虑的。

但在考虑这个问题的时候，我们也在思考应该如何减轻影响。其中一个方法是，很多上了一定岁数的人都还记着一件事——像 Cray 这样的计算机在设计时采用的是环形结构，所有处理器与中心的距离都是相等的。交易引擎位于中心，所有客户都可以围成一圈。这是个办法，我们没有那样做，但这确实是个办法。有些人采取的另外一个办法是改变电缆长度。你离得越远，电缆就越短，你离得越近，电缆就越松。你可能觉得这种想法太疯狂了，但是因为不能接受那种纳秒级的差异，所以就有人这样做了，他们创造了一种机制，让每个人对可感知的最小时间增量的感觉都与其他人完全一样。这有点极端了，但这是业界存在的敏感之处。

尤顿：我以专家证人的身份参加过与高频交易相关的诉讼，此前我对这方面一无所知。有一些数字非常惊人。现在，我关注得更多的是以前不知道的事情。关于这方面，我还想问最后一个问题，目前我们做的让老系统退役、准备做一些我们今天还做不了的事情，你的观点是什么？

鲁比诺：我们在不断推进证券交易业务的技术发展。我们在不断努力提高。我推测过，我相信其他公司做我这份工作的人也做过这样的推测，通过整合最先进的技术，我们能得到的最快的速度是多少。处理器的极限在哪里，到了什么时候速度就不再能满足要求了，内存到什么时候就不再能满足要求了？我们在考虑类似这些的问题。

我们还有其他无法绕开的事情需要考虑。我们努力处于技术前沿，做任何可能的事情。在技术上是这样的，但我们要满足的是我们称之为资本市场社区的需要。我们不断地在白板上写下我们认为业界可能需要的产品和服务，他们可能知道找我们来要，也可能还不知道有这些产品和服务，但这些产品和服务都是很有意义的。我们要尽量提供所有类似这些的东西。

尤顿：在引入一些东西的时候，是否有过让你吃惊的“啊哈”一刻？

鲁比诺：有，在其他很多行业中，这种情况再正常不过了。如果你问问客户他们需要什么，比如说 iPod……如果在 iPod 面世之前，你跑去跟人们说：“跟我说一下，你们喜欢什么样的设备，类似 iPod 的那种。”他们不知道该说什么。但是苹果公司生产了这样的设备，人们都说：“是这个东西，我一直都想要，只是不知道有这样的东西。”

尤顿：你提到了这一点，很有意思。今天的《纽约日报》上有一篇文章，说的就是这个观点。客户想要什么，不是客户的事情。这是公司的事情，可能是关注客户的那些团队的事情。

鲁比诺：这种情况我可能遇到过很多次了。你看到某个人，对他说：“技术能够让你做下面这些事情。”他们会说：“哎呀，我从来没有想到还能这样做。我从来没有考虑过，但是现在你们告诉我了，听起来是个很妙的想法。”他们还没有想过这样的事情，这些产品突然间提醒了他们。

尤顿：我不想突然离题太远，但这个问题还有另外一个方面，你肯定听说过。你在第一次向一些人引入新技术时，他们本能的、马上做出的反应是继续做老的、熟悉的事情，采取老方式时，速度可能会快一点，成本也会低一点。他们不会去考虑使用一个全新的应用。几百年来，这种现象在各种事物上都出现过。在贝尔发明电话后，他亲自告诉人们，他们可以舒舒服服地待在起居室里聆听艺术家在音乐厅的现场表演。这种情况在你们的业务中也遇到过吗？

鲁比诺：我们也遇到过这种情况，因为金融服务行业里有很多非常聪明的人，但在很多时候，这些聪明人都墨守陈规，有时候你在帮他们打破老套的东西时，他们很聪明，能够理解你的做法，但却不会花时间去做，因为他们没有获得动力或刺激，来让自己用另外一种眼光或全新的视角看待事物。

正因为这样，我要极力推动在不同行业工作的人走到一起。我们团队中只有一半

人的整个职业生涯是在从事金融服务工作，另外一半人从事金融服务工作的时间要短一些，他们带来的一些观点和那些在参加工作后一直从事金融服务的人的观点是不一样的。我们最近刚招聘了一位负责全球开发的人。我在寻找这样的人时，也看了其他行业，后来招聘了一个从硅谷来的人。他是个技术高超的软件开发人员，在他来这里面试的时候，有几个人议论说，他从来没有在我们这个行业工作过。

但是我说："嗯，但他可以学习。他不笨，他可以学习。这毕竟不是火箭科学。"人们议论的第二件事情是，他从来没有在受监管行业工作过。我说："没问题，这也可以学习。他会掌握那些规则的。"人们议论的第三事情最能说明问题了。他们说他从来没有在我们这个行业工作过，因而从未和那些难打交道的人一起工作过。我说道："噢，你们这些家伙，睁大眼睛看看吧，我们自己也拿那些难缠的人没办法。"找一些视角不同的人是有好处的。

尤顿：我不知道从中是否能够看出一种模式。我已经采访过微软的 CIO 了，他最终是来到了硅谷这样的世界中了，和他一开始从事的职业完全不同。我很想知道，如何区分那些真正令人感兴趣和不感兴趣的人。

鲁比诺：以我从事生物化学工作的背景来看，杂交常常能够产生更健壮的产品，我相信对 CIO 来说也是这样。

尤顿：这个问题还有一个方面，我估计你也会愿意说一说，那就是两代人的现象。现在，有些年轻人没有什么先入为主的成见。

鲁比诺：我们会对这一点加以利用。我要说的是，在我有限的经历中，我读到过、也听到过这些。我年复一年地听到那些杰出的科学家说，他们最有创意的发现是在二十几岁时产生的，他们不认为自己在年龄增长以后还能做出同样重大的发现。

可以告诉你，我一直在考虑年轻一代的问题，关于那些在这里工作的二十几岁的人。他们是伴随着视频游戏长大的，习惯于非常直观的界面，对技术当然不陌生。对于自己的工作场所应当是什么样的，他们有着某种期望。

在我目前的工作环境中，我发现有些四十几岁的人像那些二十几岁的人一样，经常使用 Facebook、Twitter 和 LinkedIn，而且用得很熟练。或许，一个二十岁的人更擅长视频游戏。我不知道这种差别对我们的工作是否有很大帮助，可能我只是没有注意到这方面很明显的例子。这种现象可能会带来很微小的差异，但是我还没有注意到。我看不出来有什么明显的差别。每一代人中都有聪明人，都有与众不同的人。

尤顿：嗯，世界发生了深刻的变化，以前的资源非常有限和昂贵，并且受到控制与监管，只能谨慎、少量地发放，而现在这些资源到处都是，可以免费提供，因此也不应当再受控制了，但它们现在还是受控制。

鲁比诺：是的，这是如今的科技带来的正面影响，而且这种说法如果我听到了一次的话，就可能会听到一千次。我以前做开发的时候，总是忽视软件的性能，因为我们总以为性能的问题，嗯，买台大一点的服务器就可以了。但在这里可没有那么好的条件。首先，我们的成本意识非常强；其次，我们不能仅仅依赖于硬件，软件的效率也必须非常高，否则你就没有什么竞争力。而且你知道，街对面的那家竞争对手也是这么想的。

谁都可能过来说："我是个搞软件的人。我用不着担心，只要多买一些内存或处理器就行了。"事情可没这么简单，很多事情都必须要考虑。我们的市场是针对某类客户的，不是每个人都能参与，我们需要考虑这些事情。

有人观察过，如果想买一条打字机色带，他们已经习惯于到互联网上去找了。但是，如果你也那样做的话，就有点出人意料了。这是文化上的差异。我们这里有个人，三十多岁，提议可以通过 Rolodex 名片夹查找。我说道："我打断一下。你认为比你年轻十岁的人知道 Rolodex 名片夹是什么吗？"他说："可能不知道。"那个术语我们认为是理所当然的，但现在已经没有任何意义了。

尤顿：关于这一代人的另外一件事情是，我听到很多金融服务领域的人都说很难进入这一代人的消费市场。他们在问自己："大学生们只想通过 Facebook 或 Twitter 找他们想要的东西，我们的产品怎样才能更贴近他们？"这是相当大的文化冲击。这在你们这个领域可能还不是那么明显，因为你们的市场营销并不面向大学生。

鲁比诺：对。我们的直接客户是交易员，他们对那些事情不是特别关心。实际上，在我们构建的大多数产品中，他们都要指导界面的开发。我们只是技术提供者，他们可以使用任何他们喜欢的东西。但是，我们拥有一个网站，会通过网站销售数据和其他一些东西。我们要让这个网站看起来很现代、让人觉得极具创新。不管研究的是什么行业，我们都希望人们知道我们是 21 世纪的引领者。那个网站有助于给人们留下这种印象。

我们还没有大规模地使用普通移动应用程序，因为包括响应时间、安全性在内的各种原因，没有几个交易员愿意使用移动计算（除非是特殊情况下，在交易大厅要使用无线设备）。我们要给人的印象是我们已经在做这方面的工作了。现在，在美国可以看到 iPad 非常普遍。我们使用 iPad 是想体现出我们能够吸引富于创新的人。你把 iPad 带给我，上面的一些应用程序可能会给我们带来一些信息，而所有这些正是我们在研究的。

尤顿：我觉得在 iPad 上做交易会很有意思。

鲁比诺：嗯，这又让我们到了另外一个讨论话题，就是协同技术。我们的技术团队遍

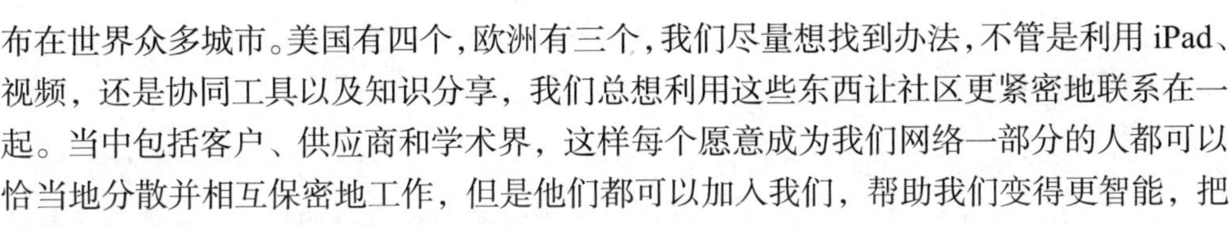

布在世界众多城市。美国有四个，欧洲有三个，我们尽量想找到办法，不管是利用 iPad、视频，还是协同工具以及知识分享，我们总想利用这些东西让社区更紧密地联系在一起。当中包括客户、供应商和学术界，这样每个愿意成为我们网络一部分的人都可以恰当地分散并相互保密地工作，但是他们都可以加入我们，帮助我们变得更智能，把事情做得更好。

尤顿：很有意思，因为那变成一大类问题的一个方面了，你需要在防火墙后面做些事情，同时也需要跨过防火墙同外面的人交流，比如同以前的雇员和客户等。

出人意料的是，我到目前找到的最好的例子是在制药行业。他们的产品开发周期特别长，把一个新发现的药品投向市场需要 10 到 15 年。公司需要和公司外面的人合作，礼来（Eli Lilly）和辉瑞（Pfizer）都是这样的例子，而这些都是非常保守的公司。所以，很高兴听你说到这些，特别是在你们这样一个受监管行业中。

鲁比诺：实际上，今天早上就有一个互联网广播秀，叫作“CIO 访谈广播”。我在那个节目中谈论了他们所说的“集体智慧”，而我们也正好谈到了这个话题。

尤顿：人们对这个两代人现象的看法的差别似乎非常大，特别是在谈到工具的时候。我认为，这肯定和开发人员相关。比如，我听到一个人说，今天的普通大学生从来都没有看到过 Microsoft Outlook，而如果他们看到的话，肯定会吓一跳，倒不是因为用户界面，而是因为那种他将如何度过一天的整体思路。

就我而言，我每天早晨起床时在想：今天要做些什么？我会看看电子邮件，看哪些客户在抱怨，哪些客户给我发来了新的任务和新的截止日期，等等。但是，大学生那个年纪的年轻人在早晨起来时可能会说：“我的朋友都在哪里？他们都在干什么？他们现在离我有多远？”我的几个侄子、侄女在 Facebook 上看的就是那些东西。实际上，他们的整个世界都在围着那些东西转。

鲁比诺：嗯，我理解这个观点，但我认为微软在开发 Outlook 时考虑那样的界面是有其他原因的。一个更好的解决方案是将它放到 Windows 8 的桌面上。和我交谈过的人中有为数不多的几个使用 Windows 7 手机，他们都喜欢把 Facebook 和其他经常使用的应用程序平铺在桌面上，做到一键启动。

我想说一说另外一个关于两代人的问题。有时，人们跟我说：“我们必须为新来的年轻员工提供计算机设备，他们十个人里有九个会选择 Mac。如果不给他们提供 Mac，他们就不来这里工作。”

我的反应是：Mac 只是一个工具。不管能否得到某个特定的工具，这对他们来说是最重要的吗？也许吧。我也不能确定这是不是他们的主要动机，或许他们把这看成是有别于工作环境中其他人的一个标志。我不太确定，但我不知道有谁来到我们这里拒绝了这份工作，只是因为我们说："不，你不能用苹果电脑，你只能用个人计算机。"你常常听到这些，你必须怎么怎么样，否则他们就不来你这里工作了。

尤顿：嗯，我觉得这对 Mac 用户来说更多的是一种象征。这体现了一种更常见的情形。这可能是 Mac 与个人计算机的对比，是小巧的新设备与老设备的对比，特别是在移动设备上能够看到正在上演一场这样的战争。我记得 3M 或某个财富 500 强公司曾经在企业中引起了一场轰动，他们在招聘大学毕业生时说："你们想带什么设备就带什么设备。我们不会强迫你们使用黑莓。我们能搞明白你们使用的 iPhone 或其他设备。"

鲁比诺：我们在这里也谈到了这一点，一方面，我们可以很欣慰地说："这个清单中的设备都可以带来。找出你最喜欢的，去买一个，我们和供应商都会给你提供支持。"这样当然是有吸引力的，但是另一方面，从监管和安全的角度来看，我们和很多公司存在一点不同之处。比如说，我们不能像一个非监管行业的公司那样随心所欲，因为世界上不会有很多人想着非法闯入那些公司，他们不会受到那么多潜在攻击。但我们也讨论过这些事情，以及为了实现到这一点需要做些什么，不过还没有达到那种"带来什么设备都可以"的程度。iPad 常常是贯穿整个讨论的一个话题。人们去买了一台，现在的价格很便宜了，现在他们买了，他们希望拿到公司用。我们提供了支持，这样我们也可以知道允许人们把设备带来使用并向他们提供支持是一种什么情况。

尤顿：有意思的是，iPad 应用程序的环境可以说是由苹果公司控制的，和开放的 Android 世界是不一样的，后者可能非常可怕。嗯，我们现在已经谈到了"未来"的话题，我想先问问有哪些新趋势会影响业界。移动计算，这个很明显，还有两代人的问题。你还看到了其他关键的技术趋势吗？

鲁比诺：我马上要说的是"云计算"不是一个新概念，它能让人想起 20 世纪 60 年代出现的分时系统。让云技术成为可能的一个主要的东西是虚拟机，也可以追溯到那个年代。

话虽如此，我们还是希望提供云计算或是客户愿意使用的任何一种技术。在私有云中，不管客户寻找什么服务我们都能提供，不管是软件还是基础架构。这种方式将是最高效的，而且能够引起客户的共鸣，他们都在寻找更好的解决方案。

每个人都需要类似的基础架构，那为什么还要有自己的"服务器部门"呢？他们都在独立地做同样的事情，这样做并没有什么竞争优势，既然如此，为什么不找一个像我们这样的公司帮助他们通过云来实现呢？我们设置好，他们能够得到我们的运营所带来的规模经济的优势，也许还能得到我们提供的一些分析服务。鉴于这种情况，这对我们来说是一个很好的机会。

我们谈论的另外一件事情是社交网络和多媒体。我们谈到了如何与更大的世界合

作，在交流之中获得新想法。我们特别要把事情做到极致——更快的处理器、更大的网络、效率更高的存储器，有些时候它们给我们留下了深刻的印象，而在有些领域，技术的速度让人失望。我不知道这些从技术的角度看有什么特别之处，也不知道我说的这些算不算“下一代”技术趋势。

尤顿：虚拟化和云计算一起出现了。

鲁比诺：在我们的领域中有两类应用程序。一类比较适合虚拟化，只会带来一两毫秒的额外延迟，这产生的开销是可以接受的。在这方面，我们把很多环境都虚拟化了。但现在交易领域也是在毫秒级执行的，所以消除不必要的额外开销非常重要。对于能虚拟化的就虚拟化，不能虚拟化的就不虚拟化。

尤顿：我在问题清单上列出的下一个问题很有意思，我们已经谈论了这么多有关未来的事情，现在可以回顾一下历史，虽然整个行业的历史也不过 50 年，但却和有些人一生的寿命差不多。你在职业生涯经历过的最重要的 IT 发现是什么——“分界点”是什么？

鲁比诺：像互联网、网络和更强大的界面的出现，这些都带来了很大变化。说到现在的知识和人们从前所具备的知识，我们在很多地方还比较原始。说到软件开发，我认为我们并没有取得太大的进步。现在出现了各种不同的语言、不同的方法论，但我不知道这些东西是不是更好了。它们有不同的特点，人们可能得到更强大的而不仅仅是“相当好”的软件，但这方面我没有看到发生过什么太多的事情。

说到历史，我们在欧洲的一个开发人员想把我们的软件工具扔掉，换一个新的。我问他：“你这样做的主要原因是什么？”

他回答说：“我们那个工具是 20 世纪 90 年代开发的，使用的是过时的技术。”

我用一贯的语气挖苦道：“好，我顺着这个思路说一下。因为技术过时了，所以你想替换掉。”

我接着说：“你知道吗，我们用来编写大多数软件所使用的很多语言和工具都是早在 20 世纪 90 年代之前就有了，这些系统也是在‘过时的’技术上开发的吗？我估计你要把这些东西也都扔掉了。因为显然，这些东西没什么可取之处。”

我们总是在看新东西，然后再看老的。有些老东西很强大，有时我们不欣赏已经存在了很长时间并且随着时间在不断发展的技术。但是说到带来剧变的事物，我认为只有互联网，带有更强大界面的互联网，除此之外我想不到还有什么剧变了。

尤顿：你说到了很好的一点。你可能很熟悉霍华德 · 鲁宾，他常常说，某些组织在软件开发方面比二三十年前要强多了，但是平均生产率水平并没有太大变化。现在的大会组织者会找一些像我这样的人给年轻一代做关于软件开发的讲座，他们只要求我把我在20世纪70年代讲的版本更新一下就行了，这种状况让人觉得有点沮丧。

鲁比诺：还有另外一些事情像是“回到未来的看法”。处理器的增长速度不像以前那么快了，为了弥补这种情况，考虑到性能和速度，要让它能够以合理的速度继续运转下去，我们应当使用更好的并发编程模式。

我们没有太多这样的模型。我们问了问这以前在哪些地方出现过，得知可以使用20年前（在电信行业）为了处理类似问题而设计的语言，而不用再从头开始。

如果我们主要依靠的不是由操作系统发挥最佳作用，而是关注那种并发编程模式的想法，然后教给程序员如何并发地做开发，就可以利用我们能够实现的多任务处理机制的所有优势了。这是我们这个行业中很多人都在谈论的，不知道还要多久就能实现。

尤顿：你实际上已经谈到了一些很重要的事情。我的同事们写了很多书，他们在书中的观点认为，我们寻找的是某个具体的解决方案，而非普遍适用的解决方案。

鲁比诺：这正好和我们思考的方式有关，我近来考虑得也很多。可以告诉你，我就是一个例子。因为信息展示技术在快速变化，我不停地从这个超链接跳转到下一个。我们越来越不愿意坐下来深刻地思考问题，也不愿意在较高的层次上探索问题了。而从前我总是那样思考的，但现在处于这样一个信息环境，我不再那样深入地思考了。

一些人可能会说，这样有助于你快速思考，而另外一些人会说，有时候你需要花上很多时间深入思考问题。我上中学时是个棋迷，特别争强好胜，可以在棋盘旁边坐上几个小时。这样，时间不知不觉就过去了。但我现在已经做不到了。我已经很难在一个活动上保持几个小时的专注了，我觉得很遗憾。

尤顿：当然，这和年龄是有一定关系的。

鲁比诺：噢，我还真没想到这一点。

尤顿：肯定和年龄有关系，因为我以前常常看我的两个儿子参加象棋比赛，小儿子在国内的锦标赛中还得过亚军。但我认为长时间专注也并不是什么特长，尤其是当我们有很多其他紧要问题需要解决时。

鲁比诺：你可能听说过那种可以放在桌面上关闭电子邮件的软件。这个软件迫使你无法查看电子邮件，这样你就不会分心了。哇，我从来没有想到过要这样做，但是我理解这种做法的意义。有人会跟你说：“你在电子邮件上花的时间够多了，我准备把它关闭一会儿，这样你就能集中注意力了。”

尤顿：这样很有趣。让我看看，问题清单上的下一个问题——让你感到担忧的问题是什么？

鲁比诺：我们总在考虑投入的成本所带来的效益。这对我们来说一直是一个大问题，特别是因为我们的业务需要非常关注效率。另外一件事情是，因为我们是世界资本的象征，对那些有邪恶企图的人来说特别有吸引力。所以，安全对我们来说是个大问题。

另外一些让人关注的地方是：如何才能找到最好、最聪明的人，并且留住他们？如何激励他们？如何取得最高的生产率？从经济的角度来看，我们的业务和世界的波动是有关系的，因为在波动时，人们的交易量更大。

尤顿：你让我想到了一个问题。我在看你的资料时，发现你们常常出现在公开讨论会上，包括 CIO 电台、很多会议上的主题发言以及其他场合。显然，那些和你谈话的人不是你的下属或同事。你面对的是外面的人，不是办公室的人。一般来说，你认为 CIO 是不是越来越多地在业务上承担起某方面的公开发言人的角色了？

鲁比诺：是的，我在公司就是这样的。世界上的一些人知道华尔街有这样一个地方，他们看到了外面悬挂的巨幅国旗，看到了交易大厅的活动，但没有意识到我们 IT 有多重要。

我告诉人们我们所做的事情，我们有尖端人才、尖端技术，他们听了后会说："真让人吃惊，我们还从来不知道呢。"

我的部分工作就是提醒人们这一点，提醒我们的客户和员工，提醒潜在雇员，提醒那些会问"我为什么要来这里工作"的人。我们做的很多事情都很酷，所以我成为了负责公司公共关系的人，在这方面我做了很多。

此外，还有一类客户群是我们没有谈到的，那就是在这里上市的客户，我们的收入是从他们那里来的。我并没有和每一家公司都谈过，但是和很多技术公司都讨论过，我向他们解释了他们的技术为什么可以用在这里，我们之间保持联系对他们来说意义何在，还有一些我们可以一起谈论的有趣的事情、可以一起做的事情。有些时候，他们并没有意识到这一点，这对我们来说可能是一个明显的合作关系，但也可能不是。因为以上这些原因，我说了这些事情。

另外，在某些方面，我们要尽量帮助推动业界向前发展。举一个例子，在 IEEE 讨论网络标准时，他们想要实现的下一个标准是 40GB。我们说，这很快就会过时了，我们马上就会超过 40GB 了，为什么不考虑一下 100GB 呢？我们尽量提出技术上的要求，这样人们就会按照我们的要求去做。

尤顿：我刚才也在想，过去认为公司的发言人应当是创始人或 CEO，一般不会认为 CIO 是技术发言人。但是，当然，那些都是传统公司，而现在，完全依赖于信息的“传统公司”比以前要多得多了。

鲁比诺：完全正确，不过，以苹果公司为例，我不认识史蒂夫·乔布斯，我知道他肯定是个很能干的人，但 iPhone 或 iPod 不是由他一个人负责的。苹果公司有各种各样的产品，他很好地推动了苹果公司的发展，但他也需要其他人。在我看来，我们所做的产品和服务中的很多东西都是客户将来有一天会熟悉的，这样与公司很多人相比，我也许能够更好地与客户交谈，因为我对未来有一些能够带来帮助的展望，而这是从事业务工作的人可能不会想到的。

尤顿：嗯，微软的 CIO 跟我说了一些我很感兴趣的事情，他说：“很多客户来找我们，说：‘你们是大公司，大家都认为你们了解 IT。你们是如何发现、如何做这样那样的事情的？’”从他说的这些来看，他的角色就是技术发言人或代言人。

鲁比诺：CIO 在公司的最高层正变得越来越重要。很多行业都很重视信息技术，有些 CIO 表现非常突出，将会成为成长最快的一部分业务的发言人。他们比以前更为关注交流。这也引起了我的共鸣。

尤顿：我妻子给我讲了一个有趣的例子：最近大家听到的很多在汽车制造业中的问题和召回似乎都涉及了软件。人们常常感到好奇，对于这种情况，不同的 IT 组织、不同的 CIO 是如何处理的？

首先，那个问题在一开始是怎么产生的？其次，问题是谁发现的？第三，CIO 是如何处理整个事情的？不管怎么说，丰田公司的情况和福特或本田公司的情况是不一样的。这就要求 CIO 不仅要对媒体解释他们做得好的地方，为什么公司如此成功，同时还要说明在产品和服务中，在使用 IT 时是怎么样把事情搞砸的。

鲁比诺：我说说我的观点。我们提两件我希望人们关注的事情。一是交流的技巧，我经常向人们指出这一点。人们问我，在我的职业生涯中，对我影响最大的人是谁。我脑海里首先想到的是我父亲，主要是因为我父亲告诉我，不管做什么工作，我都是一名推销员。每个人总要尽量向别人推销一些东西。

你不能只是坐在那里说“我聪明绝顶”，然后每个人都会认识到这一点。你必须要让他们领会到你很聪明。我在很年轻的时候就在思考交流技巧，也鼓励人们那样做，要尽可能地利用一切交流机会。

另外一件事情是不能离技术太远，处于技术前沿对我来说至关重要。但是很多 CIO，他们以前做过开发人员，而现在都变成管理人员了。

我认识另外一家公司的 CIO，我和他交谈的时候问他对技术有什么看法。他脱口

而出："我现在已经用不着再考虑技术了，有人在替我考虑技术上的事情。"我说道："哇，我们都知道技术上的事情可能很难处理，你必须参与其中。不然，最后的结果可能是，你周围的人都很聪明，他们会给你一些相互矛盾的建议和想法。"

我发现自己常常和两个聪明人在一起，一个说应该向右，另一个说应该向左。如果我对他们想要做出的决定无法做出评判，无法帮助他们做出一些结论，那我只能说，嗯，他通常是对的，这次也听他的吧。

所以，我尽量做到不要离技术太远，尽量贴近正在进行的工作。我特别喜欢看书，我认为要成为一名称职的 CIO，必须懂很多技术。这并不是说要总能分辨出什么样的项目在开始时会成功或是失败，当然，我在这方面也是可以发挥一些作用的。这是我们谈到过的文化上的事情。

尤顿： 你要强调的是跨学科的方法吗？这似乎和你的职业生涯以及你在别处看到的是一致的。

鲁比诺： 是的，这也是我要强调的。计算机有很多专业，在业务上也有很多不同的方面。技术总是很重要的，我进一步阐述一下：我并不想说任何人在一家公司待上几十年的情况不应当出现，但在我的职业生涯早期，我拿的是化学学位，但我总是把计算机当作一个基本工具。

我想在这方面有所发展，想要更好地掌握这方面的知识，所以就去上了一些计算机科学课程。因为我知道自己的方向，我可能永远都不会去写一个操作系统，也不会在工作中去编写网络协议。但是我要确保自己的能力更加全面，确保自己能够处于前沿，甚至可以做一个更好的技术专才，但同时我也希望了解业务是怎么回事。我让自己尽可能接触更多的事情。

这种做法起到了作用，我也会鼓励人们尽量提出不同的看法，因为这样有助于在需要的地方带来新鲜的想法。我总是喜欢这样的想法，喜欢人们做一些不同的事情，扩展自己的经历，因为他们在这样做的时候，也能做出对人们更有用的贡献。

尤顿： 你说的那些很吸引人的东西对今天的学生来说是这样，但对以前几代人就不是这样了。现在，在每一所大学，在你的知识库中，从中学开始，有一大部分内容就涉及计算机了。显然，我在 50 年代上中学的时候，情况不是这样的。那段时间，你可以使用计算机，也可以不用。

鲁比诺： 今天，可以把计算机看作是理所当然的。我记得我第一次上编程课是在八年级的时候，我必须要穿过整个城市，到大学的计算机房使用这项技术，当时是大型机，我有一台终端。后来就好了，家里有个人计算机了，我常常用它编程。我那时还不知道今后会做些什么。

尤顿：嗯，实际上你用不着对此感到担忧。我最小的儿子一开始打算在大学学习物理，但最后从芝加哥大学获得了哲学学位。五年后，他又回到哥伦比亚大学，获得了物理学学士学位，后来又去多伦多大学取得了硕士学位。我很羡慕他这一路取得的丰富的背景。

鲁比诺：我也很钦佩这种丰富的背景。有人跟我说，显然，你没有使用自己学到的化学知识。实际情况刚好相反，我根据科学方法形成了严格的解决问题的方式。这适用于科学，也适用于我在工作中做的各种不同的事情，所以他们说得不对，我每天都在使用自己的化学知识。

尤顿：是的，科学地解决问题的方法。

鲁比诺：你知道其中的过程，逻辑、哲学、分析都是很有价值的。

尤顿：我们改变一个话题，我想问一下，你对那些想成为 CIO 的人有什么一般性的建议？

鲁比诺：有人来找我说，“我想做你做的事情”。我说，要多关注技术。如果在技术上真的很聪明的话，那么当上 CIO 是顺理成章的事情，我接着告诉他们另外一大套叫作管理和领导能力的东西。这是书上没有的，很难有哪一门课程可以教给你这些知识，并且告诉你作为领导是否称职。

我不知道有没有预先规划好的道路让人更好地获得这些技能。这是通过经验、向别人提供培训和教导，或是在接受教导以及做些类似的事情而得到的。我要让人们认识到，这些“软技能”是把一个真正的 CIO 与那些想成为 CIO 的人区分开来的因素。为了在公司更有效地工作，他们需要那些技能。

人们常常问我，为了获得认证资格，比如说微软技能的认证资格，需要参加什么样的课程。我说这不仅仅是认证的事情。顺便说一下，我有时候并不知道该怎样回答这类问题。不管我怎么努力，可能都不会有奥巴马总统那样的口才。同样，不是每个人都能成为一个真正的好领导。

尤顿：我们再来谈另外一个方面的话题，当业务部门的同事给你带来一些疯狂的想法时，你是如何和他们交谈的？

鲁比诺：可以拿出数字来进行评估，这是最简单的工具。有人因此变成了“信徒”，或者他们直观地感到某件事情是对的。而如果事实不支持的话，有时候你必须劝说他们不要那样做。

我的决策能力不错，这样在他们向我推荐什么东西时，我可能知道这是没有意义的。这并不仅仅是意见上的差异，而是那根本就没有意义。你要找到他们，告诉他们，因为什么什么原因，“我认为这是不可行的”。

他们就会问你为什么。

我比较善于做出决策，如果直觉告诉我这是一个糟糕的想法，那就必须多花些精力，找到方法，告诉人们我觉得这不可行。当然，我也有可能是错的，但是……

在前几天就有一些这样的例子。这里的人们提出了想法，我马上就想到了 10 个高优先级的例子或是需要做出改变的地方，都比接纳这个想法要强，而他们总是莫名地觉得自己的想法比实际的有价值。事情就是这样，你必须找到办法劝说这些处于领导地位、有管理权力的人，因为你没有权力管理他们，不能命令他们做你想做的事情。

我在富达投资公司工作时，在这方面学到的东西比在其他任何一个地方学到的都要多。那时富达有一个新职位，我去应聘并被录用了，我的工作是整合信息，也就是开发一个信息架构，把 40 个部门的相关信息都整合在一起。

我说：“我对面临的困难还是略知一二的，不是每个人都向我汇报工作。应当如何让他们参与进来呢？我该做些什么？”

他们说：“不用担心，这些事情是董事长要求做的。”

我说好吧。于是，我去了波士顿，参加了第一次会议，做了另外一项技术的报告。

他们说：“我们为什么要做这件事？”

我说：“嗯，显然，这是董事长要求做的。”

他们回答道：“嗯，我们能不能也给你一个清单，把董事长要求做的事情都列出来？你也一起来干。”

我自言自语道，这个办法不管用啊，我不能命令那些人。该如何让他们做我想让他们做的事情呢？我发现有很多不同的办法，比如劝说、升级问题、搞政治、讨价还价、强制执行。我发现了很多方法，得到了人们的合作，虽然在时间上并不总是符合我的要求，但是人们在做我想让他们做的事情了。我从中得到的经验是，如何施加影响是非常重要的。出色的沟通技能、良好的倾听技能，这些都非常重要，我从下属的表现中看到了这些。

在他们感到沮丧向我诉苦时，在他们想让别人做些事情但那些人不想做的时候，我告诉他们，试试别的方法，这里有一些方法，他们可以试试。这也是一个很好的、富有启发的经验。

尤顿：还有一个方面的问题我想再问一问。在某种程度上与这个全球都存在的问题有关，CIO 现在和其他首席官都是平起平坐了。你刚才提到了，在很多行业中，有人已经晋升到了这样的职位，他们一路走来，工作非常出色，一般对公司的成功都发挥了作用。他们以前可能是最优秀的汽车工程师，因此常常觉得公司是凭此而取得成功的。一般来说，你认为 CIO 是否能够得到这种影响力和尊重，以便与其他首席官平等地进行管理？

鲁比诺：嗯，有时候我认为几乎每个公司的每个技术部门都应当有自己的公共关系职能部门，或在内部让有这种技能的人采用最好的营销方式，就像出售牙膏或其他消费产品一样。

我们会提醒人们注意我们。就在几个星期前，我们为管理委员会做了一个报告，说明我们过去三年做了些什么。说到降低成本，说到产出的结果，说到创新，我们完成的工作是十分惊人的，这些事情是我们每天都会意识到的，所以能够整合到一起。但我们的管理团队心里装着其他事情，他们不会关注 IT 在去年做得有多么好。

但是，当我们把报告拿给他们的时候，这提醒了他们。他们的反应是一致的，说："是的，这都是我们知道的，但是把这些东西都整合在一起的时候，就成了不起的成绩。"我们需要不断提醒人们我们做出的贡献和产生的影响。等着其他人来主动了解，可不是什么好的办法。

尤顿：嗯，实际上，你们似乎常常没有选择，似乎多多少少有些被抛弃的感觉。霍华德·鲁宾过去在这方面做过很多论述，大量的金钱花在了高级管理人员无法触摸或感知的地方，这完全是无形的。但是，如果把事情恰当地组织在一起，就常常可以说："顺便说一下，这些就是我们做的。"

鲁比诺：记得我在富达投资公司时，曾经在一位业务部门的经理手下工作过，他跟我说："告诉我你每个月都做了些什么。"

我说道："比方说什么？把我们的网络完全重新设计一次？"

"不是，"他说道，"这种活动我是看不到的。你可以考虑一下你为公司节省了多少钱。"

我说道："每个季度报告一次，怎么样？"

"不行，"他说道，"每月一次……你要做些事情。"

我们找到了要做的事情。我们知道某些经理是持怀疑态度的，所以要通过我们的活动，设法告诉他们我们所提供的价值。

尤顿：这也是未来的一大部分。首先，认识到需要通过 IT 处理的问题，然后把它完成。

鲁比诺：嗯，每个人都想看到进展。当人们充满信心地认为你做的是好东西时，产出的结果会更加容易预测了。你必须要有长远打算。

尤顿：还有另外一个问题：要成为你们“CIO 团队”的一员，需要具备什么样的特征？

鲁比诺：我记得很久以前看到过一项对橄榄球队的研究。如果球员之间彼此都不喜欢，但技艺超强，还是可以打造一支很优秀的球队的。但是，如果球队技艺很高，球员彼此也相互喜欢，结果会好得多。这就是我们的情况。我们一般都喜欢在一起工作，相互理解，我们知道别人对我们的期望是什么。

人们知道对他们寄予什么期望。他们知道什么时候去问问题，他们相互理解，观点一致。这是极为重要的。顺便说一下，在长时间工作时，你希望和自己喜欢的人一起工作。你不会每天花上 12 个小时以上的时间和一个很难忍受、想要躲避的人一起解决问题。这里有一些人会和我一起到山上远足、旅行，因为我们相处得非常好。这是一个重要的特征。

同样，技术能力和所有类似的东西对于制定好的决策、做出好的决定来说非常重要。另外，还要承担风险，要有判断能力，否则，将无法取得想要的进展。

人们为我工作时，我会在几件事情上提出要求。首先，他的视野要比现在的工作宽广得多，要能看到全局。第二，如果他做了一个事后证明很糟糕的决定，要问问自己和其他人，在同样的时间、掌握同样信息的情况下，另外一个有经验的人在做这件事时是否会做出同样的决策？如果答案是肯定的，即使我们对结果感到不满，也不能事后故作聪明地指责做出决定的人。但是，如果他做出的决定是向左，而其他面临同样状况的人做出的决定是向右，那我觉得就有点问题了。第三，我们不能一次又一次地犯同样的错误，要从经验中学习。我认为人们能够理解这一点。

还有忠诚感，彼此之间要有同等的承诺。我知道他们会支持我，他们也知道我会支持他们。如果时间很紧迫的话，我不会远离他们，而是说，嗨，我遇到问题了，不知道是怎么回事。我们知道我们可以相互依靠。这样做以后，再结合其他要点，就会造就一支非常优秀的团队。

尤顿：你说到了如果是那种工作的话，你愿意一天工作 12 个小时。你认为你这份工作需要一天投入 12 个小时吗？

鲁比诺：我得承认自己是个工作狂。但是，我不会把这种做法强加给别人。不过话虽如此，这里还是会有一些事情，特别是在白天，在交易日，我知道有些事情还没有解决，并且涉及很多钱。

我们的业务遍布全球，所以在整个晚上都要相互交谈。人们知道我会在早晨两点钟看邮件。我不会告诉每个人，但他们知道我会那样做。这里大多数人都按照标准的工作时间工作，但是一周七天我们都能找到他们。很少有人会说，现在是周末，我在度假，我在休假，所以别找我。

我不想打扰大家的家庭生活，除非人家不介意。因为你是团队的一部分，所以会有职业自豪感。那正是我们工作的特点。你会发现这里的人每天工作很长时间，甚至在下班离开公司后也是如此。工作是我们生活的一部分。他们喜欢因为取得成绩而带来的个人满足感，喜欢成为团队的一部分。

尤顿：你认为所有的 CIO 都是这样的吗？

鲁比诺：我认为大家没有打算招聘新人，所以人们要工作很长时间，做很多工作。在经济形势好转之前，我看到的是这种情况。人们在家里需要有一些自己的时间，这样招聘高峰又要开始了。我 1998 年在硅谷一家初创企业工作时，想象着自己将会没日没夜地工作，晚上会睡在办公室，靠着健怡可乐和奥利奥饼干填饱肚子。等我到了那里，确实也发现很多工作很努力的人，但我自己是最努力的几个人之一。所以，我就这种情况问了一些年轻同事。他们说，他们不会因为有人告诉他们一天要工作 12 小时，晚上就工作到很晚。这也是两代人的问题，他们意识到在工作之外也要有生活。把自己奉献给公司不是他们需要的生活，也不是他们想要模仿的生活。我能理解他们的想法，也尊重他们的想法。我做出的选择不是那样的，但我能理解他们的想法。

尤顿：我记得我在第一次参观硅谷的一些公司时，他们很多人都有一句箴言，“努力地工作，尽情地玩”。

鲁比诺：与上一代人相比，我认为年轻人在这方面更明显一些。对于上一代人，工作在生活中占据了主导地位。我想是他们理解了工作是多么重要，因此对工作充满热情。在某些国家，劳动法不允许人们过长时间地工作，他们也意识到了由此带来的好处。

尤顿：我记得在德国听到过，他们到了五点钟会锁上办公室的门，如果服务器崩溃了，是进不了大楼的。对此，我真是感到吃惊。

鲁比诺：那是他们想要的生活方式，很成功。

尤顿：这带来了我最后一个问题，不是关于技术的，而是关于社会方面的。“敏捷”开发方法的一个观点是一个“可持续的”工作进度。你不是在冲刺，而是在跑马拉松。你应当更加仔细地调整自己的步伐。如果总是全速奔跑，你会精疲力竭。我很想知道，你认为敏捷趋势总体来说怎么样？

鲁比诺：我喜欢敏捷开发这种方法。我喜欢看到结果，想要知道我们在一次冲刺中准备要做的事情。每个人都知道该做些什么，我喜欢这种生产率。如果应用得恰当的话，对编程也会有很好的影响。

尤顿：对编程？

鲁比诺：是的，不管什么地方，有用就行。有时我们在整个项目中都在使用，有时候在单个任务中使用。所以，我拥护所有这些东西。

尤顿：我对敏捷的成长感到很吃惊。我去年参加了上一届大型的敏捷大会，有大约 1200 人参加。当时正好是敏捷宣言签署十周年。对于在跨国项目和监管行业中使用敏捷，有一些非常有趣的调查和统计。在某些环境下是肯定可以起作用的，特别是适于采用敏捷并且项目都在一个组织内。如果供应商和客户之间有一定的距离，存在合同关系，如果你们的开发人员遍布世界，超过了 100 人，问题可能会多一些。

鲁比诺：我们会更小心一些，但是我还想是说，能用敏捷的地方我们就会用。

尤顿：好的，我觉得我们的讨论要就此结束了。非常感谢你今天花时间和我交谈。

鲁比诺：谢谢。

第6章

刘易斯·特姆雷斯

——迈阿密大学荣休 CIO

刘易斯·特姆雷斯博士是迈阿密大学的退休信息技术副总裁兼 CIO，以及工程学院的退休院长。在大部分职业生涯中，他都领导着 300 名员工全面负责计算和电信工作，涉及的预算金额高达 4000 万美元。特姆雷斯博士于 1980 年进入迈阿密大学,后来成为美国第一位在高等教育界获得正式任命的CIO，他在 1994 年到 2007 年期间还同时担任工程学院院长。他曾入选“世界 IT 领导 100 强”，所领导的迈阿密大学 IT 部门连续八年入选《计算机世界》评选的“最佳雇主”前 10名，这样的殊荣只有迈阿密大学获得过。

特姆雷斯博士经常在学术、商业和信息技术大会上发表主题演讲，为大会撰写文章、担任主持人，他也为政府机关、私营企业和跨国公司等提供咨询服务。他的文章经常被出版物引用。他是 IEEE 的资深会员、是美国市场营销协会（American Marketing Society）的合伙人，以及多个高级管理人员协会、顾问董事会的成员，包括戴尔白金客户顾问委员会、微软高等教育顾问委员会等。

特姆雷斯博士：我首先要把事情都说清楚。我已经在 8 月退休，不再担任迈阿密大学的 CIO 了。

埃德·尤顿：嗯，我知道。

特姆雷斯：我要解释一下，所有的事情都“截至 8 月”，因为新 CIO 到任后，应该会有新的观点，并且肯定会有一些其他目标。

尤顿：好的。我们首先谈一个具体的问题。我看到一个很明显的事情，也可以说是在我预料之中的，那就是所有 CIO 一般都会有一些“让灯亮着”的任务，他们要关注安全之类的问题。但我很想知道你的观点是什么，你认为在大学或学术机构中，CIO 的角色与财富 500 强商业公司中 CIO 的角色有什么不一样的地方？

特姆雷斯：有几件事情使我们与其他人不同。首先，我的客户是学生。来到学校的学生有独特的角色，他们是我的客户，很可能还是一个会破坏安全规定的先生或女士。

我在当院长的时候，有一个新入学的学生，SAT 拿了 1600 分，我们说，他本来可以去卡耐基–梅隆大学，可以去麻省理工学院，但他却来到了迈阿密大学。而作为副总裁，作为副总裁兼 CIO，我直截了当地对自己说："真糟糕，这个新来的学生比我们自己的人都强，他来这里是准备攻击我的系统的。"我的客户也是我们最危险的安全风险之一，哪怕只是一个 18 岁的学生。

最麻烦、最独特的情况是，我们聘用的教职员工都很聪明，我们聘用的医生都很聪明——他们都有自己独特的企业家特质。他们都有终身职位，对于如何设置网络，他们想怎么做就怎么做；他们有经费，有研究工作，他们什么都有，可以和在医药领域做研究的人一样做出同样的决定。我们还有一些人实际上是很有主见的企业家，但我要设法把他们带到一起，让他们共享网络、共享任务，希望他们做的每一件事都能符合标准。这是我们在教育领域，特别是在高等教育中的一个非常独特的特征。

尤顿：有意思。你在承担 CIO 的职责时，是否充当过类似于代言人的角色，比如让人们在教室里更多地利用计算机和技术？估计有些教员会有所抵触吧？

特姆雷斯：有些人是这样，因为两代人之间的差异，年长的教员会抵触这种做法。我很早以前就想把计算机引入教室，我举个例子说说是什么情况。有一次我从门外向教室望去，看到一位教员一手拿着黄色信纸，一手在白板上抄写……我事后跟他说："我有几个问题。第一，你是否注意到了学生们使用的设备？那些设备叫作计算机。你可以通过邮件把笔记发给他们，这样他们在上课之前就能先学习一下笔记。第二，那些黄色信纸是以前写的还是新写的？"我没有让他太难堪，但是表明了自己的看法。实际上，这也起不了多大作用，因为你不能跟资深教员说他们说应当如何教书。不过，如果他们想使用技术的话，那就好极了。

我们还有一位年轻教员，在讲授英语、讲授如何做研究时，马上走到计算机前面，告诉学生如何使用网络，他向学生指出，不能信任网络。资料必须是完全准确的，但网络上的东西没有经过复查和验证。你可以去验证，也可以不去验证，这就像百科全书和维基百科之间的差别。这都取决于教员。有些教员马上就能领悟，有些却不行。现在让医生使用电子病历也是同样的情况。对此，三分之一的医生感到很兴奋，三分之一的医生觉得无所谓，还有三分之一表示反对。重要的是，让那三分之一"无所谓"的医生远离那三分之一"反对的"医生，这样就可以影响到他们了。

尤顿：有意思，有意思。你刚才提到了一个问题，正是我想问的第二个问题，也是一个比较明显的问题。显然，像你们这样的大学很可能会看到，同时也要被迫应对的一个现象是，在新时代长大的懂技术的年轻人占的比例非常高，其他各种公司的 CIO 可能会招聘那些刚刚从你们大学毕业的学生，所以我想问一下，你对那些 CIO 的建议是什么？

特姆雷斯：嗯，这类学生带来的一个好处是，他们可以教给你接下来的技术是什么。早在人们认识到工作场所必须提供无线计算机之前，我对移动技术就已经非常了解了，知道我们校区需要无线网络，主要是因为我在和一些处于前沿的学生打交道。和你打交道的是一些在计算机伴随下成长起来的人，计算机已经成为了他们的一部分，现在你是在向他们学习，社交媒体也是这样一个例子。

他们使用社交媒体，认为我们必须采用另外一种方式交流作业。我们不是一家公司，用不着非得和客户交流什么。新学生在来到学校时在这方面肯定会采取行动，期望得到一些他们在进入公司时不一定能得到的东西。他们希望能够使用社交媒体。这一代人是没有秘密的一代。我们总是告诉人们，“如果你想得到信任，就需要做到坦诚”。你应当告诉人们去交流。这一代人“信息过剩”。他们的信息太多了，觉得在 Facebook 和 Twitter 上暴露信息无所谓，我指的是“暴露他们自己的信息”，因为他们和别人交流的内容在我们这些上一代人看来，常常是属于私人的保密信息。这一代人无拘无束地谈论别人，这在计算机领域和计算机安全领域中同我们的情况完全不同。他们会向学校暴露这些信息，想都不想就把信息转发出去。这是一种截然不同的文化。

尤顿：很有意思。我完全赞成你的看法，我自己也观察到了一些这样的现象。嗯，这又让我想到了下一个方面的问题：你认为影响未来几年的一些关键技术趋势是什么？显然，社交媒体已经出现了，除此之外，还有其他我们应当观察到的趋势吗？

特姆雷斯：移动计算。移动计算非常重要。每个人都想要移动视频设备，比如 RIM 黑莓设备、苹果设备。我过去常常说，来到这里的学生，注意力只能集中六秒钟。现在，时间已经减少为三秒了。吸引他们注意力的一个东西就是图片。他们需要越来越多的视频娱乐。如果想要影响客户、发布信息，就要使用移动视频设备。

尤顿：是的，我刚刚读到达美航空公司的 CIO 在一次计算机会议上的演讲内容，她也说过类似的话：“我们在达美航空公司要做的一件事情，就是一天 24 小时都和客户保持联系。他们使用我们的移动电话应用程序可以做各种事情。”这是业界开始考虑移动计算的一种方式。除了移动计算，还有其他的吗？

特姆雷斯：还有一个很普通的事情，就是 CIO 的生活方式。CIO 进入到了公司，有了属于自己的高管办公室套间。这是一种不同的生活方式。这种生活方式将越来越多成为一个检查表，告诉你将如何使用技术。它将越来越多地成为一种市场工作，尽可能向你们公司的人解释信息技术如何能够更好地销售产品，如何能够更好地降低产品成本。

尤顿：很有意思。本周早些时候，我采访了纽约证券交易所的 CIO，他说未来的 CIO 可能将同时成为 CMO（首席媒体官），他们需要向大家解释所有这些东西。

特姆雷斯：毫无疑问是这样，我完全赞同。如果谁对媒体、声音/数据集成的关系不理解，或者不能应对自如，他们可以忘掉这句话。我完全赞同，此外，不要忘记声音的优势。声音的优势被忽略了，人们忘记了电话交谈也是一个很有价值的工具，它在各方面都比琐碎的描述快得多。

尤顿：确实。刚才说的都是对未来的展望。如果回顾过去呢？你在这个领域的时间可能跟我差不多长。你认为在整个职业生涯中，这个领域中最重要的变化或发展是什么？

特姆雷斯：噢，毫无疑问，给生活带来改变的是个人计算机。给生活带来第二次改变的是互联网。即使身处教育领域，我也早在 20 世纪 70 年代初就开始使用电子邮件了，因为我们要研究网络，所以有了 ARPANET、互联网之类的东西。个人计算机商业化程度变得很高了，这是一个非常重大的改变。第二个重大变化是互联网，第三个是移动计算。

尤顿：是的，你说的这些我都赞同。不过，如果说到技术的渗透，特别是在学生当中的流行，我越来越欣赏谷歌现象了。不管遇到什么事情、发生什么问题，过去你可能常常是耸耸肩，放弃了，但现在可以使用谷歌去搜索了。

特姆雷斯：是这样。我还要再补充一点，你不但能找到任何一个问题的答案，而且因为有了无线设备的移动计算能力，可以随时随地查找，不一定非要去图书馆。而在以前，在刚有计算机的时候，就算有计算机，也必须走到计算机跟前，然后自己动手来弄。

尤顿：是的，确实如此。现在不管在哪里，就算在大街上也可以。

特姆雷斯：是的，不管在哪里都可以，另外还有 GPS 技术。如果有一部智能手机，就再也不会迷路了。

尤顿：我还常常想到一个相关的问题：像你我这种年纪的人在 20 世纪 60 年代常常看到的一个情况是，很多技术都很昂贵、稀缺，所以受到了严格限制和控制，比如当时的大型计算机。然而，现在很多东西基本上都是免费的，它们无处不在，极为普遍，但是我们所处的社会制度仍旧在想方设法控制这些东西。移动电话就是一个很好的例子。你还看到了其他这样的事情吗，有什么东西会变得无处不在并且可以免费使用？

特姆雷斯：嗯，我可以告诉你，我参与过远程医学工作。远程医学最棘手的地方是处理拉丁美洲数据的长途通信费用，因为那都是政府控制的，所以和世界其他地方相比，他们的价格实在荒谬。我认为，经济的发展最终会打破那种价格，就像打破我们在和某些其他国家做生意、打交道时遇到的障碍一样。经济的发展也会打破长途通信的障碍，因为我们在业务中也要交流，如果这样的话，价格太贵是不行的。他们发现 Skype 是完成任务的一种便宜的方式，现在业务中有了 Skype，你可以利用 Skype 做这些事情。

尤顿：说得对，说得对。

特姆雷斯：经济的发展会铲除一切障碍。

尤顿：是的。

特姆雷斯：经济的发展会带来变革。

尤顿：我们转到下一类话题。现在，我们经常听到一种说法：将 IT 作为提升业务能力的战略武器，你认为对于大学也是这样吗？

特姆雷斯：噢，是的。毫无疑问，IT存在的唯一原因就是要支持业务部门。例如，IT支持了入学申请：你必须展示一个非常好的网页，让它能够快速做出响应，为提出咨询的人提供信息。我们现在做了很多事情，比如说咨询，过去咨询问题的人常常得不到回复。他们提出了问题，但是我们都在忙着处理申请人的事情，没有时间回复他们。

现在，有了 IT 技术，不管是谁在咨询，我们都可以在开始时先向他们发送一些东西了，因为他们是试探性的，有可能成为我们的学生，也有可能将来成为我们的学生。这样，我们就可以联系不同的人了。过去我们只能处理入学申请，而现在可以使用网络来做了，可以处理任何人询问的有关大学的问题，给他们发送一些宣传材料。他们通过网络找到我们，我们得到他们的电子邮件地址，并通过网络把信息发送给他们。

另外一件事情是成本。显然，支持信息技术的成本降低了，基础设施降低了发布教室信息的成本。但最重要的是，技术改变了我们整个医学的工作方式。作为一个学术医疗中心，我们需要高性能计算技术做染色体研究，需要高性能计算做其他各种研究，工程研究、架构方面的事情，因此整个信息技术就是联网。我们必须让网络一年 365 天全天候地保持运转，这是毫无疑问的，网络除了支持教员做他们各自的智能活动、研究和工作外，还必须支持应用程序系统，让他们也能做好自己的管理职责。

尤顿：我也在想，作为一个招聘工具，它需要采用最新、最先进的技术，从而吸引最优秀的研究人员和教授。

特姆雷斯：我刚注意到这一点时，情况毫无疑问是这样的。我们是第五个在所有校区都实现了无线化的学校。我们有五个校区，但是三个主校区之间隔着十六公里，两两之间的距离都是十六公里，差不多构成了一个等边三角形。医学院、海洋地理科学院，还有主校区，主校区大致说来既有本科生，又有研究生。这三个校区必须内部互联，并且必须是无线的，因为不管你走到哪里，从这个校区到那个校区，都得有完成工作所需的网络连接。比如说，某位在海洋学院校区教书的教员本身可能是一位生物学教师，所以他必须能够同时出现在两个地方。这样的事情发生了。我喜欢这样。我们过

去常说“一个人不可能同时出现在两个地方”，但是因为有了移动计算，现在能够做到这一点了。我们可以同时出现在两个地方了。

尤顿：说得好。嗯，你肯定知道，有些年轻人在找工作时会告诉 CIO：“我家里的计算设备比你们让我在办公室用的这些破玩意儿要好。”这肯定让一个普通公司的 CIO 感到极为沮丧。

特姆雷斯：（笑）是这样的，确实如此。我们总能看到这种情况。他们会突然说：“你们怎么连分屏都没有？你们怎么只给我一个屏幕来跑我的应用程序？我以前使用两三个屏幕，可以同时打开多个程序。我一会儿看看这个屏幕，一会儿看看那个屏幕。”他们提出的这些东西……不过，不应批评他们，而是要听听他们的意见。我认为这是改变 CIO 角色的最重要的事情之一。如今，CIO 更应当是倾听者，问问出现的问题，听听发生的事情，而不能只是告诉别人他认为未来应当是什么样，却不去观察出现在眼前的未来。

尤顿：有意思，我完全赞同你的看法。在这方面我还有一个问题，借助 IT 能否做一些全新的、大学现在还无法做到的事情？

嗯，我来举个有点不寻常的例子，我想到的两个例子是麻省理工学院和伯克利大学。他们基本上把所有课程都放到网上了。伯克利大学把所有课程都放到了 YouTube 上，这从某种意义上来说改变了大学的基本特点。大学的特点是为了获得学位，学生大部分时间都必须去学校。而现在，除了实验室以及学生之间的交流体验外，学生通过 YouTube 就能接受很多教育了。这在某种程度上来说改变了这件事情的本质，对吧？

特姆雷斯：嗯，在家也有那种在教室上课的体验，这和网络在线的整体思想是一致的。我认为有几个地方不尽如人意。首先，部分差别来自于教员。私立学校收取的学费之所以不一样，不仅仅是因为他们从政府那里得到了支持，还因为和学生交谈的研究员或教师都是高水准的。你想和写书的人打交道，而不是想和看书的人打交道。你能够和写书的人打交道，而且那个人还是一个不错的教员，你可以和他进行大量的交流，这种交流是不能通过网络得到的。而学生之间的交流，也就是一个学生与另外一个学生的交流，带来的价值也是不可估量的。所以，对于这种环境是否值得投入工作，还是存在一些看法的。

我们面对的问题可以理解为：所有工作人员仅仅通过电子方式就能进行全部的交流吗？你如果要做项目，所需的工作量是单个人无法完成的，而把人召集在一起，通过电子交流方式实现的难度有多大呢？这种交流方式是不一样的，因为你看不到肢体语言，看不到面部表情，看不到人类交流的各种表现方式。

对于心理学大课，教学大厅一般会有 350 名学生，这有什么影响吗？没有影响。

如果是研究生课程，或者是科学方面的课程，我觉得就有影响了。斯坦福大学把他们在教学大厅里讲的工程学位课程全都放到了网上，他们有一段时间遇到了非常大的困难，因为如果某个学生提问的话，一大帮研究生就得在那里等着，而如果不回答这个问题，课程就没法讲下去。

因为他们的网络学位收取的学费和在学校上课取得学位的学费是一样的，所以他们遇到了一些非常严重的困难。

尤顿：嗯，随着时间的推移，我认为这会成为一个引人注目的领域。

特姆雷斯：噢，是的。同样，IT 的一个好处是你可以对未来稍作预测，但是只能以天为单位。你不可能预测得太远，因为新出现的事物完全超出了人们的想象，即使这些事物只是对已有事物的改进。谁能想到人人都会把信息放到 Facebook 上？谁能想到连一个到处闲逛的傻瓜在 Twitter 上都会有 500 万个粉丝？真是太疯狂了！

尤顿：（笑）是这样。我们换个主题，关于问题以及让人担忧的地方。你认为在今后几年，对于 IT 行业和学术环境，让你感到担忧的主要问题或威胁是什么？

特姆雷斯：如果让我最担心的不是网络安全，那我真可以高枕无忧了。我对这个问题的回答是：安全、安全、安全——特别是对于新一代人，他们不注意安全，除非吃过一次亏，除非他们的身份信息被盗或是发生其他事情，因为他们太开放了，不重视为了在这个领域生存下去而需要采取的安全级别。现在，可以得到的信息越来越多了，所以在各方面都要采取安全措施。如果想在 RIM 黑莓设备上设置钱包的功能，如果有人攻击进来，他很可能会偷走你的钱包、你的家当，那你的麻烦就大了。所以，我最关注的总是要安全地保护个人及个人数据。

尤顿：好的。嗯，一个相关的问题是，你是如何把那种担忧传达给大学里身边的人的，你的同事、你的上级、外面的客户——也就是你们的学生，以及大学防火墙外面的人？

特姆雷斯：这就像参加一场根本无法取胜的竞选，也是市场营销的一部分。教员的方式都是一样的。别忘了，教员总会发表他们的研究成果，把他们做的每件事情都告诉别人。我们高等教育生活在一个疯狂的世界中。想想看：我们派人去参加会议，向大会提交了关于他们独特研究及成果的论文。学校外面的某个人在看到他们完成的这些独特研究成果后，就向他们开出了更高的工资，把人从我们这里挖走了。实际上，是我们花钱让教员离开我们。

想想看。这样的环境太疯狂了。但我们就是这种情况！我们需要发表研究成果，因为这是树立声誉的很好的方式。斯坦福大学也好，麻省理工学院也好，他们获得声誉是因为每个人都知道他们有出色的研究工作，知道他们做出来的东西令人振奋。但你知道是什么情况吗？那个人在麻省理工学院取得令人振奋的研究成果，却从卡

耐基–梅隆大学得到一份工作，工资涨了百分之三四十，原因就是他们所做研究的独特性……那些人想把他挖过去，还给他配备研究生助理或其他什么的。顺便说一下，如果你在一家有一定声望的学校获得终身教授资格，你去的下一家学校会自动授予你终身教授资格。情况就是这样。

尤顿：有意思。

特姆雷斯：你给了那个人发展机会，让他得以显示自己的才华，让他在世界上出了名，但他却走人了，去别的地方找了一份工资更高的工作。

尤顿：（笑）情况是这样。嗯，考虑到事情的这种状况，你们是如何告诉其他人需要更多的安全措施，可能还需要更多一点隐私？

特姆雷斯：我们教育他们的方式是尽量公开这些漏洞，在开会的时候公开这些信息。同时，我还要公开说明 IT 能做哪些事情、不能做哪些事情。我和学校的各院系负责人、顾问见了面，和院系理事会中各种各样的人见了面，和研究委员会的人见了面。我的看法是，CIO 必须走出象牙塔，要四处推销。“四处推销”意味着要推销 IT，推销他希望通过 IT 实现的想法。很多时候人们甚至不知道 IT 能够给他们带来什么。他们会敬畏地看着你说：“真的吗？我们能那样做吗？”我不得不告诉他们：“如果你们的系统、你们的移动计算或类似的东西出现问题，只要交给我们就可以了。这是我们的职责，我们是专业人士。把这些问题交给我们来处理吧。”人们甚至意识不到这些事情的存在。

尤顿：嗯，说得对。所以现在有很多营销，正如你说的，四处推销。当然，我在近距离接触 CIO 时注意到的一件事情是他们四处推销的频率，在各种会议、公开集会或类似的活动上发言的频率，比我想象的要多得多。

特姆雷斯：顺便说一下，有两件事情是我必须做的。你必须知道其他 CIO 遇到了什么问题，这意味需要去参加会议，和其他 CIO 私下交谈，问问他们遇到了什么问题，就算他们和你不在同一个行业也没关系。因为他们行业发生的事情总有一天会出现在你们的行业中，如果他们在金融行业或高等教育行业遇到问题，最终在零售行业和其他行业中也会遇到问题。总是存在相似之处的，你知道，肯定会发生的。

你要做的第二件事情是在组织内部推销自己、推销你们部门，让别人知道你们的能力。你不能只是说：“好的，如果他们需要，我会出现的。”不，不，不，不能这样。你要创造需求，要让他们知道事情的进展，让他们知道有什么东西是他们可以使用的。问问他们，走出去问问他们：“这对你们有帮助吗？我能这样做吗？我在这方面能给你帮助吗？”问问类似的问题，这是你了解事物的一种方式。

尤顿：这也是你让公众对你保持关注的方式，要让他们认识到你是一个贡献者而不仅仅是让人痛苦的成本中心，我觉得这点很重要。

特姆雷斯：（笑）是的。噢，不，你比我说得好，完全正确。是什么让你成为创造收入的人而不是成本中心？如果某个人说：“嗨，IT 团队的刘易斯·特姆雷斯刚才来过这里，他给了我们很大帮助。”那么，你的上司和其他人就会对你刮目相看了。你不能只是说：“我需要更多的硬件，我需要更多的软件，我这也需要，我那也需要，我什么都需要。”

尤顿：是的，我赞成。

特姆雷斯：你可以说“我需要”，这没有什么问题，因为一般来说，你确实需要那些东西。需要这样那样的东西，每一样都需要钱。我的意思是，5 年前的技术是不可忍受的，不管是服务器、硬件还是软件。什么东西都有寿命。现在，他们准备推出一种替换 ERP 的软件。我们在不断增加新系统，总在花钱，总在给别人创造利润。以前，我们一直用 COBOL。20 世纪 90 年代又有了 ERP，那是 20 年前，或者如果从 20 世纪 90 年代算起的话，是 15 年前。我们现在为什么没有比 ERP 好的软件呢？会有的，5 年后我们会有一些不再叫做 ERP 的软件了。软件会叫别的名字，会比现在的更好。

现在，一个很好的例子是云计算，我对云计算很狂热，因为云计算实际上就是主机计算。从 20 世纪 70 年代开始，我们就有主机计算了。你可能还记得，IBM 以前有数据中心，从办公室的控制台上就能得到数据和结果。这些东西在那时候就已经有了。

尤顿：总的来说，你是对的。嗯，这又带来了一个有趣的问题，可以说我们又回到了两代人的问题上。有很多事情是以前做过的，有很多可以学习的经验教训，不用一次一次地再犯同样的错误了，你是如何向年轻一代传达这个观点的？

特姆雷斯：你有小孩吗？（笑）你是如何向年轻一代讲述格言的？

尤顿：（笑）噢，是的。

特姆雷斯：这和做父母没有什么区别。你希望自己的话说一句就是一句，不会被当成耳旁风，但有些话……如果传达给了他们，他们是会听的。只是不知道有多少话他们会听，有多少不会听，甚至新来的工作人员也是这样。希望在于，他们很聪明，能够像你对他们那样对你做到坦率，而不是说：“你真是太老套了，真是个笨蛋。”

尤顿：嗯，当然，在我们这个领域，现在的技术比你我年轻的时候快了一百万倍，所以他们更容易产生那种态度。

特姆雷斯：嗯，他们在某种程度上也是明白的，也确实那样做了。你告诉他们：客户端和终端有什么差别？我的意思是，客户端和终端基本上没有差别，如果你想一想的话，我们将越来越多地使用终端的概念。总的来说，将要出现的新 RIM 设备基本上和

平板电脑一样是很接近终端的。你会发现 RIM 设备越来越接近终端，但与此同时，我们仍将具备那种能力，因为 RIM 设备是通过互联网做所有事情的。

尤顿：是的。

特姆雷斯：它的内存会非常小。你必须从供应商那里购买内存，所以我想尽量把这一点告诉年轻一代，告诉他们有趣的事情。你可以举照相机的例子。如果想拍照、保存照片，以前能够拍 12 张、15 张，后来一卷胶卷能拍 27 张了，你觉得真是不可思议，但后来又可以拍 36 张了。现在，突然之间，照相机里有了这么一个小东西，有 2GB、4GB、8GB 和 16GB 的，可以容纳成百上千张照片。但原理是一样的：这是一台相机，有内存，你得到了这个小数字设备。

这是同样的原理，只是使用的技术更好了。在计算机身上也发生了同样的事情。是同样的原理，技术更好了，可以让事情更方便、更快捷，有时候要好很多倍。我所说的好是质量更高了。

尤顿：确实如此。

特姆雷斯：这些事情总可以和照相机关联起来。这太好了，你把它们和简单的事情关联起来，把照相机扔掉，然后再买一台，把内存放进去，然后就有所领会了，“噢，我估计二者是相似的”。

尤顿：你可以在婚礼上给每位来宾拍一张照片。这种情况我经常见到。让每个人都拍一些照片，比如几百张照片，到最后也许只有一两张是好的，剩下的都可以扔掉，这样就能鼓励做一些以前做不到的事情，更不用说一代人以前做不到的事情了。

特姆雷斯：我想说，每家公司和企业都会定期淘汰旧计算机。现在，每个人都有个周期了，有经济上的预算。这关系到计算机的周期，服务器的周期，每一样东西、每一件设备的周期。周期是什么？你需要制定未来五年的预算计划，说明设备的更换周期是什么。

尤顿：确实如此。我还有一个关于两代人的问题，这个问题是关于……比方说，年轻的毕业生会很留意迈向你这个职务的职业生涯，他说：“将来有一天我也要成为特姆雷斯博士那样的人，我要成为一名 CIO。”他们应当做什么样的准备，你有什么建议呢？

特姆雷斯：我总是告诉他们，年轻时要尽可能多地接受一些教育，不然等到以后想回去再接受教育时就太难了。

尤顿：嗯。

特姆雷斯：你过后也许可以拿一个硕士学位。如果他们能够做到的话，我会提倡他们

拿一个其他学科的学位。比如说，如果你将要获得工商管理学士学位，今后就不要拿商学硕士学位了，可以去读一个法学或其他的学位。如果已经获得了工程学位，除非你准备进入纯工程领域，否则不妨去读个 MBA。如果你想进入技术领域，想进入商业领域，就必须有商业背景，必须学习一些商业课程。想适应那个工作，就要有 MBA 学位，或是 BBA（工商管理学学士）学位，或是有一些让你能够待在那里的资质。只有这样，你才能理解会计学、经济学，因为这个领域不仅仅是技术方面的。因为要考虑成本，要结合各种因素并做出权衡，你必须知道收入和资产负债表的区别。

你必须了解商业，否则就无法和业务人员交谈，他们会认为你只是个搞技术的，你在工作上也就不会有任何发展。你可以当个 CTO（他们中有部分人想当），但即使是 CTO，有时候也需要在董事会发言，必须和高级管理人员交谈，也必须推销他们的想法。我告诉学生，那些学工程的学生，必须学会如何推销自己，以及推销自己的想法。想一想，如果不如道如何推向市场，那些世界上最伟大的发明也无法发挥作用。

尤顿：我完全赞同。

特姆雷斯：不管是谁，要想赚钱，就要知道如何推销。

尤顿：到目前为止所做的访谈中，有一件事情给我留下了深刻的印象，那就是那些 CIO 的背景知识都非常丰富。我这星期早些时候采访的一个人拿的是化学博士学位。达美航空公司的女 CIO 是一位在音乐会上演奏的小提琴手。微软的 CIO 刚开始在公园与休闲部门工作。真让人吃惊。这种教育背景的广度，多接触事物的想法是很好的。

特姆雷斯：交流技巧和商业技巧也是背景知识的一部分，因为如果没有这些，他们就做不到现在的职位，或者在那个职位上待不长久。这是我一直向他们解释的另外一件事情——必须学会如何交流。Twitter 是一种交流的形式，但它不是全部形式，也不是最终形式。你必须学会交谈、展示和演讲。这也是我们在大学里设置演讲课程的原因。我的新论点是在项目管理方面。今天的人在做项目管理时，常常对成本和时间估算不足。他们是非常糟糕的估算人员，当然，如果估算得少而实际上高，你就得另找工作了。如果估算得准确，你看起来就像英雄。但是，你知道，其中体现的思想并不是严格遵守日期和预算，而是花的时间和预算要比你估算的少。所以，如果你说，“噢，我最多需要 3 个月，200 万美元”。但实际上却用了 5 个月才完成，并且花掉了 250 万美元，这不会给你自己或公司带来任何好处。即使延迟 1 天也意味着项目延期了，即使多花 1 美元也意味着预算超支了。少花 1 美元也意味着项目是在预算内的。这是你宣布这件事情的方式。它们都体现在了如何推销自己的想法上。

尤顿：有意思。嗯，我完全赞同你的看法。我们再来谈谈另一类话题。我一直想搞清楚的一件事情是：CIO 的典型职责是什么。在我的印象中，CIO 的很多职责都是很基本、很常见的——让机器正常运转，“让灯亮着”。

特姆雷斯：是的，是的。

尤顿：从你在大学的角度来看，CIO 的关键职责是什么？你刚才可能已经多多少少讲到这方面了。

特姆雷斯：嗯，我再说一说。我们的人员是多种多样的，有教员、研究员、研究生、医生。我们要让他们能够执行自己的任务，有些工作是攸关生命的，确实如此，我在行政管理人员那里常常使用这个词。我对主管领导是这么说的：这不是火箭科学，火箭科学不是人命关天的，火箭总会上天的，不受我的控制。晚一天上天或是出现一些混乱，也还不至于成为灾难。但是，在和医生打交道时，这就关系到生命了。如果和你打交道的是只在这里待一会儿的教员，他们可能在教室里只待一个小时，那就不一样了，学术医疗中心的运营管理和普通公司是有些许差别的。我不想说这只与钱有关，因为，钱当然很重要，但实际上管理人员只关注钱。让他们能够执行自己的任务，这个工作要重要得多。

尤顿：有意思。到目前为止的访谈中，我发现的另外一件事情是，CIO 都不是单独行动的，他们不是唱独角戏的。他们都有一个团队。我想问一下：在评估可能成为你们团队一部分的各种各样的应聘者时，你希望在应聘者身上找到什么样的品质和特长？

特姆雷斯：嗯，我在面试时要看的一个非常重要的特征是他是否适合我们。我来举个例子。两年前，我要找一个设备应用的副总裁助理。但实际上，我找的人要符合接替我的职位所需的特征，因为我知道自己快退休了。这样，在考察那个人的时候，我评估的是他的交流能力、展示能力，还要看看他们是否能够处理应用系统的日常管理工作，以及如何和人们交流、打交道。大体说来，我们要看看那个人的特点是否适合团队。

我想说的是，一个在各个位置都拥有最优秀球员的全明星球队也可能会输给一个水平一般的球队，因为后者是一个团队，不是单打独斗，所以表现得更加出色。这样，一方面我在技术数学和网络方面需要超级明星，而另一方面，我也需要一些很擅长安全管理的人。但总的来说，我在把他们的发展方向和他们做的事情结合起来考虑时，最重要的是，我需要人们不仅知道他们的特长，还需要他们解释清楚自己的特长，以此展示自己丰富的知识，并且要成为团队的一部分。

尤顿：你提到了这些，真是有意思，这个主题我已经听到几次了，特别是在私营企业中，那里很多 CIO 都说他们像团队中的每个人一样，一天要工作 12 小时。他们可不想一天 12 个小时和一些自己基本上不喜欢的人一起工作，所以说这点很重要。

特姆雷斯：说得非常对，非常对。

尤顿：真让人吃惊。再问这个方面的最后一个问题。有没有什么你认为对 CIO 来说优

先级很高的事情，但是其他重要的管理人员，比如主管领导或学院中的其他一些人，可能有所误解，和你的感觉不一样？

特姆雷斯：你必须要有热情。我们的业务是教育，你对 IT 的热情要尽可能转化为提供最好的服务。但也会有冲突，因为提供最好的服务常常超出了学校的经济能力，所以为了适应这种情况，你必须向人们提供“足够好”的服务，同时仍旧能够得到主管领导的信任，得到首席财务官（CFO）的信任，让他们觉得不够好不是因为你得过且过，而是可能因为财政因素。

尤顿：嗯。

特姆雷斯：这是非常难处理的，你懂我的意思吧？

尤顿：当然。我听到其他一些 CIO 在说，他们发现自己在公司被周围的重要业务领导包围着，那些人晋升到目前的职位，不仅因为才华过人，而且还因为对于如何做好自己的业务有着强烈的看法——他们常常不喜欢听 CIO 说他们的想法或要求不合理、不实际。

特姆雷斯：我周围有 3000 个这样的人。每个教员、每个医生都认为他们比我懂业务。医生和上帝的唯一差别在于，上帝知道自己不是医生。

尤顿：（笑）我以前也听到过类似的说法。

特姆雷斯：嗯。他们都认为自己比我懂业务。我真是没有办法告诉你处理那些纸质的记录和文档有多难，我告诉他们：“我们可以把这些东西都扫描进去，这样就可以得到一个文件了。瞧，你的记录都在，但是用不着那些文件柜了。这叫作文档管理，已经用了很多年了。你不是第一个使用它的。”

“噢，不。我要看纸质的，我要能够看我的记录。”

“你还是可以看啊。你可以在电脑上联机看，不用再在纸上看了。”

我可以告诉你，我向你发誓，我进行过无数次这样的对话，谈话对象中也包括教员。天啊，我们又回到 TRS-80 的时代了。你还记得 TRS-80 吗？

尤顿：噢，记得。

特姆雷斯：以前，TRS-80 对教员来说很重要，他们可以去附近的商店买上一台，做自己的事情，我告诉他们，因为数字政策的要求，他们需要做些事情，他们必须买 IBM 计算机，或者必须从制造这类计算机的大公司购买。但是你能想到，他们就是要用 TRS-80。这种现象一直存在，根深蒂固。他们想把在研究生院使用的东西都拿到工作环境中使用，我要确保这些机器能够接入我们的网络。我们的网络中有各种不同的东

西，什么机器都有。大学和一个真正的公司不同的地方是，大学有拨款，可以购买他们需要的任何东西。大学有政府提供的研究资金。

尤顿：对。

特姆雷斯：政府提供的研究资金不会跟你说“只能使用惠普的机器”，也不会跟你说“只能买戴尔的机器”。你知道吧？他们不会告诉你这样的事情。他们说的是，你想做什么就做什么。

尤顿：很有意思。在这次访谈结束之前，我想再问几个和你背景相关的问题。我看了你的个人简介。

特姆雷斯：嗯。

尤顿：你的背景中有没有特别或独特的地方，让你晋升到了 CIO 的职位，有没有什么可以告诉大家的？

特姆雷斯：我父亲开过一个食品杂货店。

尤顿：是吗？

特姆雷斯：我是在杂货店长大的。在 14 岁之前，我每天放学后都要到杂货店工作，回家后就要去杂货店。我在杂货店学到了很多关于客户服务的东西。首先，客户总是对的，而你接触那些的人的受教育程度和经济能力各不相同。

我最好的经历之一是和零售商打交道，和各种各样的人面对面地打交道，从中我学到的经验是，你必须去交流，而且交流的方式必须恰当、令人尊敬但又有说服力。在人们想买 Starkist 公司出的罐头时，我必须说服他们买 Bumblebee 公司出的金枪鱼，因为 Bumblebee 的东西要贵一些。这是很重要的本领，具有很大的挑战。在这种环境下能够学到很多东西。所以如果我有什么要说的，我得说是这种兼职工作的经验，尽量多找一些实习机会，尽量多做一些兼职工作，你在和人打交道时能够获得各种经验。今后，一定要利用你在和人打交道的过程中获得的经验，让人们作为一个团队工作，让他们知道你是坦诚的，让他们知道你是诚实的。千万、千万不能撒谎。

尤顿：嗯。

特姆雷斯：因为撒谎总是会被发现的。我要说的是，如果事情的真相不宜说出来，那说明这件事情就不应当做。做一件事情必须有好的理由，如果跟他们讲不出合适的理由，那说明你做错了。

尤顿：有意思。嗯，你开始时是那样的背景，后来又是怎么转到 IT 上的？

特姆雷斯：从某种程度上讲，我是从学术领域转过来的，因为我那时在大学工作，做研究工作时需要使用计算机。我刚开始用的是 1620。我是个统计员，专业是统计学。

尤顿：噢，我在你的个人简介中看到了。

特姆雷斯：我马上就学会了编写 SPSS 程序和 SAS 程序，我在做专业研究时需要用到这些东西。后来我成了教师，是一名兼职教师，最后成为了一名管理人员。

尤顿：噢，有意思。我再问最后一个问题，考虑到现在的生活，这个问题是很合适的。我的问题是，你接下来准备做些什么？在做过 CIO 之后，接下来是什么呢？

特姆雷斯：埃德，你觉得这个想法怎么样？我刚建了一个网站，叫作 Matchmakerexecs.com，和 Facebook 有些类似，但又稍有差别。Matchmakerexecs.com 实际上是我开的公司。我要经营公司了。我要做的是我已经有的：人们留下来的最好的标志是他以前或现在的联系人。

尤顿：是这样。

特姆雷斯：我们要做的一件事情是免费分发那些信息。所有的联系人……你说："你认识合适的 CIO 人选吗？"因为我并不是猎头，我会说："也许某某可以。我给他打个电话，然后回复你。我会帮你找人的。"不过，这些都是不收钱的。

尤顿：嗯，这正是 LinkedIn 做的事情。

特姆雷斯：是的，我们做的就是这些。我要做的是我想做的事情，让我们拭目以待。我还有个 rainmaker.com 网站，一个 matchmaker.com 网站，我想要成为一个成功的企业家①。

尤顿：嗯。

特姆雷斯：我要把人们找到一起，让他们一起完成工作。我在这方面做得不错，我认识很多人，那些人又认识其他人。所以，我想做的是，如果某人想做什么事情，他们需要让很多人参与进来，一起做些事情。我要和他们一起让别人参与进来，特别是让 IT 行业的人参与进来。

尤顿：我觉得好像有很多 CIO 出于完全相同的原因，也都在考虑这些事情。他们认识很多人，对于什么技术可能适合于某种场合有很多想法。有意思。

特姆雷斯：我已经退休了，大多数人问我的问题都是："你认识这个行业的人吗？你认识思科公司的人吗？你认识戴尔公司的人吗？你认识某某公司的人吗？能不能介

---

① rainmaker 的意思是"成功的企业家"。matchmaker 的意思是"中介机构"。matchmakerexecs 的意思是"管理人员中介机构"。——译者注

绍我和他们认识一下？因为我有一个很了不起的发明，我有一个很好的想法，我有一个很棒的项目，我需要得到一些帮助。”

尤顿：嗯，当然在 CIO 中是这样的，我觉得很像一个会员俱乐部。人们之间都相互认识。

特姆雷斯：是的。

尤顿：可能是因为他们有很多相同的问题要解决、处理，另外大家也要频繁地更换工作。很明显，人们不断从一个地方转到另外一个地方，因为 CIO 这个职位一般也就能干个几年。

特姆雷斯：一年后我会告诉你。十年前，我会说："给我三到五年的时间，我们就可以知道是否要做了。"但是现在，如果在一年内定不下来，那就算不成功。

尤顿：是这样。这是今天的环境所带来的一个优势。你可能很快就会失败，但至少知道为了成功，你应当怎么办。

特姆雷斯：是的。看你是否能够很快就知道自己失败了。现在，你很快就能知道。

尤顿：这样做几乎不用付出代价。这是另外一件事。你不用去找风险投资家了，这非常重要。

特姆雷斯：你说的完全正确。

尤顿：这是一个巨大的变化，开始于 20 世纪七八十年代。Web 2.0 行业都具有那个特征。人们现在已经用他们的万事达卡、现金预付等来提供资金支持了。

特姆雷斯：是的，我完全赞同你的观点。金额是以千计，而不是数以百万计的或是更多。

尤顿：是的，是的。我同意。我想说，这样的谈话太有意思了。我们可以不停地谈下去，但是我得限制一下谈话的时间了。

特姆雷斯：好的，谢谢你，埃德。

尤顿：谢谢你慷慨地投入了这么长的时间。

第7章

马克·穆尼

——麦格劳–希尔教育集团高级副总裁兼 CIO

马克·穆尼是麦格劳–希尔教育集团（McGraw-Hill Education）的高级副总裁兼 CIO，在这个年营业额为 27 亿美元的公司中，负责为新型数字产品和技术基础设施制定战略、培育实施能力。他带领着约 400 名来自各个学科的员工在教育市场中提供多项能够带来收益、面向客户的应用程序，包括教育游戏（得分大师）、仿真游戏、数据驱动的教室原型（印第安纳州）、Connect（connect.mcgraw-hill.com）、Create（create.mcgraw-hill.com）和 Acuity（有助于成绩评估）[①]。他还是哥伦比亚大学的副教授以及技术管理科学高级管理人员硕士项目的导师。

2011 年年初，穆尼博士离开了麦格劳-希尔并创办了两个公司。一个是 MyEdulife（我的教育生活），这是一个提供数据管理的公司，同时也是一个倡导终生学习的门户网站。另外一个公司 VeraMea 从事的工作是把新奇的想法转化为现实。公司为不同凡响、勇于创新的活动提供战略和实施服务。此外，公司还关注短期结果以及长期持续的执行情况。

在进入麦格劳–希尔之前，穆尼先生曾担任里德·爱思维尔（Reed Elsevier）的 CIO 兼副总裁。在那里，他通过基础设施的转型，使用分销门户和内容管理系统，允许内容供应商上传并管理他们自己的内容，进而重新定位了出版社的角色。穆尼先生还担任过霍顿·米夫林（Houghton Mifflin）出版社和维旺迪环球集团（Vivendi Universal）的 CTO 和副总裁，他是维旺迪环球公司重组[②]后的第一任 CTO，使命是提供跨企业的管理、技术战略和实施。

埃德·尤顿：有一个问题是我在访问一开始便向几位 CIO 提出的，大体说来，是什么样的职业道路让你晋升到了 CIO 职位？显然，这个头衔不是你最初就有的。

---

① Connect 是麦格劳–希尔针对高等教育开发的数字化教学平台。Create 是为教师开发的课程定制服务平台。Acuity 是一个有助于教师了解学生表现的软件平台。——译者注

② 2001 年，法国传媒巨头维旺迪环球集团兼并了美国的霍顿·米夫林出版社，所涉金额为 22 亿美元。——译者注

马克 · 穆尼：嗯，这个过程很有意思。我是在俄亥俄州长大的，是爱尔兰人，也是第一代意大利移民，我上的是位于马里兰州安纳波利斯的美国海军学院，是工程专业的本科生。从海军学院毕业后，我没有参加海军，而是参加了海军陆战队，因为我不喜欢待在海上，而是觉得海军陆战队的吸引力要大得多……我不知道是不是确实如此。

但是，他们在海军和海军陆战队启动了一项课程计划，那是 20 世纪 70 年代后期，他们在位于加利福尼亚州蒙特雷的海军研究生院启动了两个硕士学位课程计划，一个是计算机科学，一个是信息系统。我在想，太好了……我的直觉告诉我这很不错。于是，我开始在海军研究生院攻读信息系统硕士学位了，之后一共用了 18 个月。我就是那样起步的，后来我又回去做了一些工作，主要是黑箱工作，并在军队中的国家安全局（NSA）/中央情报局（CIA）软件开发领域做了一些工作，后来离开了那里。再后来我又离开军队，到了通用电气。

尤顿：啊，没想到你竟然会离开海军研究生院。我去过那里，那里太漂亮了，美国国内很少有那么漂亮的地方。

穆尼：噢，我妻子很喜欢那个地方。当然，我在那里的时候必须学习……

尤顿：哈哈！（笑）估计那会改变一个人的态度。但是，我记得你在离开政府部门后，进入了航空航天领域，对吧？

穆尼：嗯，我被通用电气录用了，那时杰克 · 韦尔奇刚开始执掌大权。他后来接管了通用电气，但那时我在华盛顿特区，我们是空间系统公司的一部分，在福吉谷郊外。我们的团队不大，在福吉谷的整个组织大约是 3000 到 5000 人。我们主要是为华盛顿环城路附近的国家安全局工作，为他们开发软件，当中包括人工智能（AI）软件。我们住在马里兰州的安纳波利斯，要坐车到华盛顿上班，我们路上会聊天，你可能也很清楚，我们经常乘坐“小快艇”。在上班的地方不能谈论自己是干什么工作的，我们乘坐的飞机是没有标志的，反正就是这种情形，听起来比实际情况要玄乎。

但从那时开始我真正接触到了核心系统信息技术，那也正是数字设备公司（DEC）在华盛顿影响力很大的时候。ARPANET（Advanced Research Projects Agency Network，高级研究项目机构网络，被认为是互联网的前身）刚刚开始起步。当然后来是有些过时了，但那时才刚刚为人所知。这个领域中有一些全新的、可以利用的巨大机会。

后来的情况是，我意识到自己虽然是一个好工程师，但真正喜欢的却是和团队、和其他人一起工作，我开始在位于巴尔的摩的约翰 · 霍普金斯大学的研究生院上学，我住在安纳波利斯，开车去华盛顿上班，到了晚上或周末再开车到巴尔的摩上学，我称之为百慕大三角。实际上，我在那里从事的更多是应用行为科学工作，具体地说，就是关于技术是如何影响一个组织的，以及如何对这种影响进行度量。当时，这方面的研究成果并不多。我结识了一个人，不知道你是否记得保罗·斯特拉斯曼？

尤顿：记得，他也是本书采访的对象之一。

穆尼：真是不敢相信。嗯，我在约翰·霍普金斯大学开始做论文时和保罗成为了朋友。我那时是约翰·霍普金斯大学享受研究经费的研究生，在攻读博士学位。他做了很多工作，还建立了一个数据库，他从 CIO 职位卸任后开了一家咨询公司，那个数据库成为了他工作的部分来源。即使到了那个时候，对于如何衡量技术对一个组织的影响，人们取得的成果仍旧很少。我接下来花了六年时间从事这方面的工作，和普林斯顿一个叫作 Pacesetter 的小软件公司一起做了些工作，而 Pacesetter 软件公司又和 AT&T 做了很多工作。我抽取了大量数据，发现了一个常识性的问题，那就是需要让技术的使用、技术预算与面向客户的产品以及数字产品的生产过程保持一致。不是说后勤部门不重要，而是说面向客户的产品以及产品的开发更加重要。那是 20 世纪 80 年代，互联网还没有给我们带来那么大的影响。那时的工作真是令人振奋，为我后来的 CIO 工作奠定了基础。

尤顿：有意思。我们来谈谈下一个话题吧。作为 CIO，你都在做些什么？我采访过十多个人了，他们的情况都稍有不同。他们都要做一些"让灯亮着"的工作，我这么说是因为找不到更好的说法了，也就是让内部 IT 引擎运转起来。但除此之外，他们的情况就各不相同了。作为 CIO，你主要的职责和活动是什么？

穆尼：嗯，我在四家出版公司工作过。我在美国国家事务出版公司（BNA，美国国家标准与技术研究院的前身）工作时，那个公司仍旧是一个雇员所有制的法律出版公司，和万律（Westlaw）、律商联讯（LexisNexis）是竞争对手。我后来去了霍顿·米夫林，那家出版公司被维旺迪并购了。之后我又去了哈考特（Harcourt）和里德·爱思唯尔，这些公司中的每一个都可以作为小型案例研究。最后，显然，我来到了麦格劳-希尔。这差不多要回到 15 年前、18 年前了。后勤部门需要确保"灯亮着"，要管理数据中心，这些都是极为重要的，特别是对于出版界和媒体界的情况来说，这个工作尤为重要。但是因为模式发生了巨大变化，很坦白地说，这种情况在麦格劳-希尔更为明显，大多数 CEO、总裁和业务领导对这方面都不是特别关心，他们认为系统会按时运行并保持一定质量。他们要求做到那样，他们希望我们像电话公司一样有拨号声音，或是像电力公司一样，墙上有电。

我们面临的最大挑战，也是我们现在投入时间最多的，是在客户领域和围绕着数字教育领域进行的产品开发，特别是在出版业和媒体界，已经从印刷方式转变成了数字方式。有时，技术是个不好但又必不可少的东西。特别是，过去遇到的难题，至少在已有预算内遇到的难题是，因为后勤部门一些老式的东西，我们的预算被分流了。我们尽量要做的是增加效率，这取得了巨大效果。在大约八年前，实施一个 ERP 系统

的 IT 成本低于两亿美元。一般认为只需要八千万美元，但实际成本却高得多。我们的想法是，通过使用那个系统来提高效率，把那些资金、技术上的资金重新分配到与公众打交道的部门中。这是好消息。

而坏消息通常出现在预算紧缩的时候。我们在过去三年经历了衰退，在削减预算时，因为后勤部门很多老式的东西都是固定拨款或固定成本，所以一般会保留，这样只能削减产品、新开发工作、概念验证（proof of concept）之类的成本。

尤顿：啊。

穆尼：对我来说，最大的挑战、最吃力的、最需要领导力的地方是作为一个变革机构，围绕着数字平台，进入新的、面对客户的产品领域，实实在在地强制推行、提供条件、施加影响。

我是通过几种方式来做的。从战略的角度来看，最重要的是要有一个路线图，来显示今后三年需要做些什么。我想说的是，如果超过三年就不现实了，因为现在的事物变化得太快了。然后，通过一系列宣传活动说服业务部门，至少在我们媒体领域是这样，让他们知道我们想要做的是什么，以及为什么这么做很重要。这在某种程度上可以说是预测业界将会发生什么。最后，就是挽起袖子，开始越来越多地做一些实际开发工作。我们是两年前开始这样做的，围绕着概念验证的敏捷开发培育了一个创新中心。我们现在正在做的概念验证估计有九到十二个。

尤顿：有意思。我自己写了 30 多年的书，在两个领域看到了很大的变化，我估计 CIO 在其中也会投入很大精力。其中一个相当普通，是图书的生产过程。我写的第一本书，出版社从拿到手稿到出版，花了两年时间。而现在什么事情都是在线完成，作者做了很多以前由排字员、编辑人员和各类生产人员做的事情。我估计你们使用了很多技术，通过技术加快出版速度。

穆尼：嗯，关于这一点，另外一个有趣的地方是，技术出现了，整个组织也发生了变化，这对人们的角色、职责和观点都有全面的影响，可能会给组织带来重大影响。毫无疑问，我们就算没有上千名编辑，也有几百名了，他们以前的职责是加工手稿。我们现在已经开始做的，从出版系统到学习管理系统的每一件事……比如说，我昨天和别人通了电话。我们谈到了学校的知识开发系统。为内容添加标记已经成为一个重要问题，现在由编辑人员负责增加数字标记，这样就可以从印刷方式转向数字或电子媒体了。

尤顿：啊，我明白了。

穆尼：这项技术毫无疑问是在迅猛发展，许多这样的系统也是如此。现在的情况是，我们总要去找编辑和出版商，至少在教育领域是这样，我们已经这样做了二三十年了。

我们会说："噢，顺便说一下，除此之外，还需要你们做些增加 HTML 标记之类的例行工作。"他们会说："嗯，等一下。我这个薪酬等级的人做不了这件事。"我认为有一定比例的人会说："好的，我懂这些。"但这样的人并不多。首先，因为这是一种改变。其次，这种工作和技术、编码的关系更大一些，所以会令人生畏。这种促成变革的动力还需要继续积蓄。

好消息是在媒体行业中到处都在出现新的公司，人人都投身到了媒体领域，特别是教育领域，因为他们看到了这种混乱的局面，他们看到没有什么工具能让像你这样的作者以及出版社的编辑人员快速出版，没有什么工具用来创建既能印刷、又能放到网上的东西。我前几天还和两家小公司通过电话。他们做的事情基本上就是对现有的内容加以利用，可以改变内容的用途，可以进行定制，可以在线采用一个模板，在只增加一点额外开销或是不增加任何额外开销的情况下，让事情变得容易得多。

尤顿：有意思。

穆尼：我要说的是，我们还没有那样做。这种整体转变仍在进行中，对于我们这样的大型组织来说是个难题，对于教育领域的出版社、某些媒体群体来说也是这样。这种方式最早出现在音乐界。我们看到了音乐界发生的事情，如果你使用苹果设备的话……在 iTunes 上发生的事情……后来又转移到了其他各种媒体领域中，特别是教育出版业，我相信是因为经济衰退导致了这种转变。高等教育出版界和大学发起了这种转变，因为他们在使用技术时一般更加开明，而且一直以来他们得到的资金也要多一些。我们在成绩评定业务中，已经开始那样做了，因为那样做很有意义。直到两年或两年半前，在经济衰退期间，因为缺少教科书资金，中小学及学前教育才产生了巨大的、强烈的、充满热情的转变，转而使用在线技术、iPad 和各种各样的技术与功能。

尤顿：你刚才提到的是一个有趣的领域，因为显然，技术不仅改变了像我这样的作者以及编辑人员出版和制作图书的方式，而且从消费者、顾客的角度来看，从他们期望的获取内容的方式来看，技术也给市场带来了彻底的转变。而且还不止这些，你可能看过尼古拉斯·卡尔写的一些东西，他有一本书叫做《浅薄：互联网如何毒化了我们的大脑》(*The Shallows*)，那本书大致认为，因为有了互联网，他现在再也无法去阅读《战争与和平》了，因为他无法再保持那种注意力了。我认为这对出版社来说也产生了非常大的影响。

穆尼：嗯，我们也有一个"专业出版公司"，它基本上是一个采购平台，类似于……我想说类似于 Borders，但不知道 Borders 书店是否还会继续存在下去[①]。我认为，正在发生的事情是与互联网相关的，但同时也是——我不想说这是两代人的问题，而更

---

① 此处原文是"borders on Borders"，border on 是"类似于"的意思，与 Borders 谐音。Borders 曾经为美国第二大连锁书店，在网上书店的冲击下，于 2011 年 9 月歇业。——译者注

多是……

我有三个小孩。两个在上研究生，一个在佛罗里达大学读本科四年级。他们一个在商学院，一个在法学院，最小的读的是商学，在佛罗里达大学。他们基本上都不买教科书，这是教授要求的，或者因为可能会有补充教材。此外，我在佛罗里达大学的那个儿子的课程可能有 60%到 70%是在线的。所以，我认为这种转变正在发生，但我不知道它什么时候可以完成。另外，我认为这和年龄没有关系。

但是对于你所说的，我们现在有了媒体，有了 iPad 和各种不同的设备，现在的人更习惯于这类技术了。举个例子，在飞机上就可以看到这种转变。我经常在纽约附近乘火车，可以看到人们一般都在使用 Kindle 之类的设备阅读，特别是在开往新泽西州的火车上。我现在还担任哥伦比亚大学的副教授，以前是乔治华盛顿大学的副教授，今天的学生已经不是孩子了，而是快 30 或是已经 30 出头了的人——他们虽然没有想着使用固定设备和移动设备来做交易，但也会在这些设备上阅读。

我认为纸质版本会一直存在下去。我们一直这样说。不过，这个比例会下降。图书馆也会一直存在，但是显然，会和现在的图书馆不一样。在学校、其他公共图书馆和人们的世界中，图书馆在不断变化。特别是，如果你问："我们的时间和精力应当花到哪里、花到什么事情上？"我们会看到答案是围绕移动计算展开的。特别是，我们的工作是提供教育材料和参考材料。在专业和职业方面，我们在手持设备上向医生提供了医学参考资料，这样的事情已经出现了，或者开始出现了。

另外一个领域是整个社交媒体领域。我来讲一个故事：有一个难题答问竞赛，是麦格劳–希尔的一个产品，现在仍旧存在。这种竞赛在国际上是从英国开始的，叫作"得分大师"。它面向的是从学龄前到中小学的孩子，你可以参加比赛并提供家庭作业。其他学生也可以进来提供家庭作业或是给出成绩评定，而且他们能够得到一个分数。我们的系统会根据分数予以奖励。嗯，我记得我们把这个概念带到了一次高等教育出版界的大学销售会议上。当时，我们得到了两种不同的回应。一种认为那是好东西。持这种观点的都是比较年轻的一代。我把他们称为组织内的媒体专家或数字主角，他们更习惯于此。有几个人来自 BBC，BBC 在欧洲围绕着教育产品的数字化想法做了大量工作。他们说道："你准备怎么靠这个产品来盈利？……我们不是非要销售产品不可的，但是我们会做广告。"你走到持反对观点的一边，他们会说："嗯，首先，我们要收费。我们不太清楚商业模型是什么，整体要素都会变化。你准备如何为这些数字产品付款？其次，我们的产品从来没有做过广告。就算适合孩子，我们也不打算做。"

看到这种现象真是很有意思。我们有很多事情，有移动计算的问题，有媒体的问题，在组织、广告和如何收费的商业模式上也有很多问题。这样的例子隔段时间就会出现一次，现在更是不断地出现在我们所做的每一件事情上。

尤顿：确实如此。你已经提到了这个两代人的问题，这个问题在我的清单上，我们可以再多谈一谈。CIO 一般要负责决定在整个组织中使用什么样的技术，现在年轻一代进来了，不但来到了 IT 部门，也来到了整个组织中，来到了可能存在的每一个岗位上。对于年轻一代的期望、假设以及他们对待技术的方式，你还看到了其他变化或是和我们不一样的地方吗？

穆尼：嗯，变化相当大，我认为任何一个 CIO、任何人，如果还停留在老模式的话，"那就完蛋了"。这是我的几个儿子告诉我的。我在陈述工作时要做的一部分事情是尽量告诉大家，组织和 CIO 必须大刀阔斧地变革。作为副教授，我接触到了很多东西，我认为年轻一代给那个过程带来了帮助。我看到的和我们不一样的地方，显然，你也已经读到过了，是他们对组织没有忠诚感。而就我们，对于出版业是非常忠诚的，创造出了很好的教育产品。

如果看看我们很多"数字主角"的文化，他们学的一般都是计算机科学或某些非传统专业。他们最后形成的做法是喜欢快速看到结果，快速交付。现在，除非是某些后勤部门的软件，我们的软件开发都不再采用传统的瀑布模式了。这样做是合适的。他们现在更敏捷了。还有另外一种技术或者说是敏捷开发方法，我称之为"软规则指导"。新的"数字主角"不喜欢严苛的、结构化的软件开发方法和集成方法。让他们能够保持注意力、能够满足那些部分变化的东西是概念验证，因为你能够利用的时间不是太多。你在开发阶段不会给他们大量的时间去做东西。

那是好消息。坏消息是，虽然我们当时创建的东西非常出色、令人振奋，满足了已有的需求，但从可伸缩性和产品系统长远的角度来看，我们提供的系统不能针对各种应用情况进行调整。我认为这需要测试、QA（Quality Assurance，质量保证）、V&V（Verification and Validation，验证与确认）领域的技能。这是不一样的，你常常会看到。我们一直努力要做的是如何从那些概念验证发展出发，应对那些喜欢快速构建事物的人，同时还能开发出具有工业强度的产品？

我来举个例子。我们做过一个在线系统，它到现在仍旧在运行，叫作 Connect。这是一个非常好的系统，能够让学校的教师和教授进来定制他们的课程。他们把课程放到网上，向学生开放。在星期一早上，他们可以做某种形式的成绩评定。那是个非常好的系统。实际情况是，你构建了这个系统。根据预测，你认为可以满足一两千个学生使用。在头一两个学期，系统运转正常。但是到了后来，那些优秀的销售人员开始推销这个系统了，在星期天晚上的午夜时分，所有的大学生都要完成作业，或者在星期一早上要和教授一起做那种形式的测验练习，此时实际用户从最初的 2000 到 5000 名学生变成了 30 000 到 35 000 名。于是，系统崩溃了。这只是一个例子。

顺便说一下，这样就有动力来听取教授和学生的反馈了。这样就有了很大的动力，

至少在对这类交易系统没有很多背景经验的媒体领域中，要确保提供一定的质量，你是如何进行支持，如何确保有一个生命周期过程，以保证生产的产品无愧于你们期望的质量?

尤顿：嗯，有意思。我听到很多 CIO 说的一件事情是，他们最终接受了一个事实，他们无法控制今天年轻的工作人员把什么样的技术带进办公室，因为，这些技术是他们的，智能手机或其他东西也是他们的。CIO 能够保护的是网络、数据和基础设施，以及那些似乎介于受控与可灵活处理之间的东西。总的来说，出版公司也是这种情况吗?

穆尼：嗯，出版公司一般来说有些保守。话虽如此，我们对于手持设备、硬件服务器以及云计算的使用……我们不会说你只能有一个设备或一个工具，我们尽量给你两三个选择，让你在这个框架中能够使用它们。我们这样做的原因，首先是给予他们灵活性。我也认识到这样可以让他们进行探索，这对我们的组织是有好处的。不过尽管如此，我们也不能允许出现 20 种设备、30 家供应商——我们以前是这样的，每个人都使用自己不同的工具，使用各种只能用于某一个领域的开源程序来做自己的事情。

这样，采用软规则，再提供两三种备选功能，就能让他们操作、创造，同时还能满足需求，而且从公司的角度来看，还能提供一定程度的标准化。一个很好的例子是，我们过去是一家黑莓工作室。显然，对于我们所处的状态，在 iPhone 出来后，甚至在 iPad 出来之前，在几年前，过渡到 iPhone 对我们来说已经非常有意义了。大多数幼儿园和中小学生都在使用 iPhone，大学生就更不用说了。对于如何实施，我们内部有过很大的争执。这样，又回到这个概念验证的主题上了，我似乎应该继续说说，我们有高等教育出版界的大学销售会议。以前我们有 800 个销售代表，说实在的，他们一般都不是技术专家。可能有一部分是。

我们的做法是买了 100 部 iPhone，允许使用电子邮件功能。这听起来好像没什么了不起，但如果你是在“打破标准”，那就是大事了。第二，我们使用了 salesforce.com。他们刚刚开始使用。我们向他们提供能够利用 salesforce.com 进行交易的能力。第三，我们有一个 Oracle 供应管理系统，这是我提到过的 ERP 系统，是我们现在处理新订单的基础，他们通过 iPhone 就可以接受订单、下单，可以查看价格、产品目录和产品信息。这是我在整个职业生涯中做的最像 CIO 的地方。

尤顿：（笑）

穆尼：我们给他们设备，我们出钱，大体说来就是把他们推到客户前面，我们是一个机构、一个组织，一个有些保守的垂直市场，但是要满足客户的要求。过去，我们的大部分客户也在使用那些设备。

尤顿：非常有意思。我再返回去一下，问最后一个关于日常工作的问题。在做了十多次访谈之后，我的一个越来越明显的感受是，没有哪一个 CIO 是单枪匹马作战的。CIO 几乎总会有一个团队向他汇报工作，帮助处理各方面的工作。我很想知道，在帮助你完成所有任务的 CIO 团队中，你认为人们最重要的品格和特征是什么？

穆尼：嗯，有些关于计算机的事情，我在大约一年前参加过一个小组，就这个问题有过激烈的争论。显然，你必须有一定的技术能力。再说一下，我本科是学工程的，我认为这有助于我取得别人的信任。现在，我已经远离这方面的工作了，不再是一个好工程师，但我认为一定的技术专长是绝对必要的。它可能要占到 30%或 40%。剩下的 60%或 70%的能力，在今天尤为明显的，是整个战略的问题，或者说是能够执行战略、如何交流的问题，是如何把技术目标和业务目标融合在一起的问题。我们常常说的一个问题是，你坐到那里的时候，要让人觉得你是一个同事，而不只是一个搞技术的、一个人们很难忍受且难以理解的人。要做到这一点，更多是通过影响力、业务拓展和交流能力，为市场展示并提供具有竞争力的情报和知识，这种能力十分重要，但在我刚进入这个行业时，甚至在过去的五到十年间都还不像现在这么重要。

我也看到了实际情况，所有的组织都高度依赖于技术。根据一个组织中的文化，这将取决于他们如何利用那些技术和承担这种职责的个人。我们在讨论过程中也有一点争执，这样的事情出现过几次，甚至在一两个月前还出现过，我相信现在发生的事情是 CIO 最后要向 CEO 汇报了，最后每个人都会拍手说："我们总算有一席之地，总算有一些影响了。"

但我认为现在又有了一种动力，他们又要回去向 COO 或首席管理人员或首席行政人员汇报工作了。我确信这是一种不好的做法——我们在这个问题上有过激烈争论。人们说："嗯，这要看是谁在担任 CFO 或 COO 了。"我同意这个观点，但是我相信，如果我们对 CIO 的角色不够谨慎，对好的 CIO 能够给组织带领的影响不够谨慎，那么他们适合什么职位、为什么适合、什么时候需要让哪些人了解这方面的信息就至关重要了。

尤顿：有意思。但是这种方式也适用于你的直接下属，也就是帮助 CIO 完成工作的团队吗？

穆尼：嗯，这是不一样的。答案是肯定的。你往职位谱图的下面看看，如果你看看副总裁一级和主管一级，我认为 CIO 所需要的那些特质对这个级别的人来说同样是至关重要的。我们现在的情况是，我们把很多核心技术开发工作都外包出去了，不知道其他行业是什么情况。我们和塔塔（Tata）、威普罗（Wipro）、HCL 都有业务往来，这在大约六年前是一个重大推进，嗯，甚至在我们做 ERP 的时候就是这样了，那是七八年前。

那样做的原因有很多。首先是为了降低成本。其次，如果考虑一下外包公司工作的方式，你会找到具备技术能力的人。但问题在于，我们的组织内部缺少必要的技术能力，而在我们的组织中，业务知识、交流、对技术人员的影响是至关重要的。在职位谱图靠近下面的地方，技术能力仍旧是极为重要的。我们发现，我们把工作过多地外包出去所造成的后果，特别是以媒体开发和数字开发为中心的业务中，是我们失去了一些极为重要的技术能力，实际上我们现在也在减少外包。因为世界的变化太快了。我的意思是，如果把所有的变化都压缩到很短的一段时间来看的话……

我用的例子是 Salesforce.com 和云计算的使用：看看他们这个组织发生的事情，更不用说他们的成长了，也更不用说你是如何使用 Salesforce 的。这个例子说明了在你们工作的地方需要那种核心技术能力。其次，我提到了一件事情，我们在某些概念验证上做得相当好，但没有做好的地方是对系统集成和可伸缩性的测试。我相信在组织中一定要有这样的技能。对于 CEO 和执行副总裁来说，他们并不是特别关心门后发生的事情，但他们知道他们的系统在星期一早上或星期天晚上必须运行起来，不能出现故障。

尤顿：噢，是这样。对于值得信赖、正直诚实和融洽相处的问题，你是怎么看的？我听到几位 CIO 说："在现在这种经济形势下，我们一天要工作 12 个小时，你必须要有一个合得来的团队。"你认为在组建帮助你工作的团队时，这方面的因素重要吗？

穆尼：嗯，有两件事。我每年举行两次领导力会议，参会者不仅有技术人员，还有业务人员。部分目的就是建立你所说的这些，也就是信任，这是常识，但是如果人们在日常工作之外也能相互了解的话，他们一般会更容易信任。如果出现问题，他们会更快地提出来或是采取其他办法。但问题在于，你现在是全天候工作的。"我爸爸晚上五点钟下班回家"的情况已经不复存在了。系统需要人们随时待命。从平衡的角度来看，我们做得很好，我们想尽量从家庭平衡的观点来做好。但是，来自前方的期望不再是朝九晚五了。我们在技术组织内对员工的要求采取了灵活的处理方式并提供了支持，所以取得了那种平衡。

如果你在技术组织中过于自信，不能架起与业务的桥梁，那么问题就来了。我发现我们有一个小的"另类群体"，特别是在媒体团队，如果不小心，他们就会因为自己做的事情而变得骄傲起来，他们的自我将会妨碍他们对业务的支持，并最终妨碍他们对客户的支持。

尤顿：（笑）说得对，在我做的所有访谈中都有类似的说法。我问 CIO 的问题是：其他业务领域的同事都有很强烈的自我意识，而且在他们自己的业务领域中显然都非常成功，他们和你只不过是同事关系，你是如何劝说他们，如何让他们遵循一条你认为重要的技术路线，或是避免走一条你认为有危险的技术路线？当然，你不能指挥他们，不能直接命令他们。对于应当如何使用技术，你是怎么让他们的观点和你的观点在某种程度上保持一致的？

穆尼：嗯，我们把能做的事情都做了。有件事情听起来可能很傻、很老套：在纽约，我们规定员工不需要打领带或是穿正装。

那是一方面。另外一方面，我取得巨大成功的一个做法是，把他们带到高级业务领导面前，让他们介绍他们正在做的事情中令人兴奋的地方，但是不要过多地从纯技术的观点来讲，而是要从客户的角度来谈。我们有个在纽约长大的人，看起来就像我刚才提到的那些数字化媒体人。他对自己做的事情充满热情。唯一的问题是，我们需要限制他参与的部分和展示的内容，因为他打算做的事情一般都会转换为纯技术。这让高级经理和业务人员无法理解，因为他们想的更多的是："你们准备如何定价？你们将如何部署这个技术产品？"他们考虑的是这类事情。

另外一件事情是培育创新。我发现我们组织内有几个部门，特别是在英国的一个部门，可以培育成为创新中心，那里的官僚做派较少。我们在纽约有一个小部门。我让那个小群体，大概是 10 到 20 人，按照他们喜欢的方式着装，他们可以整天戴着耳机。大体来说，他们的行为方式也与众不同。业务人员接受了这样的事实，我们需要这些创新中心来创造我们需要的东西。

尤顿：有意思。换个话题，来谈谈让你晚上睡不着觉的事情。作为 CIO，让你担心的主要问题是什么，你所关注的是什么？

穆尼：我们已经提到了：基础设施。我谈到了各种东西，从数据中心到目前使用的硬件，再到网络。确实，对我们来说，所关注的是带宽，是要确保能够满足我们的业务要求。这在某种程度上是好消息，因为我们知道数字领域和产品是在成长的。那么，如何才能满足那种要求？这是很难预测的。如何才能做到不需要花太多钱，同时又不会出现一些问题和故障？所以我说，对于这个问题，更多的是基础设施、带宽，让我们能跟上已有产品的发展。

对我们来说很难预测整个领域，而我们是有一些很不错的专家的。另外一个挑战是，要确保我们在做出预测时能够快速反应。这个难度尤其大，更需要策略和可操作性。其他领域……确保我们保持适当的技能。作为 CIO，我在组织中很好地促成了各个组织之间的交流，人们感到自豪，愿意留在这里工作。我关注的是我们需要的人，这又要再次说到新一代人和媒体主角了。我们要确保能够吸引他们，能够留住他们、激励他们。

尤顿：有意思。

穆尼：那是我关注的，因为麦格劳-希尔是一个非常好的公司，是个非常棒的组织，但我们实际上有些保守，要把人们带到那种文化中非常困难。你可以说："等一下，

我们处于经济衰退之中。人们找不到工作。”我发现即使是现在，要找到好的、最优秀的人仍旧很难。我认为把工作外包出去也不一定能解决这个问题。

尤顿：是的，我完全赞同你的意见。

穆尼：那是第二点。第三点是在市场变化如此迅速的情况下，要确保我们能够面向未来，满足市场的趋势和要求。所以，我们的创新中心（我们不喜欢说“研发中心”）有一群抱着这种观点的人在一起工作。

我再举个例子。如果你想要展示或是发布，我可以给你一些数字。我有一个朋友以前开过一家小公司，现在已经把公司卖了。他真了不起，他的业务是中小学及学前教育，大体说来就是为学校提供无线的基础设施。我记得那一天，我们给了他三四万美元的合同，那时他的公司是在勉强支撑。那是五年前的事情了。最近，他以 1.2 亿美元卖掉了公司。

尤顿：哇。

穆尼：新闻集团（News Corp.）创建了垂直的教育解决方案。乔尔 · 克莱因到了新闻集团，他以前是校长，是纽约几所学校的负责人。这样我们就成了竞争对手，而在从前，至少据我所知，新闻集团是不与麦格劳–希尔或教育界的出版公司直接竞争的。现在他们通过合并和并购的方式做出了重大投资，全力进军数字化，可以说搞得我们措手不及。从竞争的角度来看，另外一个让我感到担忧的是，如何才能一直处于最高水平？

尤顿：非常有趣。还有最后一大类问题，再和你聊五六分钟。你认为在过去的 10 年、20 年、30 年间，真正改变了 IT 行业的关键技术趋势是什么？

穆尼：回顾过去……要说过去，就要回到我还在军队和政府的时候了。那时在向微型计算机全面转变，这中间的事情你很清楚，我就不说了，向笔记本电脑的转变——噢，不是笔记本电脑，是个人计算机。后来出现的情况是把所有东西都压缩到一起。显然，互联网产生了巨大的影响。我认为移动设备对技术的发展正在产生重大影响，这种影响还会继续下去。从技术和财务两方面来看，云计算给技术世界再次带来了革命，不管信不信，云计算都出现在了身边。问题在于，针对如何使用数据中心之类的东西，云计算改变了游戏，改变了规则。

太吸引人了，因为我还开了一个加盟店和一个小企业，我会和你简单说的。如果看看在社交网络影响下企业做生意的方式，出去看看电影《社交网络》（*Social Network*），你会看到发生了什么，然后你再看看中东，我们再谈一点政治，看看这些国家在使用一些 10 年前甚至都还没有出现的技术后发生的事情。Facebook 让中东的政治权力发生了转变。那种迹象说明了我们正在把类似那样的东西压缩成一种技术，不仅给我们做生意的方式带来了巨大影响，还给世界其他方面带来了巨大影响。

社交网络会继续产生很大的吸引力。很有意思。我和硅谷的人讨论过，他们担心的是，说到电子游戏、移动性和社交网络这三样东西，他们认为已经开始有了一点泡沫了。但是这三样东西，尤其在我看来，至少在教育领域，特别是考虑一下电子游戏，人们的认识方式还会继续发生重大变化。

尤顿：很有意思。我从来没有想到过电子游戏这方面。有一个方面我认为与教育界的出版公司有很大关系。在我们现在生活的社会中，我们能够得到技术的支持，还有可以使用的时间，所以我们当中任何一个人都能更好地为人类创造知识内容。这些东西都是存在的，可以免费使用，在埃及也好，利比亚也好，不论在哪里，都能得到。显然，这在是10年前无法做到的。

穆尼：是这样。对于你说的，我们有时候倾向于考虑美国国内，而你所说的事情产生的影响……是世界范围的，而且也不仅仅是关于做生意、赚钱的。你谈到了社会，我儿子在军队待过，他在伊拉克待了一年。技术带来的影响可以帮助整个世界。麻省理工学院媒体实验室和尼古拉斯·内格罗蓬特提出了“每个孩子一台笔记本电脑”，我为这个想法感到非常自豪。

尤顿：对。

穆尼：这种想法开始流行起来了，但是还没有达到我们所希望的那种程度，不过我们已经参与其中了，开始为“每个孩子一台笔记本电脑”的方案提供内容了。我们的想法是这些内容要包含每一样东西，从使用太阳能到为计算机提供足够的电力，再到其他各种事情。真是很吸引人。

尤顿：我们拭目以待……你提到自己认为云计算也是非常重要的。你认为云计算在今后仍将是一个重大趋势吗？

穆尼：肯定会的。我们现在还处于早期，所以必须要有一定的条理，“条理”这个词可能不是很合适，但是要能做好安全之类的事情。我可以告诉你我为什么认为云计算会是个重大趋势。看看业界发生的情况，看看我们现在的做法和以前都有多大差别，我们有大型数据中心，并且正在建立大型数据中心。它可以让所有企业和企业的 CIO 压缩投入在产品开发上的时间和资金，如果能把云计算放到 CIO 技能包的工具箱中，它将会非常强大。它可以让每个人都能以更少的投入更快地生成概念验证。这些不是已经生产好的系统，但是我们可以实现原型，拿给企业，说：“看看这个原型，感受一下，你们喜欢吗？你们想修改吗？”显然，这会降低成本。这种做法能让你适应波动，我刚才引用了那个小小的案例研究，关于大学生在星期天发生的事情，如果需要的话，可以扩展或是收缩，并以最节省成本的方式完成。

我再给你个简单真实的故事。我们组织了一次销售会议，在会议中使用了 Salesforce.com。会议是在菲尼克斯举行的，那里有一家大的万豪酒店。万豪酒店的网络出了些问题，而我们所有这些产品都放在新泽西州普林斯顿的数据中心，这样就无法访问了。我们采取的办法是通过销售代表进行转接，我的意思是，我们的销售代表是能够使用 Salesforce.com 的。我们都坐在那里，面面相觑，说道："天哪，世界真是变了。"

尤顿：有意思。嗯，再问最后一个问题：你今后的打算是什么？你在 CIO 的职位上干了很长时间了，你认为自己未来将是什么样的？

穆尼：由于多种原因，我有了这样的生活，我希望能够回馈社会。并不是说我没有这样做，而是说想多回馈一些。我希望以教导别人的方式来回馈。我希望继续提供指导。我们有一个基金会——我是 MOUSE①董事会成员，所以这些事情对我来说就尤为重要了。第二，我曾经有的一种企业家的梦想被磨灭、被隐藏了起来，可能是因为我想建立一种适合全家人的生活方式。我没有实现那种梦想，但我们开了一个加盟店。我还有另外一项业务，和麦格劳-希尔的业务不冲突。我看到自己开始成为一个企业家了，关注商务方面了。让我感到高兴的是，特别是那个给我来乐趣的加盟店，即使在经济衰退最严重的时候，我们也能雇用大约 40 个人。除了赚钱，让我开心的是我们能够给别人提供工作机会。那些人在以前是找不到工作的。但是我要再说明一下，我的工作大多数是在教育和福利行业，大多数是围绕着技术开展的。

尤顿：有意思。这么说，你要继续向前，并涉足更多的创业领域。

穆尼：是的。

尤顿：非常、非常有意思。非常感谢，这些事情可以谈上一整天，但是时间差不多了，我们要就此打住了。非常感谢你抽出宝贵时间。

---

① MOUSE 是一个培养青年人的组织，遍布美国各地，宗旨是"让没有得到政府充分关照的学生有能力在他们的学校获得技术和领导能力，支持他们在学业和职业上取得成功"。

| 第 8 章 |

丹·韦克曼

——美国教育考试服务中心副总裁兼 CIO

丹尼尔·韦克曼是美国教育考试服务中心（ETS，Educational Testing Service）的副总裁兼 CIO，负责 ETS 所有信息技术资产和活动，同时要确保 ETS 在制定战略和策略时能够恰当地了解并使用信息技术。此前，他是初等教育与中等教育战略业务部的 CIO。韦克曼在 ETS 的第一个职位是 CTO，职责是确保 ETS 具备保持竞争力和安全所需的信息技术。

在加入 ETS 之前，韦克曼是 Elastomer-Solutions.com 的联合创始人兼 CTO，该网站是弹性体行业的一个 B2B 交易所。在此之前，他是杜邦陶氏弹性体公司电子商务主管。在他的职业生涯中，韦克曼在陶氏化学公司、IBM、D&N 银行和美国空军从事过几个与信息系统相关的职位及业务职位。

埃德·尤顿：如果问问你是如何担任这个职位的，肯定会很有意思。你以前做过 CIO 吧？

丹·韦克曼：没有，我只做过 CTO。

尤顿：那你是怎么从 CTO 转到现在的 CIO 岗位上的？

韦克曼：我是作为 CTO 应聘来的。刚来时做的是业务拓展活动，比如说尽量把一些正在进行的教育方面的研究与 IT 捆绑在一起并将其推向市场。

尤顿：嗯。

韦克曼：不过我得告诉你，我们头几年在这方面并没有取得很大的成功，因为我们试图采用的那个模型不是很切合实际，这是我们得到的一个教训。那时，CEO 也刚来没多久，他带来了很多新人。我们很多人都看到了大量的研发成果没有转化为货币。那些成果没有进入市场，他们说："噢，天哪。有大量推向市场的机会。"我们当中有些人来自以赢利为目标的业务领域，他们对教育领域的复杂程度和运作方式并不是很理解，这个领域的市场运作方式和普通市场是不一样的。

尤顿：呣。

韦克曼：在教育领域，存在很多影响因素，有很多不同的渠道，也有众多障碍。不论是政府、工会、学校、教师还是父母，涉及各类人，他们都会影响决策的制定，而且市场高度分散。这样，除了销售教科书外，并没有太多好的销售机会。教科书和成绩评定通常是在州一级做的……除此之外，在州一级做的东西就不是太多了。

尤顿：有意思。

韦克曼：大多数教育产品都是在州一级、区一级甚至是学校一级销售的，非常分散，我们很快就发现，进入那些市场的唯一途径是建立一支庞大的、相互之间紧密联系的销售队伍。于是，我们试着建立了这样的销售队伍，但是发现成本非常高，每个销售组织的收入都很少。这不适合我们通常采取的运作方式。在过去的 65 年里，ETS 非常成功地创设了成绩评定业务，有助于学校和参加考试的人做出合适的决策。一般来说，这是通过响应投标请求书（RFP）或是销售给像 GRE 委员会这样的大型授权组织来实现的。我们发现，我们所追求的那种分散的销售模式不能很好地适应以前那种非常好的做法。于是，我们削减了那种销售模式，回到了基本的方式上。五年来，那都是我们的工作重点所在——优化曾经在这里取得过巨大成功的商业模式，让那些模式尽可能地有效运作。

尤顿：对，对。你说的这些，和你从 CTO 转向 CIO 有关系吗，或者说包含了这方面的内容吗？

韦克曼：我那时是 CTO，但是你可以发现，我的工作方式和一般的 CTO 并不一样。推动我做出转变的是改进 ETS 企业架构的需求。那时，ETS 已经把基础设施外包出去五年了，CIO 慢慢认识到了企业架构缺乏正规管理。他让我正式承担起 CTO 的工作，建立一个企业架构组织，我按照他的要求做了。直到现在，那个组织仍旧存在，并在精简基础设施、有效地管理技术生命周期、研究对公司有益的新技术等方面取得了长足进步。

尤顿：有意思。

韦克曼：在我管理了那个团队几年后，他们要求我除了承担 CTO 的职责外，还担任基础教育业务的 CIO，刚开始是兼职，但很快就变成了全职工作。我把 CTO 的职责转给我以前的一位导师约翰 · 泰勒，他原来是杜邦公司的 CTO。我非常喜欢基础教育的 CIO 工作，这真是有点奇怪，因为我总觉得自己就是一名技术人员。在做了几年 CIO 之后，当时的 CIO 问我："你觉得当整个 IT 的 CIO 怎么样？"我说："我倒是挺喜欢那个工作的。"他说："不，不。你愿意当整个 IT 的 CIO 吗？"我看着他，说道："什么意思？我告诉你了啊，我挺喜欢那个工作。"前 CIO 回答道："不，不，不。我说的是现在！"

尤顿：（笑）

韦克曼：我证明了自己愿意也渴望成长并学习新的非技术方面的技能，这促成了我从非常偏向技术的 CTO 转换成更为关注业务的 CIO。我在基础业务的 CIO 职位上证明了自己能够学习业务，能够完全以业务为导向。我会见了很多客户，给销售带来了帮助，并设法给基础教育业务的增长带来了帮助。我一直都很擅长帮助业务部门理解 IT 能够如何帮助他们赢得新业务或是提升运营效率。在那段时间，我的这些技能以及人际交往能力都得到了磨练，对于一名 CIO 而言，这些能力可能比单单的技术能力更重要。

尤顿：嗯。

韦克曼：我认为他们让我做 CIO，是因为我很好地证明了自己有能力处理业务、引领变革、管理技术人员，将技术观点带到艰巨的商业工作中。

尤顿：是的。不过对于你刚刚提到的一件事情，我想再问一问，因为我从已经采访过的五六个 CIO 那里都听到了类似的事情。他们几个人都说到了一件事，如果处于你现在的职位，保持一定的核心技术能力是非常重要的。我很想听听你对这个问题的看法。可以说你是从技术道路上转过来的，继续保持这种技术水平重要吗？

韦克曼：这个问题很有意思，我在陶氏化学公司时，在一个从业务领域转过来的 CIO 手下工作。他以前是做销售的，一点 IT 都不懂。问题在于，任何一个具备 IT 技能的人都能看出来，他对自己做出的决定并没有真正理解。他也很容易被人说服，做一些没有把握的 IT 决策。

尤顿：是被供应商还是任何人说服？

韦克曼：有供应商，也有 IT 人员和一些重要人物，这些人都想要达到自己的目的。我们的 CIO 自己没有判断能力，所以一旦和某个人建立起信任关系，不管那个人说什么他都相信。有一个人是我的一个很好的导师，叫作约翰·泰勒，他以前是杜邦公司的 CTO，很多年前来到了这里工作并担任我们的顾问。他以前总是说：“如果你不清楚要购买的产品，就不要买。而要成为一个懂行的购买者，你就得了解想要买的东西。”他还说：“如果你的能力不足以理解那些产品，最好找一个人，找一个懂行的购买者。”

所以我在想，尽管整个 IT 世界都在变化，但这一点是毋庸置疑的。很多人出售的服务中封装了复杂的 IT 过程、系统和各种东西，对吧？你可以去买一个 Salesforce.com，用不着特别清楚其构造方式、工作方式。但是如果你能理解，或是至少能理解一些的话，对于为什么买这个产品而不买另一个，就能更好地做出决策了，因为你能问一些“应当如何将它和后台系统集成”或“如何处理安全问题”之类的问题。

尤顿：对。

韦克曼：或者，“你们是如何做灾难恢复的？”你可以问一些不懂行的买方问不出来的问题。他们问的是：“这能处理吗？我能这样做吗？我能那样做吗？”这些是和业务相关的重要问题，但是他们不会问很多类似的后台问题，如“你们会把我的数据存储在埃塞俄比亚吗？”

尤顿：（笑）是的。

韦克曼：你的数据在哪里？他们会找其他人做这些事情，而现在如果能很方便地购买这些服务的话，他们连人都不用去找了，只用到后面就能发现真相。通常发生的情况是，他们会去购买一个服务，并且先是把服务连接到所有后台系统中。然后开始发送 XML 文件，但很快就发现这个过程很不稳定。以这种方式运行业务是行不通的。这不是可伸缩的。它刚开始还能工作，但是之后，那些团队中没有人愿意再管这些事情了。随着时间的推移，便会发现管理很复杂，过程不清晰，投入的成本超过了当初想要得到的收益。

尤顿：嗯，好的，你证实了这一点，真是太好了。你刚才提到了一个很好的词汇“导师”，我也想多问几句。你提到了一位从杜邦公司来的先生？

韦克曼：是约翰 · 泰勒。

尤顿：你是只有一位导师，还是有多位导师？

韦克曼：我在不同领域有不同的导师。如果回顾一下，当我还在军队的时候，在一位名叫史蒂夫 · 威格辛耶克的人手下工作，他现在已经去世了，他是我真正的导师。我那时是一名年轻的空军士兵，他不是军人，但教给了我很多如何管理和领导人员、如何组织的事情。他非常热心，给了我很大的帮助。我在他手下工作了三年左右，那段时间我获得了快速的成长。他对我的信任给了我成长和发展的自信。他推动我离开自己的舒适区，这对我来说充满挑战但令我收获颇丰。我很怀念他。

尤顿：嗯。

韦克曼：我在空军时，在他的手下干得相当好，他给了我很多自信，他说：“你知道，你能多做一些。你要认为你可以。”就是这样的一些小事情，却足以让我不断走下去。他是一个非常优秀的导师。另外一个人是比较有趣的一类导师，他在杜邦陶氏工作，是向我们推销东西的人。他是我们的 CSC 销售代表。你可以把他称为社交平台、供应商，呆伯特就是做这件事的……

尤顿：对。

韦克曼：我知道他的想法，知道他想把产品卖给我们，但他是一个洞察力很强的人，懂很多 IT 及 IT 管理的事情。我从他那里学到了很多东西。我不知道是否可以把他像其他那些非常愿意分享的人一样称为导师……我们总是在一起交谈，他会告诉我很多他们公司如何销售产品、如何进入市场、如何赢得客户的事情。我从他那里学到很多有关供应商工作方式的知识。

尤顿：噢。

韦克曼：我从他那里也学到了很多关于整个 IT 行业的知识，说真的，他对 IT 行业的洞察力非常敏锐。如果在 IT 行业的资历不够，是不可能以那种方式思考问题的。

尤顿：嗯。

韦克曼：那是一份工作，但本身也是很大的业务。他给了我以前从来没有过的视角，所以说我从他那里学到了很多。然后就是约翰·泰勒，是我在杜邦遇到的，他是一个洞察力很强的人，非常了解 IT，知道如何实际利用 IT。我还记得一件事，我不知道现在讲这件事是否合适，他并不是微软的忠实粉丝。我和他以及另外几个人去和微软的人见面，我们代表的是杜邦，微软的人想把产品卖给我们。他们表现得好像什么都懂，好像自己了解主要的业务，约翰没有打断他们，由着他们一直说下去。

尤顿：（笑）

韦克曼：最后，约翰发表了意见："你们根本就不清楚主要业务是怎么回事，也不知道你们自己在说些什么。"他把主要业务给所有人都讲了一遍。我从约翰那里学到的是如何恰当地提问——那是他做事的方式，也学到了如何识别他人是否在欺骗你。

尤顿：噢。

韦克曼：通过恰当地提问，你很快就能确定供应商或是和你一起工作的某个人是否真的知道他们所说的东西，能够知道他们是否真的能做到。这种能力是他所特有的，多年以来，我一直都在尽力效仿。

尤顿：很有意思。我在这方面再问最后一个问题。在你当 CIO 之前，或是刚当上 CIO 时，是否接受了特定的培训？他们送你回学校再去读个 MBA 学位之类的？

韦克曼：没有任何针对 CIO 职位的培训，但我上了很多关于领导能力、人际交往能力、交流能力以及其他软能力的课程。我之前已经获得了 MBA 学位，在成为 CIO 之后，我参加了高德纳的 CIO 学会。我知道有那样的课程。在成为 CIO 的之前几年，我看了玛丽安娜·布罗德本特和埃伦·基齐斯写的一本叫做《新型 CIO 领导》（*The New CIO Leader*）的书，还在高德纳的会议上遇到了她们两人，我当时在想，如果我自己当上 CIO，就要按照书上说的去做。猜猜在当上 CIO 后发生了什么事情？我拿出这本书，给埃伦打了电话（我在高德纳会议上要了她的联系方式，当上 CIO 后的第一个电话就

是打给她的），我说："你愿意帮我做这些吗？我想按照你们书中所说的去做。"她说："可以。"于是，她来到 ETS，和我们一起按照书中说的那样去做了。在我当上 CIO 的最初几年，我们在这里做了差不多书中所说的每一件事情。

尤顿：啊。

韦克曼：在和我的领导团队一起工作的时候，我们发起了"走向卓越"的活动。我们的计划是把这个相当好的 IT 组织转变为一个卓越的 IT 组织，我们准备采取的方式就是遵循在《新型 CIO 领导》中阐述的十个步骤。我们在这个过程中了解到的最关键、同时也是最难的事情，可能是"需求–供应"模型。我们把 IT 分成了"供应–需求"组织，围绕着这种拆分构建了一个过程框架。这种方式很好，可以了解我们需要做的工作，了解需求，了解如何提供资源来完成这个工作。我们发现，最有挑战的过程就是如何有效地把需求转化为供应。

尤顿：啊，是的。

韦克曼：如今，我让一些领导同时管理需求和供应两方面的事情。在需求方面，IT 公共关系经理与业务部门一起紧密工作，了解业务的需要与需求，并将其转化为我们工作任务书中的需求。供应方负责提供服务，可以通过供应商提供，也可以利用我们自己的能力。还有开发部门，他们的工作是构建供应方为了满足需求所需的 IT 服务。开发部门要承担供应方的职责，同时也要负责"解决方案设计"，所以开发部门有时是横跨供应与需求两方面的。在构想出模型之后，我们就要实现这个模型，这个模型包含了重大变革，而模型本身也是一个重大变革。每个人都要学习新语言，需要制定、培训和监控众多新的过程。

尤顿：嗯。

韦克曼：供应方的关键角色是业务技术联系人。你听说过 IT 客户代表吗？

尤顿：听说过。

韦克曼：在 ETS，业务技术联系人承担的是客户代表的角色。他们和业务人员一起理解需求并告诉他们我们能够做什么。

尤顿：嗯。

韦克曼：每个业务技术联系人都有几个业务分析师帮助他们量化需求。他们很多人就坐在业务团队中间，作为业务团队的一部分，与业务团队一起工作。不过，到目前为止，我们面临的艰巨任务仍旧是如何管理从业务用户需求到 IT 项目团队供应的过程。

尤顿：啊。

韦克曼：那个业务过程是最难的……如果说我从中学到了什么，可以说过程中最难的地方是获取需求并提供所需，因为要做好这件事，需要了解自己的能力并将能力与需求匹配起来。考虑到这是一个令人生畏的挑战，我们看了其他人是如何有效做到这一点的。因此，我们开始实施了 ITIL 版本 3[①]，把它作为服务管理框架。

尤顿：有意思。你也说了一些很有意思的事情，虽然我在其他地方也看到过这样的例子，但没有和其他采访对象细谈过。我不知道怎样能最好地表达这件事，可以说成是建立共同的思维方式，像你们这种情况，可能是让每个人都读一本书，或者……

韦克曼：这本书我发出去几百本了。

尤顿：嗯，我正想问这个问题，你刚好就说了，太好了。

韦克曼：每个人都有一本，到处都是。

尤顿：我的一两本书偶尔也遇到过这样的事情，让我感到很吃惊，但我还没有听其他 CIO 说，他们在培育组织时一件重要的事情是创建共同的价值观、共同的愿景，完成的方式可以是聘请一名顾问，引进一本书或其他各种东西。

韦克曼：那是关键所在。要让人们都保持关注，“我们将成为一个卓越的组织，这是我们将要采取的做法”。因为作为一个公司，我们的使命是提供公平、有效、可信的成绩评定，推动教育质量与公正。那是非常关键、非常重要的，如果我们打算做的话，就不能出错，就要做好。应当如何支持这个工作呢？《新型 CIO 领导》指导你做的一件事情是制定你们的业务准则。我们聘请了这本书的合著者之一埃伦·基齐斯，让她管理三个由公司高层领导组成的工作组。我们的业务准则就是在那几个工作组中制定的。

尤顿：噢。

韦克曼：我们又根据业务准则制定了 IT 准则。实际上，我们还准备开一次会，再次讨论这些准则，确保它们和我们做的事情仍旧相关。我们经常讨论这些准则，目的是确保当初提出的准则仍旧适合我们。准则应当是适用的，对吧？准则应该能经得起检验。我们以前一直想说，“我们是一家学习型的公司”，而从这些会议中得到的一个准则是“我们是一个做成绩评定的公司”。这句话成为了我们的一个业务准则。我们一开始制定的是那种有些分散的准则，后来接近了成绩评定这一核心准则……我们又绕回去了。我们说：“不，最重要的是做成绩评定。”这成为了我们的一个业务准则——“我们是一个做成绩评定的公司”。

---

① ITIL，即信息技术基础设施库（Information Technology Infrastructure Library），是 IT 服务产业内的最佳实践，由英国政府部门 CCTA（Central Computing and Telecommunications Agency）在 20 世纪 80 年代末制订，现由英国商务部负责管理，目前最新的版本为 2007 年颁布的 ITIL V3。

尤顿：噢。

韦克曼：我们从中还得出了一个目前仍在广泛使用的准则——“做我们最擅长的事情，并在其他事情上成为合作伙伴”。说法上做过一点小改动。

尤顿：啊。

韦克曼：那时我刚刚开始担任 CIO，多亏了这些工作组，通过管理它们，我获得了一些迫切需要得到的信任。我证明了自己最感兴趣的是首先要关注业务需求，关注如何才能确保 IT 完全支持业务。

尤顿：有意思。

韦克曼：如果不是看过那本书的话，我是不会那样做的。和埃伦一起工作真是让人振奋，所以这些年来我一直都和她保持着联系，只是为了告诉她我们的进展，但是她对我在工作上的帮助发挥了巨大的影响。高德纳公司也是如此。我参加了他们的高管项目，而且有自己的客户代表，每隔几个星期我都会找他交谈。

尤顿：呣。

韦克曼：如果我有什么问题或想法，他都会给我帮助。我可以进行研究，可以和其他分析人员交谈。我每年都会带上我们的小组去高德纳公司位于斯坦福的总部，挑选四五个我们准备关注的主题。

尤顿：你在讲述的过程中提到了三件相关的事情，我在访谈过程中听到很多 CIO 也都谈到了这些，所以想继续问一下。一个是关于在早期建立信任的，在这方面，我从很多 CIO 那里都听到了不同的方法。有的说：“我在 IT 王国中做自己的工作，我很擅长这项工作。但是显然，我和组织中其他部门的业务领导处于平级关系，他们晋升到现在的职位，有了现在的权力是因为他们的表现很出色，同时也是因为他们很坚定，有着十分坚定的看法，比如说他们认为他们比我还清楚应当如何更好地做我的工作。”

我很想知道你遇到过那样的情况吗？或者，你对这种问题的看法是什么——建立与业务同事的信任关系，和业务同事一起工作，特别是因为你在开始时是一个新上任的 CIO，等着别人接受你。

韦克曼：对。毫无疑问，有些人个性很强，对于应当如何做事情，他们当中很多人都有自己的想法。与我工作过的其他公司相比，在这里工作的有趣之处是，这里是一个非常合作的环境，可能是因为公司的本质是学术的。

尤顿：嗯。

韦克曼：人们一般都会尊敬那些掌握了应有技能的人，这种情况你看到的会多一些。

因为我之前已经做了那方面的工作，所以他们很多人都知道我，他们尊重我的技术能力。说到技术领域，我一般都是值得信任的。但说到业务或是研发领域，我不是专家，也不想假装自己是专家。

尤顿：对。

韦克曼：我不是从教育研发领域过来的，所以要小心地尊敬我的同事们，我知道把他们的判断、意见和我的合并在一起时，就会产生最佳答案。这意味着很多时候我们意见不一但相互尊敬。我们一定要商讨出解决的办法，我认为首先要和这些关键人物建立起人际关系，这样在遇到这种紧张场合时，依靠这种人际关系就能得出最佳解决方案。

尤顿：嗯，是的。

韦克曼：这就是我采取的方式。我和业务同事的关系相当好。在 ETS 有一个小组，成员是负责管理各个职能中心的副总裁，这些职能中心包含了大多数事务性工作。这个小组上面还有一个小组，成员是负责所有职能和业务领域的高级副总裁。

尤顿：嗯，这又让我想问下一个有些关联的问题了，也是我听几乎所有 CIO 都谈到过的一个问题。他们都说，“我有一个团队在帮助我完成工作”。比如说，可能是今天早些时候和你开会的那三个人或是别的什么人。我想问的是，你要寻找的是什么样的品质——你需要团队成员具备的最重要的品质是什么？你最看重的是什么？

韦克曼：这个问题可不好回答，因为我最重视的是他们能够完成工作的能力，并且拥有他们所在领域的知识，但同时还要具备与别人一起工作、领导别人的能力。

尤顿：好的。

韦克曼：我不知道自己是否能说出一种最重要的品质。这是领导能力、个人的正直诚实和技术能力的结合，我不知道技术能力的说法是否合适，我指的是专业领域的知识。在领导力职责方面，我要找的主要是具备很强人际交往能力的人，能够把人都带到一起并完成工作。我要找的不是超人，而是要能真正关心别人、乐于接受挑战，以及能把他们所领导的人的最好能力都激发出来的人。

尤顿：有意思。

韦克曼：在不同职位我所寻找的是不同的技能，但与此同时，个人的正直诚实也是我极为看重的。

尤顿：我听到几个人都这样说。

韦克曼：我非常看重这一点。

尤顿：我听到过一两种品质，很想听听你对这种品质的体会。有几个人说过，“我需要人们愿意努力工作，因为在我们所处的经济环境，我们每天都要工作 12 个小时。如果你和团队一天要一起工作 12 个小时，他们之间必须融洽相处，我和他们也要融洽相处。”

韦克曼：是这样的。我让人们加入的是一个高度合作、高效运转、大家一起工作得非常好的团队，我相信这种氛围对团队是有帮助的。我们都使用了盖洛普“领导力优势”（Strengths Based Leadership）计划，以便更好地了解、欣赏相互之间的特长。我们有一小部分人和教练一起工作了整整一年。教练指导的内容重点关注的是如何利用彼此的特长，做多于我们独自能够完成的事情。这是一个非常好的个人成长体验，产生了非常好的效果。

尤顿：有意思。

韦克曼：我得出的结论是，有时候必须长时间地工作，但是说明工作完成情况的并不是你工作了多少个小时。

尤顿：是的。

韦克曼：那是很多人都存在的一个误解。我们有些人每天工作 8 个小时，他们的效率很高，知道自己该怎么做，因此比有些一天工作 12 个小时的人做的工作要多得多。他们不会浪费太多时间，可以一个任务接着一个任务地做，能够把事情做完。他们可以把会议控制在合适的时间内，会议结束后又能够接着做其他的事情。他们很善于管理时间，知道如何理解工作并安排优先级，知道哪些需要做、哪些不能做。他们能抓住重点。

我总是跟员工说：“你们能够应聘到这里，很重要的一点就是判断力。做好判断是非常重要的，也是我付工资让你们去做到的。我所说的‘良好的判断力’是指你对于如何管理人员的判断力，对于如何利用时间的判断力，对于使用什么样的技术和产品的判断力。我依赖于你们的判断力。我对你们的考核方式是看你们做出的是什么样的决策。”

尤顿：有意思，有意思。

韦克曼：如果能找到一个正直诚实、判断力出色的人，你就找到明星员工了。

尤顿：非常有趣。我们再谈几个更广泛的问题。一般来说，你最关注的两三个问题是什么？你已经说过了是供应和需求之间的平衡。你刚才说的这个答案全面吗？

韦克曼：不全面。我需要做的是确保我们能够交付水平合适的服务，确保 ETS 能够完成自己的使命，这比什么都重要。这是我需要做的最重要的事情。工具、能力、人员、过程和我们做的各种事情都能帮助 ETS 实现使命吗？我们做的事情和公司前进的步伐有直接联系吗？我不希望别人把 IT 看成是必须和这个使命保持一致的东西。我希望 IT 能够成为**这个**使命，或是成为这个使命的一部分。我们和市场推广部门没有区别，和销售部门没有区别，和研发部门也没有区别。我们不需要和公司保持一致，我们就是公司的一部分。我希望我们像其他人那样融入业务之中。我们一起工作，一起构建产品，一起探索新市场，一起推进公司前进的步伐。如果可以利用我们所知道的独特的东西，我们就尽量利用，把我们的独特之处和其他技能结合在一起，这样得到的实际上是“1+1=3”的效果。我们寻求的是那种协同作用，这比我们独自向一个共同的目标前进时能得到更多东西。我们一起朝着一个共同的目标努力。

尤顿：当然，ETS 的业务在很大程度上可以看作是打包并出售信息——那些成绩评定或其他信息。现在，即使是汽车制造公司也不仅仅只是生产有形的机电产品了。大量的代码成为了紧密的构成部分。

韦克曼：确实如此。

尤顿：不过，在 ETS 会更为明显，因为你们从事的就是信息业务。

韦克曼：是的。如果到我们的园区走一走，你会发现，除了人和建筑，就再也没有其他东西能体现我们的业务了。它们都是知识上的资产。我们没有工厂，也不生产有形产品。

尤顿：确实如此。说到工厂，我从一些 CIO 那里常常听到一个说法，他们的工作至少有一部分是要“让工厂的灯亮着”。这部分工作对你来说有多重要呢？

韦克曼：这是非常重要的一部分，我们需要运行卓越。你知道成绩评定中任何一个错误都会影响一个人的生活，比如说，一个想成为教师的人没有当上教师，或是人们没有进入他们想进的学校。不论是 GRE、TOEFL、教师资格考试（Praxis），还是 SAT，我们都必须非常小心，必须给出准确、可信、公正的分数。这都是通过 IT 引擎完成的。那就是我们的工厂。

尤顿：我上次来这里的时候，你给了我一些非常惊人的数字，你们要处理数百万的考试。

韦克曼：这些都是要做的，并且都必须做得很完美。我们的目标是 100%的准时，成绩单要 100%的准确。要做到这一点，唯一的方式就是从错误中学习，采用类似六西格玛的优秀质量方案实现持续改进。优异的过程也发挥了重要作用，这是我们实施 ITIL v3 过程框架的原因。我们不断地给员工培训质量方法、缺陷预防、持续改进方法。这些都带来了收获。缺陷在不断减少，我们的客户也注意到了这一点。

尤顿：有意思。

韦克曼：为了降低复杂度、减少变异，我们也采取了标准化方式，这减少了出现问题的几率。标准化工作不仅要看我们在哪些地方能够做到标准化，还需要我们关注能够降低缺陷率的标准化。从 IT 的角度来看，我必须关注的一个重要领域就是代码中的缺陷。

尤顿：嗯。

韦克曼：我们现在在做很多工作。我在过去几年引入了软件开发生命周期（SDLC）过程和参考体系。这些工作的目的都是把高质量的、没有缺陷的代码发布到生产环境中。我所说的"没有缺陷"指的是没有重大缺陷。完全没有缺陷的代码是不存在的。我们的目标是消除会给业务带来影响的缺陷，比如把参加考试的人的分数弄错。

尤顿：对。

韦克曼：这方面的工作是我们持续关注的，此外我们还有很多工作要做。如果不消除可能带来后果的事件严重级别为 1 的缺陷，我们是不会投入使用的。如果要提供参加考试的人希望从 ETS 得到的那种服务水平，我们就不能将就。我们建立了记分牌，确保能有效度量我们的进展。

尤顿：有意思。

韦克曼：我会发给你一份记分牌，以及一篇高德纳公司写的文章。他们为我们的记分牌做了最佳的实践研究注解。

尤顿：你提到的这些真的很有意思。到目前为止，和我交谈过的其他 CIO 还没有人提到记分牌。

韦克曼：我们非常努力地工作，想要得到一个简单的一页纸的记分牌，从业务的角度定义对我们来说最重要的东西。我们要跟踪记分牌。我们采用了六西格玛法，以确保过程是可控的。每个过程度量指标都有一个控制图。

尤顿：有意思。

韦克曼：作为一个像我们这种大型组织的 CIO，我对竞争总是保持开放的心态。外面有很多优秀的公司想要管理 ETS 的 IT 部门。我的要求是，即使那些公司博得了同情并说服了 ETS 的管理人员，我也可以说："可以把我们和任何人比一比。他们能达到我们这种质量水平吗？他们就算能达到，又会向你收多少钱呢？"现在业务上有了很多其他 IT 来源，我们必须要保持竞争力，必须以服务为中心，必须比其他人更好地了解 ETS。

尤顿：是的。

韦克曼：我甚至不愿意看到那种不能给组织带来明显增值的局面。我要量化我们增加的价值，不仅通过质量来量化，还要通过具有竞争力的成本来量化。我们每年也要从成本的角度来为自身制定基准值。

尤顿：嗯，这正是我要问的下一个问题。为内部讨论、评审等建立记分牌是一方面，但是下一个明显的步骤就是建立基准，这是大家都知道以及很多公司都在做的。让我感到好奇的是，我和其他 CIO 也在谈论这方面的事情，但他们还没有开始关注基准的建立。

韦克曼：我们每年使用两个公司的年度基准研究来建立我们的成本基准。作为一个小行业，很难找到合适的、用做基准对比的公司，所以我们找的是信息化程度很高的行业，例如金融业。每年，我们都尽力在成本上做得更有竞争力。

尤顿：嗯。

韦克曼：现在，我发现与其他信息密集型行业相比，我们的成本占收入的百分比要高一些。所以，我一直都在尽力降低成本，并且也取得了成效。在过去的五年里，我设法把 IT 支出占收入的比例降低了 4%，但交付的项目和服务比以前还多。这是对价值的一个衡量。

尤顿：有意思。

韦克曼：我们要利用像虚拟化、云计算这样的新技术，让系统和过程标准化，从而进一步降低成本。

尤顿：对，对。

韦克曼：我们也要分析收入中有多少用于创新或新产品开发，有多少用于运行与维护。我们的目标是改变比重，把更多的 IT 资金用于增长，同时减少维护费用。

尤顿：有意思。我还有另一个相关的问题，也想问问你。除了度量数据和量化基准外，另外一件几乎无处不在的事情是参加俱乐部所带来的好处。参加 CIO 俱乐部后，你可以问问题，比较各自的意见，和其他 CIO 闲聊。这对你们来说重要吗？

韦克曼：重要，我也在这样做。有些是通过高德纳公司做的，但更多的是通过 CIO 管理人员委员会做的。我参加了他们的几个活动，和他们一起开了电话会议。不过，我也从埃森哲（Accenture）CIO 委员会得到了一些非常好的想法。

尤顿：噢，我还不知道这个委员会。

韦克曼：他们和其他 CIO 有一些非常好的会议。我参加过几次关于消费化的电话会议，这是我们正在这里做的事情。埃森哲让我能够和其他一些做这种事情的人保持联系，

高德纳公司也是。高德纳公司不仅介绍我认识了**他们的** CIO，还让我认识了很多其他 CIO。我和他们会面后，了解到了很多他们在公司中如何实现消费化的信息。

还有其他一些例子说明了和其他 CIO 交谈给我带来了很大收获，比如说随着安全标准委员会 PCI 标准的引入，我们这些需要处理很多信用卡的公司都要搞清楚如何才能符合这个标准。

尤顿：当然，不管你们处于什么行业，都要强调这一点，唔，你们共享了很多常用信息。

韦克曼：确实，特别是在安全方面，我们都面临威胁。我们和很多其他 CIO 一样，每天都要处理安全方面的事情。

尤顿：关于安全，我有很多问题想问。我首先要问的是，让你担忧的主要问题和威胁是什么？显然，每个人最关注的一个问题都是安全。

韦克曼：安全对我们来说是一个非常敏感的领域，我们必须确保客户分数和个人可识别信息的完整性。毫无疑问，这是让我晚上睡不着觉的风险之一。

尤顿：（笑）

韦克曼：如果知道某些有组织的小组，一些非常尖端的小组，想要窃取信息或是让公司无法在互联网上正常运作，你会惊慌失措。

尤顿：嗯。

韦克曼：我们很努力地保护别人让我们托管的信息，并通过先进的技术做到这一点。几年前，我设置了首席信息安全官的岗位，并且很幸运地找到了一位杰出的安全领导人。他打造了一个优秀的团队，通过每日的工作提升了我们保护 ETS 信息资产、监控潜在威胁的能力。

尤顿：嗯。

韦克曼：他的团队在不断寻找容易受到攻击的地方，而且我们总是予以小心的处理。对企业的保护需要我们在面临的威胁与防御这些威胁的成本之间做出谨慎的平衡。

尤顿：我估计这些东西要和做业务的同事一起做，因为这最终是一个业务决策。

韦克曼：这是一个业务决策。因为他们投入的资金决定了我们的安全预算是多少，在安全方面能投入多少钱。

尤顿：对。

韦克曼：对于几年前在安全上的花费，我们参与了一个安全基准研究，之后发现我们投入的资金不够。我把这作为一个理由，向董事会和总裁办公室提出多要一些资金，增加人手，壮大安全组织。很幸运，利用该研究结果，我设法说服了董事会和总裁办公室同意我们在安全上投入更多资金。我们增加了人手，完全重新设计了网络。我们现在在做一项非常让人惊叹的工作，它能够让我们以非常安全的方式利用虚拟化和云计算。

尤顿：有意思。

韦克曼：现在出现了很多新的、非常好的安全技术。

尤顿：你提到了这一点，很有意思。这也正是我在问题清单中列出的下一个问题。你认为在今后几年会对你们产生重大影响的新趋势是什么？

韦克曼：嗯，是虚拟化，是云计算，是私有公共，是基础设施即服务。这些都影响巨大。能够将基础设施和软件作为服务来购买，这对 IT 行业将产生破坏性巨大的影响。

我们的基础设施工作在九年前外包出去了，现在是合同的第十年。与其他人相比，我们的 IT 组织能够更好地迎接这种转变，因为我们没有自己的数据中心，也没有员工管理这些数据中心。这样我们就有机会在转变过程中更加迅速地采取这些新技术，因为和那些受到数据中心拖累的公司相比，我们的痛苦要小一些。

尤顿：是的。

韦克曼：我们很乐意接受这些新技术带来的收益，比如说能够从租借服务器来运行工作，转变为只有在需要的时候才购买基础设施服务。这增加了对业务需求快速响应的能力，同时还能降低成本。

尤顿：是的。

韦克曼：对我来说，这对 IT 而言是一项巨大的变革，因为它将会改变我们购买和使用基础设施的方式。但这样做不是没有新的风险和挑战的。为了利用这些新技术，我们必须改变运营方式。

尤顿：姆。

韦克曼：你知道吗，真正让我感到惊奇的是这些事情发生的速度如此之快。真的，云计算是非常新的技术。亚马逊是在大约五年前才开创的这个新趋势吧？

尤顿：最多五年。

韦克曼：看看现在已经发展到什么程度了！

尤顿：是啊。

韦克曼：我知道人们在安全方面的担忧，我知道还有其他事情，但是你知道吗？不能因为它有这么大的破坏力，包括存储成本、计算成本在内的各种成本如此巨大而且和以前不一样，就进退两难。因为如果我必须买一台服务器的话，一年中只会使用一段时间，比如像我们的一些成绩评定程序。《华尔街日报》的一篇文章中引用了我对这个话题的说法，他们问我："你为什么会去购买这些按需服务呢？"我说："因为我的需要是有波动的。我们有些大规模成绩评定程序一年只运行一次，但需要大量的计算能力。你知道那些计算能力在一年的其他时候都在干什么吗？"

尤顿：积累灰尘。

韦克曼：是的，什么都不做，只是在浪费电能。

尤顿：这样的情况还很多，比如奥斯卡和奥运会。

韦克曼：还有超级碗橄榄球比赛。

尤顿：对，超级碗。这样的情况还有很多很多。大多数零售行业的圣诞节购物季也是这样。

韦克曼：嗯。

尤顿：是的，是这样，想想这些事情，真让人吃惊。说到未来，我想到一类相关的社会问题。就是"数字化国家"的话题，你可以把他们称为 X 代、Y 代、Z 代或是其他的，他们是在计算机伴随下长大的，你认为他们对你们在 ETS 做的事情有什么影响？

韦克曼：首先，我要说一个有点争议的事情，我不相信什么 X 代的说法。

尤顿：嗯。

韦克曼：因为——你今年多大年纪了？有 iPhone 吗？

尤顿：有。

韦克曼：我还买了 iPad，但我已经不年轻了。我们能像年轻人一样迅速地使用技术。当然，有些人并不是这样，但有很多年轻人也不是这样的。

尤顿：说得对。

韦克曼：有很多年轻人对技术了解得并不多。噢，他们知道怎么样玩视频游戏，知道怎样在录像机上设置程序，但这并不意味着他们懂技术。有一种误解认为他们都是天才，而我们都不是。我可以告诉你，这个观点是错误的，因为如果看看使用 Facebook 的用户分布情况，使用者中最大的群体是婴儿潮①中出生的人。

---

① 指的是美国 1946 ~ 1964 年的生育高峰期。——译者注

尤顿：（笑）是的，我同意你的说法。我唯一不同意的地方——可能也不算什么，对我来说，仍旧需要下意识地说，“噢，我应当用谷歌搜索一下”，而这种想法早已深植于我的孩子们的脑海中。

韦克曼：是的，那是深植于他们脑海的，但是有什么东西不会深植于他们脑海呢？是接下来出现的技术。技术不会停滞不前。

尤顿：对。

韦克曼：技术是不断变化的。技术的变化会越来越快。所以，用不了几年，他们就会和我们一样处于劣势了。

尤顿：我完全赞同。但现在不仅是人们进入了 IT，从大学毕业的整个劳动力也都并带着各种期望和假设来到了 ETS。

韦克曼：嗯，我们是这样处理的。相信我，不仅是年轻人，在这里的很多人都是那样。这里的人会说：“我想用 Mac，我想要一部 iPhone。”

尤顿：啊哈。

韦克曼：不仅仅是新来的人，甚至已经在这里工作的员工也是这样，但现在的数量还没有那么多。有些人，就像是我的老板，他们说：“是个计算机就行。我不想管理或处理和计算机相关的任何事情。”还有另外一个群体说：“我要使用我的技术，我要按照自己喜欢的方式使用技术来完成自己的工作。”

我们引入了一个叫作“选择计算机”的消费化方案，是自愿参与的。方案先从蜂窝电话开始。有个小组有用于业务的蜂窝电话和智能手机，我们可以使用这些设备，他们可以出去通过 Verizon 或 AT&T 买一部，并接入我们的网络，访问我们的电子邮件和其他类似的东西。必须和他们签协议，说明我们有权远程擦除，必须设置防火墙，防火墙必须加密。总之，要有一定的规则。我们的想法是，他们中的大部分人都可以得到津贴来购买手机。对于某些人，我们会说：“你可以使用自己的手机，但是我们不给你津贴。嗯，我们可以让你接到网络中，但你必须遵守这些规则。”

尤顿：对。

韦克曼：必须有一些我们能够控制的安全措施。幸好 iPhone 和其他一些设备能够加密，能够远程擦除，能够用密码保护。只要他们满足那些最低要求，我们就可以让他们接入网络。那些要求在各个平台上似乎都一样，在黑莓上也是一样的。接下来我们将在笔记本电脑上引入“计算机选择”方案，这个方案稍有一点挑战，问题在于技术还没有发展到那一步。

尤顿：有意思。嗯，再问最后一个问题，这个问题最适合放到最后问了：你今后的打

算是什么？等你在这里当了若干年 CIO 之后，会不会有什么想法、计划、梦想、希望和志向？

韦克曼：我考虑的一件事情是 CIO 职位的发展方向是什么？

尤顿：这个不错。

韦克曼：我读过很多这方面的东西，想尽量获得一定的理解。我和其他 CIO 谈过，了解了他们的观点，对于 CIO 角色未来的方向也有很多争论。有些人认为这个角色将会消失。CIO 管理人员委员会明确提出了一个观点，认为 CIO 的职位将回到业务中，将作为服务购买，这个职位确实没有必要存在了。而其他人则说："像我们这样的公司，知识财产和 IT 发挥着重要作用，或者像银行，仍旧需要有人承担起技术领导的角色。"我估计自己还会继续承担技术领导的角色，但是职责范围可能会扩展到共享服务，而不是限于 IT。

尤顿：是的。

韦克曼：也许是一些管理服务或其他服务。我得说，因为其他职责很多都依赖于 IT 来运营，所以 CIO 的角色可能会变得稍微重要一点。

尤顿：是的。

韦克曼：你可以看到他们之间的协同作用，你能看到有些 CIO，比如我认识的陶氏化学公司的戴夫 · 凯普勒。他最后晋升到了副总裁，负责所有的服务——HR、运营、质量和其他类似的共享服务领域。你认识马莎 · 赫勒吗？

尤顿：不认识。

韦克曼：她表达过这样的观点：CIO 的角色将扩展到更多的服务领域。这种说法是有些道理的。如果我们真的是在向购买服务的世界迈进，你我都知道，未来的 IT 组织将不再是关于管理数据中心的了。未来将是购买这些服务并将其打包，让你能够使用它们管理你的业务。

尤顿：嗯，还要进行整合。

韦克曼：对，还要整合。

尤顿：但是，CIO 在未来介入业务时会有另外一种可能，就是要把所有的业务都管理起来。

韦克曼：有可能。

尤顿：这要一直做到 CEO 那一级了，至少有几个 CIO 这样做了。

韦克曼：如果在一个完全以技术为中心的业务中，如果是在谷歌或是技术发挥非常重要的公司中，是可以这样做的。但在这里我认为很难那样做，因为这里需要的是在教育领域非常可靠的 CEO。

尤顿：对。

韦克曼：有很多信息密集的企业中的 CIO 职位是我可以做的，像金融公司或其他仍旧认为 IT 是一项核心能力的公司。这是我为什么喜欢在 ETS 工作的原因。有些公司没有把 IT 当作他们的核心业务，对于到这样的公司工作，我没有多大兴趣。

尤顿：你为什么这么想呢？（笑）

韦克曼：我就是这么想的。不过，你会看到，在很多公司中，他们把 IT 看作是从其他人那里购买的服务，把什么事情都外包出去。我相信，随着时间的推移，采取那种做法的公司会感到后悔，因为他们发现自己失去了大量的知识资产，这些资产都藏在他们遣散的那些人的脑海中。创新的速度会慢下来，做事情花的时间也长了。

尤顿：好的。我想现在该结束谈话了。

|第 9 章|

琳内·埃琳

——DTE 能源公司高级副总裁兼 CIO

琳内·埃琳为 DTE 能源公司高级副总裁兼 CIO。DTE 能源这家多元化经营的公司位于底特律，业务包括在美国全国范围内拓展和管理与能源相关的业务与服务。埃琳领导着一个约 700 人的组织，他们为 DTE 能源的所有公司提供信息技术战略，以及开发和计算机管理服务。

2002 年，《克瑞恩底特律商报》（*Crain's Detroit Business*）评选埃琳女士为大底特律地区 100 位最具影响力的女性商界领袖之一。2003 年，计算机行业妇女联合会将她评为密歇根州计算机行业最优秀的女性之一。2004 年 8 月，*CORP!*杂志将她评选为密歇根州最优秀的商界女性之一。她还是 IBM 顾问委员会和 DTE 能源主管委员会的成员，并且被任命为了美国标准与技术协会（NIST）智能电网顾问委员会成员。同时，她也是 Cutter 业务技术委员会的资深会员。

琳内·埃琳：你好。

埃德·尤顿：你好，埃琳。

埃琳：我现在在佛罗里达州奥卡拉市。

尤顿：噢，你不在底特律。非常感谢你能抽出时间。首先，我想问的是，你是如何取得目前的成就的。是否在早期有什么英雄、榜样或导师帮助你走上了职业道路，并决定了你后来的发展方向？

埃琳：没有正式的导师。我想，特别是像我这样在那个时代进入 IT 领域的女性，没有很多导师。对于男员工来说，可能也是如此。但对于女员工来，则尤为明显。我没有正式的导师，但我刚参加工作是在亨利福特医院，在一位名叫吉姆·希普利的先生手下工作。我那时还太年轻，没有意识到他是多么出色。但是后来在工作中遇到其他领导时，我会一次又一次地回想起吉姆是一个多么优秀的上司，一个多么富有远见的思想家，并且多么擅于处理大型系统、人际系统和组织工作。他是个非常好的人。我并不是说我在很多坏人手下工作过，而是想表达：这些年来，我一直都想成为吉姆那样的上司。

尤顿：嗯，有意思。我要记住你说的这些关于导师的话，因为我也希望通用电气的女CIO查伦·贝格利尽量明确谈谈这个问题。我还采访了另外一位女CIO，她是整个英国议会的CIO，名叫琼·米勒。她已经接受请求明确阐述了这个问题。我很想了解，你的经历是否和大多数人是一样的，还是特殊的。当然，你说的这些很有意义。

埃琳：我经常应邀为女性群体发表讲话。在中国，甚至有人问过这样的问题：房间里只有你一个女性时，是什么感觉？另外一个问题是：你的导师是谁？针对这两个问题，我都给出了巧妙的回答。我有四个兄弟，所以在很早以前，我就是房间里唯一的女性了。

尤顿：啊哈。

埃琳：我没有姐妹。对于导师的问题，我回答得也很妙，估计你听了也会发笑。在我的成长过程中，周围所有年长的妇女都是母亲们：我的母亲、祖母、姑姑，还有邻居。对我来说，最接近工作榜样的人是马洛·托马斯在《那个女孩》（*That Girl*）中饰演的角色。

尤顿：有意思。

埃琳：看到这里，人们可能要捧腹大笑了，因为那是个喜剧演员。她总是陷入某种荒谬的境地。嗯，他们从来不会明确告诉你她做的是什么工作，但她很独立，在纽约有自己的公寓，而且她似乎很开心，并且非常聪明。这是一个笑话，但实际情况是，IT行业没有女性。我的意思是，我早期听说过葛丽丝·霍普，但从来没见过她。那时没有职业女性，当然我也没有见过有类似高级副总裁这种头衔的职业女性。在我职业生涯的前三分之二中，我认识的女性高管不多。就算认识，她们离我也很远。所以说，我没有榜样。

尤顿：非常有意思。你早期的职业生涯是在硅谷度过的，对吧？

埃琳：对，对。

尤顿：那里没有女性吗？

埃琳：我稍微说说我的经历，最初的五年我是在医院上班，做了很多医学计算工作。

尤顿：嗯。

埃琳：接下来十年是在克莱斯勒公司。

尤顿：嗯。

埃琳：我从事的是先进技术软件规划，管理着人工智能团队。后来，我去了施乐，接着又去了网景。

尤顿：噢。硅谷外面是什么情况？是不是也没有女性，我指的是比较强的 IT 经理。

埃琳：当然有。在其他公司，比如网景，首席顾问是位女性。人力资源部的负责人也是女性，这种情况并不少见。在网景，还有几个高级产品开发经理也是女性，但是和男性相比人数很少。当然，施乐也有女性。实际上，我在那里的时候，安妮・马尔卡希是人力资源部的领导。当时，厄休拉・伯恩斯也在施乐。我不认识她，但见过安妮几次。不过，我认为厄休拉・伯恩斯属于产品部门，不算高管。施乐的 CIO 帕特・沃林顿也是女性。但施乐是我看到的第一个女性有那么高头衔的地方。直到今天，施乐仍旧是我工作过的女性高管最多的一个机构。

尤顿：嗯，我正好可以顺着这个问题问下去，大致说来，你是如何晋升到 CIO 职位的？不用介绍整个职业生涯，只要说一说你在职位上是如何不断晋升并当上 CIO 的。

埃琳：机会总是自动找上门来。我并没有想成为 CIO。我一直想做一些非常好、非常有活力、非常有趣的工作。不管做什么，我都会十分专注，而下一个机会可以说就自然而然地出现了。我放弃了很多出现的机会，因为那些机会并不让人感兴趣。它们无法令人振奋，并且都是些枯燥乏味的工作。

我放弃了那些机会。有人说，要设法抓住每一个机会，因为它们一去不复返，但我认为这种说法完全错误。

尤顿：在成为 CIO 的道路上，你接受过什么培训吗？是否回到学校，拿了像 MBA 之类的学位？

埃琳：是的，我在管理先进技术团队时，克莱斯勒送我去密歇根州立大学参加了高级管理人员 MBA 课程。

尤顿：嗯。这么说来，在晋升到一定职位后，管理人员都会得到一些培训？

埃琳：不是，不是。他们每年只送几个人去，你必须得到推荐才能去。当然，你需要得到批准才能参加那个培训计划。

尤顿：嗯。

埃琳：他们必须有足够的理由才会让你去参加培训。你必须有一个比较有分量的推荐人。我是提名两次后才被接受的。高级副总裁在复审时选中了我。我是 20 世纪 90 年代去的，我去的那年，克莱斯勒的经营状况还相当好，他们一共派了五个人。

尤顿：嗯，这又让我想问下一类问题了，大致说来，就是关于你现在做的事情。如果必须把你的时间或全部工作活动分成三四类，会是哪几类呢？我估计，其中一类可以说是要密切关注运行领域。你们肯定有成千上万台服务器及各种设备。这方面是不是你的一部分主要职责？

埃琳：是的，不过我来直接说说 IT 的职责吧，都是些常规的事情。我有三个大型数据中心，要支持 DTE 大家庭的所有东西，包括两个大型公用事业公司和一些非受监管类公司。这些公司的业务遍布美国各地。另外还包括两个能源交易所，一个在安阿伯市，一个在休斯敦市。我们有铁路和运输机构，有电力公司和工业公司。我们公司种类繁多，特点差异巨大。能源交易所像一个普通的交易大厅，公用事业公司要受到严格监管。所以，我每天既要考虑初创和正在成长的企业，又要考虑保守、谨慎的企业。

说实在的，我很喜欢公司的这个特点，因为如果总是重复做一件事情的话，我可能很快就会厌倦，并且估计会惹出麻烦。这种多元化以及运营上的要求是个很复杂的难题，显然，如果你在做交易，那就是实时的——“把我要的东西给我。别打扰我，我们正在赚钱”。而如果你管理的是控制电力和天然气流量的状态系统，那么误差应当为零。这些事情的差异非常非常大。我承担的另外一项最认真的工作，也是我与众不同的特点所在，就是我进行管理的方式。这种方式是为人际系统提供教练和优化服务，为人们找到非常适合的位置，这样他们不仅生产率很高、贡献很大，而且也会非常乐于来这里工作。你可以出钱让人们来这里工作，但他们表现的好坏则取决于他们自己。就像人们所说的，人们加入公司是因为对公司的喜欢，离开是因为对上司不满。

尤顿：是的。

埃琳：我要说，人际体系是最重要的，也是现在做得最不成功的。我们花了些时间来打造这样的体系。我的主管团队是我所知道的最优秀、能力最强的一个团队。我现在做的是教练工作，负责改进优化，不负责初步的工作。他们十分相信自己非常优秀，所以我有点像是乐队指挥。有时候，我觉得自己需要谨慎一些，以免造成干扰。

尤顿：（笑）通过挥舞着你的指挥棒。

埃琳：在他们不需要的时候或是在其他情况下介入，这是一种优化。还有最后一件事。这可能和你将要见到的所有其他 CIO 都不一样，因为公用事业的行业特点以及我们所处的时代。在这个时代，我们发现自己同智能电网、智能电网资金、电网扩展、网络安全威胁等联系在了一起。我花了大量时间和能源部、公用事业电信委员会、游说者以及政界人士交谈，和我们行业中的其他 CIO 一起讨论我们将采取什么样的立场。我还接受了美国国会在技术上的一个任命……今后三年，我将担任智能电网顾问委员会成员，将会花大量时间解决带有浓厚政治色彩的业界重大问题。谁知道呢，反正没有人会指责我是个政客。

尤顿：（笑）有意思。还有几个方面我想进一步问问，不过我得先理解你刚才说的这些话的要点。说到教导人们，我不知道具体数字，不过估计你们 IT 部门肯定有一千或一万人。在实施教练工作的时候，你会延伸到哪个级别的员工？

埃琳：嗯，会包括很基层的员工，因为不管是谁，只要想得到教练服务，我都会提供。所以我肯定会教导一些人。此外，我正在考取国际教练联盟的资格证书，我也在积累自己提供教练服务的时间。

尤顿：嗯。

埃琳：我还在做另外一件事情，为公司中一些不在 IT 部门工作的女性提供教练服务。她们是其他部门的人，希望我通过我们的教导计划为她们提供指导。我做了不少的教练工作，但在我的组织中，我要做的是让我手下的主管、经理、管理人员能够掌握指导别人的能力。

尤顿：对、对、对。关于那些基本上是直接向你汇报工作的主管或其他人，我听到几个 CIO 也谈到了这方面的事情，他们谈到了各种事情，谈到了那个每天都在帮助他们完成工作的团队。人们要想进入你们团队，需要具备什么样的技能或特征？

埃琳：显然，他们在技术上要有能力。这是不言而喻的。

尤顿：当然。

埃琳：这是问题的一部分。对我来说，技术能力实际上来自业内的实践。所以我觉得有一种看法很奇怪，认为某个人电子表格用得很熟，同业务方保持着非常好的关系，就因此让他负责某种 IT 工作。我个人是不认同这种做法的。这可能和我的背景有关。

我编过程序，设计过数据库，用过很多种语言编写程序，所以我的看法很可能带点偏见。但是对我来说，你必须要有真才实学。不仅如此，你还要有很好的人际交流能力、很强的个性，能够生活在充满矛盾的灰色地带。在面对一些竞争优先权和看似冲突的利益时，要能找到好的答案。

在 IT 中，你是活动的中心，会面对各种事情。过度把自己当成业务的组成部分，或是过度认为自己代表的是 IT 的利益，或是过度地认为自己代表的是技术，这些想法都是有害的。我喜欢我们主管团队的一个地方，也是我认为能够打造一个强健组织的地方在于，我们的任何一个主管都不会让他们的同事在任何一件事情上失败。

尤顿：嗯。

埃琳：如果某人遇到困难，他们会……我们把那种做法叫作“群体行为”[①]。他们会一起解决问题，帮助同事从问题中摆脱出来，因为他们知道，IT 中不管出现什么问题，都是 IT 中所有人的问题。

尤顿：呣。

埃琳：我认为那个态度很特别。因为一般来说，相互竞争，让自己的表现超过身边的人，这是人们长期以来得到晋升的一种方式。

尤顿：确实如此。关于团队在这方面的内容，我还从其他几位 CIO 那里听到了一个话题。他们当中有几个人表示，显然，技术能力、实践能力和其他一些能力非常重要，但他们也要找一个彼此能够融洽相处的团队。因为，在今天这种经济和业务环境中，很多人一天要工作 12 个小时，你可不希望一天 12 个小时和一些你基本上不喜欢的人一起工作。对于你们团队来说，这个问题突出吗？

埃琳：还不算突出，不过我可以深入谈一谈。当然，他们必须合得来，但我认为除了合得来之外，还有其他的。这又回到了那个观点，我们是 IT 人。为了让团队在一起，为了让团队能有好的表现，需要为同事提供必要的帮助和辅助，甚至帮他们做一些工作。并不是说一定要这样做或是经常要这样做，但你和同事是相互依赖的。你们既然是一体的，就要确保每个人都能取得成功。我想你是不会在很多组织中都能看到这种素养的。而一个组织，不论是 IT 组织还是其他组织，如果想真正表现出色，就必须成为有那种素养的团队，强烈地认同团队的成功。

尤顿：有意思。你在这方面说到了另外一件事情，我想再多了解一些。你说你手下的主管处于活动的中心，因为现在一切都在围绕着 IT 转。所以显然，你和你的团队要和各个业务领域的、和你们平级的人打交道。我估计你和他们偶尔会有一些冲突或意见不一致的地方。你们要和一些能力很强的、成功的领导打交道。他们晋升到目前的位置，至少有部分原因在于他们的个性和坚定的信念等。他们觉得自己很清楚应当如何做他们的工作，而且可能认为比你还懂得如何做你的工作。你和你的团队是如何让他们接受你们的观点的，我的意思是，如何实施那种从 IT 角度来看至关重要的政策和策略？

埃琳：嗯，你说的完全正确。任何一个用过互联网或用电子表格做过点东西的人都可以告诉你 IT 是多么简单。

尤顿：（笑）对！

---

① 这里的“群体”行为（swarming）是一个双关语。2005 年，加拿大的坎贝尔利用群体行为（swarm）原理让大楼里的电器互相协调，减少大楼在用电高峰的用电量。这种方式为后来的智能电网提供了一个根本基础——互联互通。——译者注

埃琳：这就好比每个开过车的人都认为他们可以构想、设计并开办一家工厂，而生产出来的汽车会比汽车制造厂生产的还要好。有意思的是，人们对系统中的复杂性知之甚少，你可能知道，研究复杂性的科学家认为地球上最复杂的产品就是软件。

尤顿：对。

埃琳：有一种情况是人们完全无法理解的。软件比我们驾驶的汽车要复杂得多，或者说最复杂的东西就是软件，但人们就是无法理解这一点。当然，让你的同事明白这一点很难。我们又要回到刚才说的如何影响他们，和他们一起工作的问题上，又要回到团队的观念上。如果你的主管、经理、管理人员和 IT 行业的人都知道，如果他们也入乡随俗，为了取悦某人而做出改变，那么整个事情就完了，结果会很糟糕。我们在交流的时候必须清晰，必须保持一致，我们必须总是提醒人们我们在竞争优先权之间做出权衡。我们必须不断地教育、解释、证明，顺便说一下，我们要把公司和其他公司进行对比，呈现出事实，看看你和他们的表现相比怎么样，这是我所知道的唯一的生存技巧。这是生存的技巧，因为这场战争永远不会结束。

尤顿：嗯，很多技术都很廉价，随处可得，现在尤其是这样。在过去 25 年间一直是这种情况，在个人计算机出现后就一直如此。从你的描述中可以知道，你们的能源交易员在技术上并不怎么样。你知道，如果他们不喜欢你给他们的答案，他们今天可以到 Radio Shack 或其他地方去买，或是在 iPhone 上下载一个应用程序，然后说："见鬼去吧。我们不需要你，我们自己可以做。"等到问题失控了，他们又要找你帮忙。

埃琳：我没有遇到过这样的问题。

尤顿：噢，是吗？

埃琳：因为他们做的事情每天都要接受检查，交易员在每天下班的时候都要接受审计，他们很不耐烦，他们要做自己想做的事情，但是他们不能违反我们的规定。这实际上更像其他……这更像是工程领域。

尤顿：啊。

埃琳：是相似的。

尤顿：是。

埃琳：但实际上，我们对网络实施了监督、监控，对桌面进行了管理，他们很难做那些事情。

尤顿：你说到的另外一件事情和我从其他 CIO 那里听到的非常一致，我忘记是谁说的了，他说他开始认为自己的工作是首席媒体官了，因为他要交流、培训、传播，不仅

是关于他们正在做的，还像你说的，要与其他人做的工作进行基准对比……有竞争对手的，有业内同行的。我认为这种事情会变得越来越重要。

埃琳：噢，是这样。这是我今天工作的一个重要部分，也是我们员工工作的一个重要部分。我们在去年加入了 UNITE，这个组织包含 17 家最大的电力公用事业公司。我们花了几千个小时收集数据，和他们做基准比较。

尤顿：哇。真了不起。你提到的另外一件事情和这些也是相关的，而且也很容易想到，你们要和同业的 CIO，其实是各个行业的 CIO，保持联系，这点非常重要。唔，了解一下其他人担忧的是什么、考虑的是什么、打算做的是什么，等等。你的时间有多少是花在这些事情上的？

埃琳：我估计是 5%或 7%，我在这上面花的时间不多。但这确实是非常重要的一部分工作。非常重要，据此可以理解他们游说的效果或业界的立场。

尤顿：啊，说得好。

埃琳：这是非常重要的。我和南方电力公司的贝基·布莱洛克合作，与能源部的律师做了一些政策上的讨论。我的另外一个想法也纳入了讨论，我们围绕这些事情定制了行动计划。

尤顿：我来转到另一个方面的问题，估计你会喜欢谈论。在今后几年，你认为在你们公用事业领域中，有哪些新趋势将会影响 IT 行业？

埃琳：很重要的一个当然是"智能电网"。但问题在于，这个叫法隐含的意思是现在存在一个"愚蠢电网"。

尤顿：（笑）

埃琳：现在电网的自动化程度很高了。这是对电网的再次自动化。例如，以前（在我之前）底特律爱迪生电力公司有 140 个工程师在操作。现在只需要十多个或是更少的人。电网的自动化程度越来越高，智能仪表越来越多。我们可以争论这些东西有多么智能，但是要说仪表是否到了屋主可以在房屋自动化中大量采用的程度，这还有待于观察，不过已经有很多人对此激动不已了。现在出现的电动汽车、电动交通工具已经相当多了，还要引入自动化、记账和管理。这对我们行业来说非常非常重要。这些是非常好的机会。我不认为机会存在于流行刊物或硅谷想要的那些东西中，但是在电力分布式网络的可管理性上存在巨大的改进机会。我们以前是很仓促地被迫把它作为基于 IT 的网络来实现了。

尤顿：姆。

埃琳：如果回到 1995、1996、1997、1998 年，我那时还在硅谷，我们把什么东西都

通过网络连接起来了，但谁也没有预料到未来会面临那么多安全问题，而且问题种类越来越多、越来越复杂。

在那些日子里，我们只有几个安全工具。而现在，每个公司都运行着 20 个不同的安全工具，在安全问题上花费了 IT 预算的 5%到 10%，只是为了管理我们早已熟知的网络。我们现在正在连接电力网络。我们有了这些能够做的、非常好的事情，有些是对消费者有益的，能够降低成本、提高可靠性、更好地管理。如果你相信为硅谷提供资金的风险投资家（VC）所说的那些话，如果你相信能够为他们提供 iPod 应用程序和智能手机应用程序，让他们开灯、关灯，让他们把水池中的过滤器循环起来，如果你相信这是人们需要的，那这些东西对人们就是有帮助的。

顺便说一下，我认为这样的事情不会很快出现，因为每一个实验都显示出人们玩上几个月后就会找到其他更好的东西了，但是我们看看随着时间的推移……我们有这样的东西，我们正在创造光明的前景。我们总是要附加一个说明："噢，顺便说一下，这应当是安全的。"

尤顿： 是的。

埃琳： 我们现在对 IT 了解什么？IT 是不安全的。我们经常得到一个新的安全工具、一个安全补丁。我们有一个"补丁星期二"修复所有已经发现的问题。

尤顿： 对。

埃琳： 我的思维方式告诉我，这些 IT 网络的未来不可能有巨大差异。我看到了很好的、令人振奋的东西。我看到了令人非常担心、给人带来麻烦的东西。尽量提供条件但是又不要过度允许潜在的问题，这就像是在走钢丝。IT 也被技术行业在华盛顿那里游说得过多了，因为这能给他们带来很多钱。

尤顿： 我很想再深入谈谈问题、论据之类的，但是让我先结束这方面的谈话吧。我们现在在新闻媒体中看到的其他一些热门词汇，比如云计算、虚拟化等，对你们这个领域的影响有多大？这些只是你们已经在使用的东西，还是说会给你们开展业务的方式带来本质的变化？

埃琳： 大约七年前，我面临巨大的资本投资，对方想要推倒墙，扩建数据中心。我说："我们不能这样做。我们要找一个更好的方法。"那时虚拟化策略才刚刚起步。

尤顿： 是的。确实，我认为也是这样。

埃琳： 但是，我们非常坚定地把数据中心虚拟化了。今天，我们这三个数据中心都还有很多空间，这真的不足为奇。我们非常坚定地走在了虚拟化策略的前沿。我们在 SAP 和其他技术的基础上实现了新的企业业务系统后，就抛弃了大型机。我们坚定地沿着

虚拟化的道路前进。我们对“云计算”有过几次为数不多的了解，如果可以不用担忧安全就好了。但我又不可能不担忧安全，因为我们的虚拟化程度很高，所以我们没有太多的钱来做云计算。

尤顿：啊，有意思。

埃琳：我对虚拟化的看法和 10 到 15 年前对外包的看法非常相似：如果想让别人帮你把房子弄整齐，自己首先要弄整齐。不然的话，房子会更乱。

尤顿：会很混乱，甚至自己都看不出来。

埃琳：这是我的观点。

尤顿：是的，我同意。

埃琳：这同样要取决于你的行业，如果你是一个快速成长的初创企业，是不会有任何数据中心的。你面临的是用光现金的风险，这个风险比某人来窃取你的秘密的风险要大，所以当然是可以放到云上的。但如果你是一家拥有 150 年历史的公用事业公司，是恐怖分子、罪犯和恶作剧者的目标，就完全是另外一种考虑了。

尤顿：有意思。

埃琳：如果我在另外一家公司工作，就是另外一种观点了。

尤顿：确实。

埃琳：但是对我们来说，虚拟化毫无疑问是三星、四星。云计算就是一个大大的问号了。就算我要做云计算，也肯定和亚马逊或谷歌的方式不一样。对我们来说，云计算可能不是特别重要，但是当然，我们还在观察。所有的消费设备、先进的设备都是很重要的。我们的观点正在转变，我们将允许做很多这样的事情，但我们会把它们看成消费设备，而不会提供这些设备。

尤顿：好的。

埃琳：大家的预算都在缩减。今年，iPad 很热门。五年前，黑莓很热门。三年之后，又会是其他东西了。我们的职责是跟上技术的发展，能够让客户和公司保持联系，能够把公司的邮件发给客户，可能还会提供一些公司中使用的应用程序。但是至于把什么带到工作中，那是客户的选择。

尤顿：嗯，好的。我估计那个想法又要把我们带到下一个问题领域了，和社交媒体有关，任何一个人都可能带到或不带到工作中。Twitter、Facebook 及相关的东西，你认为在未来几年，这些会给你生活的世界带来很大影响吗？

埃琳：我们在这方面有两个观点。我们在使用 Facebook，在使用 Twitter，但是只用于公司交流，只用于提供业务服务，只用于和客户联系。我们不允许我们的人在这些事情上花时间，因为说实在的，我们认为这些东西会影响生产率。

不过，我们在防火墙内部推出并部署了社交媒体工具，这样我们可以有像维基百科那样的地方，我们可以合作，可以在聊天室里讨论问题，两个不在同一家电厂工作的人可以使用内部社交媒体相互了解进展情况、哪些地方出了问题，并吸引其他人加入。

我认为这是真正的胜利，真正地为人们提供了条件。但是从业务角度来看，还没有理由把这些东西扩展到防火墙外面。我们做的最重要的事情是让灯亮着、保证有电。如果我们是一家从事市场营销或是出售消费商品的公司，我可能会持另一种看法。这种说法针对的是我现在的公司。

尤顿：嗯，你刚才提到了客户服务？你们使用类似 Twitter 之类的工具吗？这样，底特律大街上的市民就可以与你们交流，把他们看到的问题和疑问反映给你们了。

埃琳：我们有这样的工具。

埃琳：但是，只在业务环境中对那些需要对公司交流、客户服务做出响应的人开放。

尤顿：对，对。

埃琳：但是，不对工厂的工作人员、IT 人员和其他人开放，因为我们不需要对此做出回应。

尤顿：可以理解。对于所有的问题和令人关注的地方，你毫无疑问地提到了安全，这也是我从每个人那里都听到的，安全即使不是他们的中心要素，也肯定是让人最担心的问题之一。今后几年还会不会有其他让你感到担心的重大风险和问题？

埃琳：在 IT 基础设施、工具与技术、培训和人员招聘上投资不足上，我们公司倒不是特别担忧，但对我们的行业来说就是个大问题了。大多数 IT 预算都严重不足，我们没有为未来构造农场俱乐部，也没有跨行业地进行投资，部分原因要归于供应商团体，因为随着时间的推移，他们的产品的可靠性是个问题。我们的企业业务系统方针是把包括 SAP、Maximo、Advantac 在内的产品都放到 IBM 的硬件上运行，要想迁移到其他系统可谓困难重重。你也知道这是什么情况。你刚运行起来，那里就有了新版本的操作系统，你必须使用那个版本，不然就得不到支持了。你做完这些更改后，马上就需要升级另外一个产品。等你升级完那个产品，第三个产品又在等着你升级了。

尤顿：对。

埃琳：我们很大一部分预算都花在了支持这些大系统的运转上，从预算的角度来看，做新东西会变得非常非常困难。这是问题，而且很严重。从前我们接受的思想是基于组件的架构、面向对象编程等，Java 的思想可以在多个平台上移植，我们希望组件之间足够抽象，有足够的粒度，这样在修改一个地方时就用不着非得修改别的地方了。我们还没有做到那一步。这对扩展、成长、敏捷、灵活和及时响应来说都是很严重的问题。

尤顿：说得对，而且我也看不出来今后几年会有什么改变。

埃琳：除非有人说："够用就行了。我将出钱赞助一个跟现在的公司类型差异非常大的公司，这个公司不需要依赖于支持收入就能做好我们的重点工作和产品市场。"你知道，在公用事业行业，法律限定为 11%。那是我们能够做到的最好的程度。我们必须与甲骨文、思科这样的公司打交道，他们都是利润超高的公司。他们可以游说我们，要求我们增加投入，目的只是为了让我们已经花过钱的东西能够保持运转。

尤顿：嗯。

埃琳：我们也许只能加大投入。这是个问题，需要彻底改变。我希望自己再年轻一些，面临的风险再小一些。我想处理这个问题，但是我希望某个人……但是我认为，可能上了岁数的人才能看到这个问题。（笑）

尤顿：对。

埃琳：但是我希望有一天事情会有所改变。

尤顿：我还有两类小问题要问一下。一个是关于两代人的问题。你们招聘的刚毕业的新一代工作者，他们在行为和态度上与以前的人相比，比如和五年或十年前的人相比，有什么重大差异吗?

埃琳：有。不过，因为我一直处于先进技术的前沿，接触的都是很新的东西，所以甚至当我还在克莱斯勒的时候就让毕业生轮岗了。每个人至少要在先进技术组轮一次岗。

尤顿：嗯。

埃琳：我先后在硅谷待过两次，在那里，显然，我做的是一些成人监管的事情。年轻人表现出的一些特征是不知疲倦、有耐力。不管是 20 世纪的 70 年代、80 年代、90 年代，还是 21 世纪的前 10 年或前 20 年，你周围的整体环境可以说都是那样的。他们和我们是有差别的。我也不断听说这些差别在工作场所带来的冲突。我倒是没有遇到那种冲突，也许对我们来说差别并没有那么大。但是据我观察，不管什么时候，只要在业界或公司中工作，一般都会有这种压力，随着时间的推移，你会变得更像那些人，也可能选择离开那里。我在这方面是乐观的。新来的年轻人带来很多活力，很多天真的想法，很多“只要动手去做”的干劲，你应当保留其中的部分。同时，也希望他们开始形成自己的判断力。我认为这是一个很好的过程，我喜欢这样。我也说不上来，反正我并不担心。

尤顿：他们在一生中，实际上从出生后就对他们使用的电脑玩具和电脑器具都很熟悉了，也具有一定的操作能力，这些东西我也不想用 IT 这个词了。你对这种现象是怎么看的？

埃琳：一个人因为会开车，所以就认为自己对于汽车的设计和制作都很精通，如果我遇到的是这样的人……

尤顿：（笑）对，对。

埃琳：我一般会带他们到数据中心参观。

尤顿：啊。

埃琳：带他们参观管理电力的系统运行中心。带他们到能源交易大厅。带他们参观核工厂。

尤顿：嗯。

埃琳：给他们看些梦幻的东西，他们会开始意识到一个先进的设备并不能告诉你运行中心发生的事情，如果他们聪明的话，是能够理解我的用意了。我的意思是，他们能够理解我。

尤顿：嗯，非常有趣。再问这方面的最后一个问题，这可能又回到你一开始说过的话了。IT 行业的这一代女性有什么不同？从工程学校毕业的年轻女性现在是变多了还是变少了？她们与你们刚毕业那会儿相比，变得更聪明了吗？

埃琳：现在的女性少了。这方面是有统计数据的。

尤顿：是的。

埃琳：现在报名参加工程、科学课程和 IT 的女性越来越少了。首先，她们认为所有的工作都跑到其他地方了。其次，现在能够做出的选择比以前要多得多，有些机会是我们根本没有想到的。第三，还有一些情形，比如我女儿就是这样一个例子。她总是说“妈妈，你工作太辛苦了”。

尤顿：（笑）

埃琳：她是个很有天分的设计师，做过博物馆设计和其他方面的设计工作。她在一定程度上要在工作和抚养孩子之间做出平衡，她选择的一些机会是我根本想不到的。我

不知道我在那种情况下会怎么做。但是她们拥有我们所不曾有过的选择。不过话虽这么说，但现在 IT 业还是有年轻女性的，我见到过很多，我是密歇根州妇女技术协会的顾问。她们有 600 多个成员。她们在很多地方都比我们那会儿更有雄心、更有进取精神，在技术方面接受的教育更好、更有知识。我遇到的一些人相当不错，我希望我们这个领域能够吸引更多那样的人。现在有些女性担任的不是系统分析师，而是担任计算机架构师。这种情况以前是没有的。

尤顿：嗯，是的，是的。这种情况令人鼓舞。嗯，最后一个问题，我觉得这个问题也适合放到最后来问。这个问题是，你接下来打算做什么？你希望一直担任 CIO 吗？今后有什么打算？

埃琳：我刚才说过，机会总是自己找上门来的。

尤顿：（笑）是的。

埃琳：而不是我去找机会。我相信会发生一些事情的。会发生的。不过话虽如此，我很可能在 CIO 的职位上一直干到退休，不过我现在正在向两个方向扩展。一是做教练，因为我愿意帮助组织中的其他 CIO 和将要成为 CIO 的人，让他们知道如何在计算机系统、技术系统和大型人际系统之间获得适当的协同作用。我认为在这方面有各种机会。第二件事情是我从下个月开始要做的。我正在伦敦的密德萨斯大学攻读神经领导学的硕士学位，在某种程度上我又回到了科学及基础上。我对认知科学非常感兴趣。

尤顿：嗯。

埃琳：我们如何把认知科学用到……我们现在对大脑发挥的作用、大脑的构造和化学反应了解得很多了，对于你有多么成功、如何与人们交谈、大脑的某个领域存在什么不足，我们已经了解得很多了……我非常感兴趣的是这和如何打造一个非常高效的组织有什么关系，和如何构建一个非常高效的系统有什么关系。所以，除了花上 10 个月绞尽脑汁地学习之外，我不知道还有其他什么办法。

尤顿：（笑）

埃琳：不过你知道，总会发生一些事情的。

尤顿：是的。

埃琳：我一直在留意我们的远程访问能力所面临的挑战，因为有很多人都在外面工作，所以……

尤顿：我能够想到。

埃琳：你应当对自己所处的位置感到高兴，当然，我很高兴我不在其中。

尤顿：（笑）是的。我们等春天的时候肯定会再安排一些时间，我期待到时见到你本人。再次表示感谢。

埃琳：太好了。你多保重。

尤顿：非常感谢，埃琳，我们就此道别。

埃琳：再见。

|第 10 章|

贝基 · 布莱洛克

——亚特兰大南方电力公司高级副总裁兼 CIO

贝基 · 布莱洛克是位于亚特兰大的南方电力公司的高级副总裁兼 CIO，主管这家电力服务供应商的 IT 战略和运营，涉及 9 个子部门，服务区域的面积达到 310 万公顷。她在公司领导着 1100 多名员工。公司曾多次入选 *CIO* 杂志的创新公司百强以及《计算机世界》的最佳雇主百强。

她于 1978 年从佐治亚电力公司开始职业生涯，在不同职位上发挥了多样的领导才能，所涉领域包括会计、财务、市场营销、公司公共关系、对外事务、CEO 办公室和客户服务。她现在服务于 Sierra 风险公司的 CIO 顾问委员会，以及甲骨文公司和 AT&T 的客户顾问委员会。她入选了《科学与工程名人录》（*Who's Who in Science and Engineering*），还在 2006 年入选了《计算机世界》的 IT 领导百强。

埃德 · 尤顿：人们很感兴趣的一件事情是，你在这个领域是如何起步的，特别是刚开始的时候，有没有什么导师或明灯为你指路？

贝基 · 布莱洛克：我成长的背景对我后来的发展产生了影响。我出生于空军家庭，从小到大搬过很多次家。我上过四所高中、三所初中、八所小学。当时，我还没有意识到，不停地搬家让我的适应能力变得很强，让我不害怕进入新环境。很多人害怕变化，害怕进入新的环境，因为他们一直在同一个镇上长大，上的是同一所学校，认识的都是同样的人。参加工作后，我并不害怕做一些我没有什么背景的事情，因为我这辈子都在做新的事情。

尤顿：很有趣。我的意思是，这样的背景影响深远。我虽然不是空军子弟，但我父亲在国防部的一个承包商那里工作，我们派驻在空军基地外面，所以我中小学上过 17 所学校，但高中只上过一所。每年搬到一个新镇子，我的父母都会跟我说："从这条街走过去就是学校。你自己去报名上学吧。"所以，我能理解你说的这些话。（笑）

布莱洛克：你是我遇到的第一个比我上过的学校还要多的人，我上过 15 所学校。

尤顿：幸运的是我只上过一所高中，但我能理解你所说的话。能够适应意想不到的环境，这肯定是非常宝贵的技能吧？

布莱洛克：在进入一个新环境时，最重要的是要知道如何适应环境，如何和人们融洽相处。我想，我的背景教给了我很强的适应能力。这是我后来才总结出来的，因为我在上初中、高中时很讨厌不停地换学校。我小时候挺喜欢换学校，因为你是班上的新同学，但是到了初中和高中，再换学校就让人觉得很难适应了。

尤顿：是的。是这样。

布莱洛克：我获得了市场营销本科学位，后来在公司内部转去做财务工作。工作了一段时间后，我又回到学校，利用晚上的时间上课，拿了一个金融专业的 MBA 学位。我给当时佐治亚州电力公司的 CEO 做过助理，通过这段经历我得以进入 IT 行业。CEO 让我参与一个新方案，目的是获得更好的信息和度量数据，看我们应当如何管理业务。他希望得到一个管理人员使用的信息仪表盘，但从财务获得这些数据时，遇到了很多困难。那时候，我们设计的系统不是按他想要的那种方式抽取信息的，不过我在他手下工作时，我们在这方面确实取得了一些进步。

同时，IT 获准成为了一个大型组织。他们把 IT 从我们的运营公司抽出来进行集中管理。他们设置了区域 CIO 职位，佐治亚能源管理委员会认为我很适合这个职位。CEO 走进我的办公室说："我们设置了一些区域 CIO 的职位，我想让你出任这个职位。"我说："你是在开玩笑吧！"

我除了在刚参加工作时做过一点系统开发的工作外，就再也没有其他 IT 背景了，甚至连一个搞 IT 的人都不认识。

CEO 跟我说了一句话，我在从事 IT 工作的过程中一直牢记心中。"这是关于信息的工作……你知道，我现在举步维艰，缺少管理业务所需的信息和度量数据。"他说，"帮我取得我需要的信息，让我更有效地管理业务。"

你也知道，如果 CEO 要求你做些事情，你实际上是没有什么选择余地的！

尤顿：对。

布莱洛克：作为区域 CIO，我负责佐治亚电力公司、我们的电信公司、整个南方公司的系统，以及市场营销和客户服务。在那个岗位上的时光真是美好，因为后来我们经历了一次重大变革，我们不得不缩减规模。此前我还从来没有经历过那种事情，真是棘手。

我带到 IT 中的思想是从当时的 CEO 艾伦·富兰克林那里学来的。他说："不要太痴迷于技术，要考虑如何利用信息更有效地管理业务。"

我在区域 CIO 职位上干了九个月后，佐治亚电力公司负责管理公共关系的职位出现了空缺。公司决定成为奥运会赞助商，能够在一个将要成为奥运会赞助商的公司中从事公共关系工作是一个非常难得的机会。于是，我离开了 IT，去管理公司的公共关系团队，后来又得到机会管理业务和经济拓展团队。我被任命为主管社团与经济拓展的副总裁，这样我离开 IT 行业有六年之久，直到 CIO 职位再次出现空缺。

那是 CIO 职位第三次出现空缺。这个职位动荡剧烈，人员变动频繁，没有一个出色、众望所归、强有力的候选人。我很幸运，在这方面有少量经验。我在业务方面取得了很大的成功，做了很多事情，因此得到机会来到这里，并在过去的九年时间里担任这个团队的领导。

尤顿：喔。你认为从传统意义上讲，让你开始走这条道路的 CEO 是你的导师吗？是否还有其他导师？

布莱洛克：是的，他是我的导师。他成为导师并不是因为他对于 IT 懂得多，而是因为他能够对真正推动业务成功的因素保持关注，这是他成为一个优秀导师的原因。他跟我说过一些话，我在指导别人工作时也常常会用到。他说："一般情况下，当某个人承担这样的职位时，我会告诉他们需要考虑在他们离开这个岗位时作为遗产留下来的最重要的三样东西。通常，我会把这三样东西写下来并告诉他们。不过，我不知道在 IT 中这三样东西是什么。"

他说："我要你考虑一下那三件事情应当是什么，然后我们一起看看。"我那样做了。我和员工见了面。我和我们需要在公司内部向其提供支持的人见了面。我和供应商见了面。我考虑了所有那些信息。

然后我告诉他："我搞清楚需要做哪三件事情了。第一件事情是，你找了一些非常聪明的人在公司从事 IT 工作。但是，他们是在 IT 中成长的，也一直在从事 IT 工作。他们没有机会从事业务工作并获得业务知识。这是为南方公司培养未来的领导人的一个好机会，需要我重点关注，做好准备并培养那样的工作人员。另外，IT 变化迅猛，我们的人需要了解最新的进展，这一点非常重要。"

"第二个应当关注的是，要通过我们使用技术的方式，让大家知道南方公司是一个与众不同的创新型公司。我们在做非常棒的事情。我们领先于业内的所有公司，但是我们并没有说出来。我们需要更积极主动地让人们通过我们使用的技术，认识到南方公司是如何成为业界领导者的。

"第三个关注的将是回顾，在我职业生涯后期回顾时，能够看到我们推出了非常好的技术。这些技术产生了巨大的业务价值，推动我们的企业成为了领导者。我不知道这些技术是什么，但在回顾的时候，我希望知道，我们在技术的利用上产生了深远影响。"

他说："好的，我认为这三件事情是合适的。把这三件事写到一张纸上，每个星期五都拿出来看一看，问问自己，'我的时间花在这上面了吗？'"

他说："你有这些工作，有这些非常高级的工作要做，人们会因为各种无关紧要的小事情来找你，让你无法集中关注这三件事。所以很重要的是，你要总把这三件事放在眼前，这样就可以持续地关注你需要为南方公司做的最重要的事情了。如果每星期都能回顾一下，说'我的时间花在这上面了'，你就可以知道自己的时间是得到合理的利用了。"

确实，我把这作为让我保持关注的一个指导原则，并对那些不满足这个关注点的事情说不。

尤顿：嗯，说得很好。这有点类似于我们常常听到的"要事先办"的格言。这又引入了下一个我想问的问题，大致说来，作为 CIO，你以前和现在做的哪些事情让你们公司变得更加成功？我估计你刚才说的那三件事情直到今天优先级也很高。

布莱洛克：是这样的。我们很关注员工。那时的 IT 部是一个士气低落的组织。人们只是把我们看成一个成本中心。现在，我们已经渡过了难关。那时，我从我们所支持的管理人员那里得到的一些反馈是："我不需要光会执行命令的人。我需要有人告诉我，我们能做些什么。"

尤顿：啊。

布莱洛克：我们通过几种方式渡过了难关。首先，我们关注的是确保人们做的东西能够得到认可。九年前，我们没有知识产权专利，所以启动了知识产权计划，确保我们的人因为具有创新的思想而在财务和其他方面得到认可。如今，我们有 56 项已经扫清了障碍的内容，并且正在申请专利。这个事情很花时间，所以现在实际上只有八项内容扫清了障碍，不过我们在去年已经取得了头三个专利。

尤顿：呣。

布莱洛克：有个员工取得了其中一项专利，他请我到他的办公室，说："我在公司干了 34 年了，我想告诉你，这是职业生涯中让我感到最为自豪的一件事情。"我们给了他一个奖牌和 1500 美元的奖金，我想："一个员工工作了 34 年，而他最重要的事情却是这个。"我们以前在这方面的投入太少了。

其次，我们开始获得奖项了。我们开始被 *CIO* 杂志评选为 IT 行业最具创新力的公司。我们开始进入《信息周刊》（*Information Week*）最具创新力的 500 家公司的榜单。我们的资深管理团队中有些人入选了《计算机世界》评选的 IT 行业百强领导榜。实际上，今年计算机与网络服务部的副总裁戴夫·科克尔就获得了那项表彰。区域

CIO 艾琳·沃德和玛丽·莫切特以前获得过那项表彰，我以前也获得过。但是，不仅仅是我们团队的人，我们组织中的其他人也因为杰出的贡献而获得了表彰。去年，我们的一位员工还被评为了佐治亚电力公司的年度工程师。

尤顿：哇。

布莱洛克：我们要尽量强调并公开宣布我们的成就。《计算机世界》杂志有一项对美国 100 家 IT 行业最佳雇主的调查。

尤顿：对，他们每年都做这样的调查。

布莱洛克：我们很荣幸地在过去五年连续上榜。今年，我们还得到了最好的排名——第 18 名！对此我非常自豪，因为这是对我们全体员工调查后得出的结果。

尤顿：啊。

布莱洛克：这不仅仅是看你有什么样的方案，不仅仅是听你自己怎么说。他们调查了我们的员工。组织中的士气得到了极大提升，现在，我们的组织中有很多人得到了机会，能够参与到业务的其他部分。事实上，我们的新任 CEO 在我当区域 CIO 时是公司的 CIO。CEO 以前是 CIO，这对我们来说还是头一次。

尤顿：有意思。我在其他地方做访谈时还没有遇到这种情况。很有意思。

布莱洛克：我们为此感到非常兴奋。

尤顿：我忍不住要问一个本来是在谈话快结束时才问的问题，这个问题和新一代人有关——数字化的一代，刚刚大学毕业的年轻人。就你刚才谈话的内容来看，作为他们潜在的领导或是其他角色，你对他们持什么看法？乐观还是悲观？你认为他们和 10 年、20 年前的那一代人有什么不同吗？

布莱洛克：他们会让我们的生活更加令人振奋。过去，是 IT 从业人员在尽力推动技术的发展，尽量让人们接受技术、采用技术。现在则是这些刚从大学毕业的人在推动我们。

尤顿：对。

布莱洛克： IT 行业需要接受他们。公司决定雇员使用什么个人电脑的时代已经过去了。他们在工作中会带上自己的电脑，就像带上自己的手机一样。我们正朝着这个方向行进，但离这一步还有距离。如果你不能欣然接受那些技术，不允许人们使用他们习惯使用的工具，他们就会去其他更开放、更灵活的地方工作。

尤顿：在这方面，我从每个人那里听到的回答都相当一致，基本上就是你刚才说的这

些。如果我在五年前问这个问题，得到的回答会很不一样，因为那时人们仍旧在向新员工强制推行技术。

布莱洛克：说到今天的知识，你到底知道什么并不是很重要，重要的是知道去哪里获取这些知识。我举个例子，就是上周末的事情。我和一些亲戚以及我的侄女在湖边玩。我的侄女说："我要给哥哥打个电话。"我说："电话号码是多少？"她说："我不知道。我要找到手机才能知道。"他们甚至不再知道电话号码是多少，但是知道该去哪里找。

尤顿：对。

布莱洛克：未来要想取得成功，在很大程度上就要知道去哪里寻找信息。没有哪个人是无所不知的，但他们手边有互联网。年轻人知道如何利用好这些工具，他们是在这些工具的伴随下长大的。

尤顿：你对人的看法当然是正确的——他们不仅知道去哪些查找信息，甚至想都不用想就那么做了。这种做法已经深植于他们的脑海，但对我来说，我仍旧需要有意识地想一下，"噢，我可以到谷歌上去获取这个信息"，或者"噢，那个电话号码已经存到我的快速拨号列表中了"。在获取信息方面，年轻一代会比我要稍微快一些，我认为他们在很多方面都比我要稍快。另一方面，因为现在什么东西都随手可得，所以年轻一代可以采取一种肤浅的方式做事情——我不知道怎么表达才好，你对此感到担心吗？他们不再深入地思考了。

布莱洛克：我不担心。我仍旧认为，必须足够聪明，才能够找到需要的东西。我依然认为人们应当有一些思想领导力。研究工作可能会容易一些。找到信息可能会更容易，但人们仍旧需要选择适当的东西进行研究。

尤顿：你需要知道哪些是可以信任的，哪些是不能信任的。

布莱洛克：对，另外，我认为这是全天候的。工作就是这样。你过去一直都是八点上班，五点下班，坐在那里等着电话铃响。现在，人们可以随时随地工作了。

尤顿：还有一件事情是我从几乎每个 CIO 那里都听到过的，我估计你们也存在这种情况，他们的观点是：当今，即使他们的业务从表面看是本地的，但实际上每项业务也都是跨国的，这样你可能会在凌晨三点接到电话，对方会说"埃及发生了革命，我们该怎么办？"。我想知道这种事情在南方公司是怎么样的。比如，在日本发生地震时，你是否接到了电话？

布莱洛克：我们接到了电话，因为我们正在那个国家建造 30 年来的第一个新核电机组。我可以告诉你，我们那段时间非常忙碌。

我们那时非常忙碌，因为飓风频繁登陆，不仅白天，半夜也会登陆。我们的系统必须保持运转，这样工作人员才能知道哪里停电了，要去哪里恢复电力。毫无疑问，我们的业务是全天候的，IT 当然也是如此。世界各地发生的事件都可能影响我们。

尤顿：我估计每个人都是这种情况。现在，不管你们从事的是什么业务，IT 都处于中心。所以，不论我们认为自己做的是什么业务，我们都不仅是全天候的，而且是跨国的，你说的这些很好地印证了这个观点。很高兴听到你这样说。

我听到很多反馈说，下一代工作人员对工作的热情或职业道德和我们这一代人不一样。你是怎么看的？

布莱洛克：下一代人还是可以让我们满意的。他们乐于接受变化，不像我这一代人那么官僚。我们需要他们灵活、适应性强，因为他们当中需要再做那么多工作的人少了。我们非常非常需要他们的创新能力和创造力。这是让美国有别于其他国家的地方，但他们要和世界各地的人竞争。

尤顿：我还没有想到过这些。

布莱洛克：而且这些年轻人很聪明。他们的适应能力比我这一代人强得多。他们对新事物的态度要开放得多，我认为要想成功，在很大程度上就要承担一定风险。如果说有哪一件事情是需要我们保持警觉的，那就是他们对风险太不在乎了。他们认为有些事情是可以做的，比如下载受版权保护的电影——在公司不能那样做。

尤顿：你把我想问的问题都直接说出来了。他们在你们业务中安全极为重要的地方运行他们 iPad 上的应用程序，这样造成的后果是你们无法承受的。这些你都讲到了。

布莱洛克：交流和教育是必不可少的，因为在公司中工作和你为某个富有创业精神的人工作，或是与你在大学里是稍有不同的。

尤顿：对。我接下来问的问题和你在列表中提到的优先级排前三的问题相关。你提到的一个问题——好像是第三个问题：推出技术，提升现有业务。

布莱洛克：是的。

尤顿：说到人的问题，CIO 是如何打造一个成功的团队的？

布莱洛克：作为 CIO，我们的成功在很大程度上直接取决于我们身边的人。如果身边没有一个出色的团队，CIO 是不可能取得成功的，而且这些人相互之间的差异要很大。你如果对财务了解不多，就可能需要一个掌握很多财务知识的人。因为一个人不可能什么都懂，所以你可能还需要有非常熟悉市场营销的人，做 IT 的美妙之处在于，你能够看到整个公司的情况。IT 涉及方方面面，但这本身也是一个挑战。

尤顿：对于团队中直接向你汇报工作的人，你寻找的是什么样的重要标准和特征？你

说到了要有各种技能，这种说法很有意思。我得到的另外两个更有意思的答复是：要非常正直诚实，每个人都要相互支持。

布莱洛克：确实。我在刚接手这个工作时，听人们说这不是一个团队，人们相互都不喜欢，相互之间没有支持，我首先必须要做的就是改善团队。就像《从优秀到卓越》（*Good to Great*）一书所说的一样，你的车上要找到合适的人。我们首先做的重点工作是打造一个更有力的团队。如今，我认为南方公司的 IT 团队可能是整个公司内最强有力的资深领导团队之一。

我的资深领导团队一共有 14 个人，每年要做两次关于团队工作的调查。我们要评估自己作为团队在一起工作的效果如何。我们第一次做这种评估的时候，我记得分数是满分 10 分里得到了 5.4 分。我们上次做评估的时候，大家都给了我们 9 分。有些人从来不会给每个人都打 10 分，但是我们给自己的团队打了 9 分。作为调查的一部分，他们每个人也要相互评估，为的是提醒团队，我们之中没有一个人能独自完成公司所需的工作，我们必须一起完成。

这个调查关注的是团队工作。我们实际上已经用不着再继续做这种调查了，但是我们还在做，因为这证实了我们相互之间需要继续关注、支持。我们就是这样处于自己所支持的业务的监督之下。这种调查让我们在 IT 中能够作为一个团队紧密结合，只有在一起，我们才能成功地完成需要为这个公司做的事情。我们相互支持。让团队齐心协力是非常重要的，这种重要性怎么强调都不过分。一般来说，哪怕是一个人也足以破坏一个团队。如果出现这种情况，必须将它消灭在萌芽状态。

尤顿：这很好地进一步证实了我从其他人那里听到的说法。我想再问一下另外一个方面。我记得第三个问题是：推出技术，提升现有业务。在某种程度上讲，这是每个 CIO 都认为有责任做的，帮助业务更具竞争力、更成功。像你们这种情况，人们认为你和你们 IT 人员要提出企业甚至还没有想到的、全新的、能通过技术实现的东西吗，还是说只是改进已经在做的事情的效率？

布莱洛克：我刚才说过，我在接手这个工作时，和业务人员见了面，他们说："我们不需要光会执行命令的人。你们在业务内部，了解我们的业务，应当从技术上帮我们搞清楚接下来要出现的重要事情是什么。"我们欣然采纳了他们的意见，在南方公司制定了两个给我们带来了很大帮助的流程。我们有一些叫做技术领导团队（TLT）的组织，由 IT 人员和业务人员组成。这样的团队一共有 14 个。有些团队每季度开一次会，有些团队每月开一次会。

比如说，有一个输电组织中的技术领导团队，是公司中从事布线的人，负责把电力输送到千家万户的人。他们是我们最积极的团队之一。他们每个月都要开会，参加的有业务人员，也有 IT 人员。IT 会讨论一些市场上新出现的、可以利用的技术。我们要和输电团队的成员一起确定我们是否可以整合一个业务案例，评估在业务中是否可以采用这些技术。

有时候，业务人员去参加会议并与供应商交流，他们会把想法带回给 IT 人员，说："这是供应商说他们能够做到的。"于是 IT 部门就会参与进去，我们会说，"嗯，这是雾件[①]。"

或者，我们也会说："嗨，这个想法太好了。"我们接下来会一起制定使用预算资金的优先级，一起决定该如何开展。IT 一定要和业务保持一致，不应当推进那些不能给业务带来价值的技术。这种技术领导团队的工作方式很适合我们。业务人员参与到我们制定决策的过程中，可以让他们对这个项目更有责任感，并且把我们看成一个真正给公司带来价值和成功的合作伙伴，而不是一个成本中心。这个过程帮助我们在推出的项目中交付了巨大的价值，这是非常重要的，因为 IT 在任何一个时刻都有大约 100 个项目在做。

我们做的第二件事情是建立一个技术实验室，供应商把产品的测试版给我们，然后我们在技术实验室进行测试，因为我们需要提前获得这些产品，才能构建支持这些产品的基础设施。后来，那个实验室逐步成为了一个展示技术的地方，我们可以把员工带过来，告诉他们技术的发展情况。同时，我们也把那里作为一个集思广益的地方，讨论如何利用某些技术推动业务的发展。

那个实验室非常成功，从那个中心产生了很多非常好的想法。

尤顿：我相信是这样的。

布莱洛克：在我们生活的世界中，消费市场在引领业务领域。看看传感器技术的进展，其中蕴含着巨大的机会，该技术能应用于商界，去开展业务并节省资金，但它实际上发轫于消费者市场。有时候人们很难看到这一点，除非你和他们开个会集体讨论一下。

尤顿：啊，有意思。

布莱洛克：这个实验室还出现在了我们 2008 年的年度报告中。报告中描述了我们如何带来众多创新的想法并推动业务向前发展。我们让员工能够更有效地使用技术。我们在做可以帮助公司利用技术的工作，因为如今公司和客户的大部分接触都不是通过人，而是通过技术实现的。

大多数给客户服务中心打电话的人都是在和语音响应装置交谈，我们那个装置已经实现了计算机化。他们也可以上网获取自助服务，根本用不着和人交谈。想一想银

---

① 雾件（vaporware）指的是早在开发完成前就开始作宣传的产品，有可能根本就不会问世，但也没有正式宣布取消。——译者注

行业：大部分人都是在 ATM 上取钱的。

尤顿：是的。

布莱洛克：他们用不着交流。为了提升那种用户体验，我们 IT 应当发挥什么样的作用？这是一个重要的问题，因为作为一个公司，我们关注的最重要的一个战略，就是确保要为我们服务的对象提供世界一流的客户服务。我们要确保自己考察了已经出现的技术，并以最有效的方式利用这些技术，让客户乐于接受我们向他们提供服务的方式。通过技术，我们也节约了资金。客户服务代表处理一个电话的平均成本是三美元。像我们这样利用技术，不但提升了客户体验，而且节省了资金。

尤顿：这就引入了下一个很明显的问题——你估计接下来的几年，会出现什么值得关注并可以利用的技术？

布莱洛克：移动计算遍地开花。作为公司，我们必须考虑如何通过移动设备更好地向客户提供服务。由于并非每个人都拥有移动设备，所以还要能够通过一些传统的方式来联系人们，但是现在，新一代人来了，他们希望以另一种方式获取信息。因此，我考虑的是如何向客户提供移动解决方案，以及如何通过仪表盘的方式来提供移动计算，这样员工就总能知道公司内部事情的进展情况了。

我可以给你举一个停电时的例子。如果能让公司的每位员工都知道有多少客户面临了停电、停电的地方在哪里，那么这对我们是有所帮助的。要是我们住的那一带停电了，而人们想知道什么时候来电，他们会向谁打电话询问呢？

不难想象，作为员工，如果手边有这些信息，就能更好地回答这些问题了。我们现在开始做的一件事情是通过 Twitter 发布停电状态。部分客户群体确实喜欢以这种方式获取信息，所以我认为在移动领域存在巨大的机会，特别是在让客户与我们进行更多的双向交流上。

我们存在巨大机会的第二个领域是数据分析。商业智能将大有作为，我们在网络中有大量传感器，所以能更好地预测什么时候会停电。我们不知道闪电什么时候会击中电线，所以不可能预测到所有的停电。你也不知道谁的汽车会在什么时候撞上电线杆。但是，我们可以通过传感器查看设备，更好地判断某个变压器是不是快要烧坏了。我们能够做出预测，这样就可以在变压器烧坏之前对它进行替换，客户也就不会遭遇停电。

另外，通过分析，我们能够更好地提供服务。如果某人的汽车撞到电线杆上了，网络将有足够的智能，也许只会让 5 户而非 200 户人家停电。

尤顿：哇。

布莱洛克：在很多时候，系统是自愈的，能够自动切换电流，这样一部分客户就不会面临停电了。就像我刚才说的，在你派抢修车到达发生故障的地点之前，停电的不是200 户人家，可能只是几户。抢修车上也配备了分析仪器。它们能够接收到停电的精确位置，从而节省时间。此外，分析仪器可以与呼叫中心共享信息。我们甚至可以在客户给我们打电话之前就把电话打给他们，并且告诉他们："你们那一带的一根电线杆出了问题。维修人员已经赶到了那里，应当很快就能修好。"

所有这些都会在即将到来的未来实现。今后，还会出现种类更多、范围更广的发电方式。比如，有些客户自己将使用太阳电池板来发电。我们正在每户人家安放智能仪表，这样就能够（我指的是今后）让他们知道自己在一天不同时段的用电量。如果客户需要更有效地使用电力，这些智能仪表的智能水平足以告诉他们：什么时候电用得多了，导致用电量上升的原因又是什么。

尤顿：现在"智能电网"是个很时髦的词，是你们行业的人在今后 10 年或 20 年期望实现的。我估计你说的这些只是其中一小部分，对吗？

布莱洛克：是这样。这个领域面临着很多转型，我们将成为有助于这种转型的领导者。对于今后可能发生的事情，我可以一直说下去，不过我认为移动性和业务分析最为重要。智能仪表和电动交通工具技术，我说的不一定是 IT 领域的技术，这两项将给我们的业务带来革命，改变人们使用电力的方式。

尤顿：说得很好。在这个问题上，我一直以为人们会给我一个很普通的回答，但大家给出的回答却各有特色，我听到有人说，"我们相信摩尔定律在今后 10 年会继续发挥作用"——这个定律是说，计算能力的性价比每 18 个月会提高一倍。它提出时我就进入了这个行业，但是很多人都预测说，10 年后它就会失效，我们也已经想不出什么办法来继续改进技术。最近，我从英特尔听到的是，他们至少会在 2026 年之前一直保持现有的步伐。再往后的事情我也不太关心，但是那种说法很是令人欣慰。

布莱洛克：我并没有看到步伐慢下来。如果说我注意到了什么事情，那也是我们会继续拥有新的发明。

以前甚至没有人考虑过虚拟化——虚拟化在五年前是个时髦的术语，但现在已经很普通了。对于云计算，大多数大企业集团都说，"我这辈子是用不上了"。嗯，猜猜结果怎么样？我们正在分析如何实现云计算。可能并非所有，但有很多东西都正被往云中放，云计算就这样到来了。

尤顿：我完全赞同你的说法。

布莱洛克：我们将会拥有的数据量是非常惊人的……所以这种你追我赶的创新还会继续出现。过去，南方公司的数据量都以每年 35%的速度增长，这和我们以往在世界上

看到的情况大致相当。现在，每年的数据量已经开始翻倍了。今后的数据会多得多，虽然这种情况现在还没有出现，但我们已经做好了迎接这一事实的准备。

尤顿：是的。我听到我采访过的一两位 CIO 也在关注这样的事情，关注在这个新世界中数据分析的重要性，但我认为大家在这方面的认识还不够。关于今后，还有一件事情，我很想知道你认为是否重要。

有一位名叫克莱·舍基的未来学家引入了一个时髦的说法，叫作“认知盈余”。他表示，我们的社会有史以来第一次处于这样一个时刻，人类有了足够的由技术支持的空闲时间，可以贡献自己的认知盈余能量，做以前无法做的事情，维基百科便是一个典型的例子。我们现在的社会能够以数千种方式进行回馈。不知道这种说法对公用事业公司是否具有意义？

布莱洛克：有意义。可以回顾一下人类历史，过去，为了生存，人类要把所有的时间都用来种植粮食。后来，农业技术取得了长足进步，今天我们不用再为粮食而担心了。你去杂货店看看，那里的东西应有尽有。如今，在发达国家，人们甚至可以在沙漠中播种了。基因技术也让播种粮食的方式更为先进了。

我相信，更多的认知时间被释放了出来，但我同样认为，同时有很多东西也在消耗我们的时间。

尤顿：是的。

布莱洛克：互联网改变了我们生活和思考的方式。它把我们这个社会转变成为了一个全球化的社会，在这方面它的作用比其他因素都大，而且这一进化过程还会继续。在医药行业，会不断出现巨大的变化。在能源行业以及能源的生产和使用方式上，也会有很大的变化出现，这都是因为这种正在行进的知识共享。我不认为这是空闲时间多了带来的结果。这是合作的结果，我们把所有这些脑力都集中到了一起，因而可以采用以前无法实现的方式来解决问题。

你不用再像 20 年前那样，为了解决一个问题，从中国找一个人，再又从美国找一个人。

尤顿：是的，是这样。

布莱洛克：正是这种合作思考的力量推动了创新。不是因为人们的空闲时间增加了，而是因为大家有了更多的时间和更好的工具来协同工作。

尤顿：说得对。我得留点时间，问另外一方面的问题，关于不好的一面的问题。有没有给你带来噩梦，让你夜不能寐的事情，如果有的话，是什么？

布莱洛克：人们经常问我这个问题，问题的答案和 IT 的关系其实不是特别大。在我看来，CIO 最难处理的就是人际关系。每次遇到有难度的人际关系问题，我都会感到棘手，因为这不是非黑即白的问题。IT 可以说是黑白分明的，你解决了问题就可以接着往前走了。但人的问题不是这样，而这正是让我夜不能寐的事情。对于网络安全，我也非常担心。

尤顿：嗯。

布莱洛克：我对网络安全倒也不是过分地担心，因为南方公司有一些美国最好的领导。我们对威胁进行了很好的管理，但需要一直保持完全的控制。有人总想推动公司越来越多地依赖技术。随着我们对技术依赖程度的加深，也总有人喜欢在这个世界中搞点破坏。我认为，一直保持完全的控制是一个艰巨的任务。

我喜欢接受挑战，喜欢学习新的东西，喜欢用不同的方式做事情。这是 IT 最让人兴奋的一个地方。如今，系统变得越来越可靠了。我还记得刚来公司工作时的情形：我们拥有一个大型机系统，在野外工作的我如果遇到微波塔出现故障，那么工作就没法干了。

尤顿：嗯。

布莱洛克：以前经常出现这种情况。桌旁要一直放着工程图纸的缩微胶片。我现在也是忐忑不安，但是故障很少发生了。这是因为我们系统中有很好的智能和冗余保护，而且它还会继续得到改进。然而，人这一方面是至关重要的。作为 CIO，我们要负责领导所有的技术，但仅凭你一个人是无法做到的。有时，我认为做得不够的是在人这一方面的领导力。而这又是非常重要的，要想取得成功，你就必须让这些非常聪明的人保持斗志，让他们与你融洽相处。

尤顿：我估计你还会很关注获得他们大脑里的知识，让它们以某种形式共享出来，这样等到他们退休后，这些知识就不会全部丢失。

布莱洛克：当然。我们很关注交叉培训，而 IT 是所有这一切解决方案中的关键。我们在一个分部办公室中开了一次焦点组会议，同一些资深老手进行了交谈，并且询问了他们："如果把这里的很多地图和其他东西都放到计算机中，到野外工作时可以带上，你觉得怎么样？"他们回答说："我不需要。这个系统是我构建的，所有东西都装在我的脑子里了。"

我们又问了一些大学刚毕业的年轻工程师，他们说："你们能帮我们做吗？如果手头有那些地图，就不用再回区域办公室把地图找出来查看以及重新构造系统了，那对我们会有很大的帮助。而如果手头掌握了所有那些知识，我们的生产率会高得多。"所以，我认为 IT 是所有这些问题的解决之道。

尤顿：有意思。这些说法令人备受鼓舞。在结束这次访谈之前，我再问最后一个问题，

这个问题也是我要问每一位 CIO 的——你今后的打算是什么？在 CIO 之后的生活是什么，有没有什么特别的想法？

布莱洛克：CIO 之后的生活？嗯，CIO 掌握了这么多的业务知识，去做什么都可以。但问题是，当我和很多 CIO 谈起这个的时候，他们并不打算转去做其他事情。他们喜欢在 IT 领域进行管理和工作。其他工作都比不上 IT，而且在考虑如何利用技术、如何接受技术时，你总是快人一步。

尤顿：当然。如果你的公司还在继续成长，还会迎接更多的挑战，那你就不会对自己的工作感到厌倦。

布莱洛克：我刚才提到过，我们现在的 CEO 以前也做过 CIO。我们为他感到自豪。

尤顿：这种情况很少见。

布莱洛克：但这很可能会成为一种趋势。对于整个企业的业务过程，如今的 CIO 拥有非常广泛的了解。他们提供的技术能够以一种强有力的方式接触客户。这些了解为他们今后成为 CEO 打下了坚实的基础。

尤顿：嗯，这么说，你今后也许还会继续这方面的工作。在你看来，很多 CIO 都可能会很乐于继续担任 CIO，而随着时间的推移，他们也许会到更大的或是面临更多挑战的公司中担任 CIO。

布莱洛克：是的，很多 CIO 在调动工作，去了更大的公司。

尤顿：是的，我也看到了这种情况。我在打听各地的这类人。我遇到过很多 CIO，他们在快退休的时候说："担任 CIO 非常有意思，但我快卸任了，我要去大学做教授，或是为社区、团队做一些事情。"但是，你刚才说了，如果一个人愿意的话，他可以继续去担任 CEO，或承担公司中的任何一个职位。

布莱洛克：为了利用技术，你必须要了解业务。这很有意思，因为我最近和两位前 CIO 交谈过，他们选择的是担任刚创业的小型科技公司的董事会成员。他们喜欢那样的工作。他们自己得到了乐趣，并且为那些公司带去了非常好的知识，让这些公司取得了成功。

尤顿：对，是这样，我从其他几位 CIO 那里也听到过。

布莱洛克：很多年轻的公司都迫切地想要知道如何请 CIO 来帮忙，如何向 CIO 宣传自己。

最近，有一些猎头公司联系过我，向我提供了董事会的职位。公司开始考虑到他们需要一些有 IT 经验的人，需要有人在网络安全、灾难恢复方面提供指导，指导公司应当如何利用并实施技术。无疑，CIO 是非常合适的人选。

尤顿：很有道理。我也在几家董事会待过，一些公司在这方面存在一个巨大的真空地带，因为他们找的董事会成员都有很强的金融、市场或其他背景，却没有 IT 背景，我认为你说的很有道理。

非常感谢你抽出时间。我们谈论的任何一个话题都够让我们说上一个下午的，希望这些谈话至少能够让人们思考一些新的想法和方向。

谢谢你，贝基。非常感谢。

第11章

肯·鲍林

——亚利桑那公共服务公司副总裁兼 CIO

肯·鲍林是亚利桑那州最大的电力公司亚利桑那公共服务公司（APS）的副总裁兼 CIO。APS 总部位于凤凰城，是美国发展最快的私有电力事业公司之一，为超过 110 万客户提供服务。鲍林是 APS 信息技术部门负责人，需要监管公司的重要电力基础设施，并管理大型电力设施面临的数字挑战。另外，鲍林还负责 APS 精益六西格玛改进流程。

加入 APS 前，鲍林在德事隆集团工作了 10 年，并担任执行副总裁兼首席创新官。在进入德事隆之前，他还在联信公司和迪尔公司工作了 25 年，担任信息/供应链经理。鲍林是美国生产与库存管理学会会员、制造工程师协会高级成员，以及计算机和自动化系统协会高级成员。他曾荣获 2005 年度史迪威奖“最佳 MIS 和系统经理”，目前是 IBM 顾问委员会委员。鲍林还被同行评选为了《计算机世界》2006 年度 100 位杰出 IT 领袖。

埃德·尤顿：我发现，IT 业内有许多人都很好奇，像您这样的高管是如何取得成功的，尤其是年轻、有抱负、梦想有朝一日自己也成为 CIO 的 IT 专业人士。您在 APS 一开始就担任副总裁兼 CIO，还是通过晋升才达到这个职位的呢？

肯·鲍林：说起来这很有趣。在我小时候，还是读高中那会儿，我就知道计算机或智能工作环境这样的新兴事物很有发展前途，因此我了解到我们学校的一些相关情况，当时学校正与当地的一些公司开展一项合作项目。

尤顿：这在大学比较常见，但高中却不多。听起来很有意思。

鲍林：是的，我在高中时就参与其中了，想要发现一些不同的东西。学校的顾问给我提供了机会，如果我发现喜欢的东西，她就为我提供赞助。因此，我去了一家生产纸板箱的小公司工作，工作中要用到计算机。

这家公司名为 Doerfer 工程公司。我的工作是和老式打卡程序、自动售货机，以及一团乱糟糟的线打交道。我意识到：“这就是我所喜欢的。虽然我不知道它会给我怎样的未来，但我就是喜欢。”因此，我进入爱荷华州立大学后，便主修了计算机科学。但我不是有极客范的技术人员，我还选修了劳资关系、心理学和社会学。我清楚自己想要全身心投入到计算机领域中，但还需要了解如何在社会环境中使用这门技术。因此我很早就开始了规划。我并不清楚自己的未来，或许我将会投身于制造业中，但我在三十五岁时退出了制造业。现在，我已经进入公共设施或者说能源行业当中。它们是全然不同的领域。

尤顿：哇。真有趣。

鲍林：这是一种乐趣，激动人心。我按照您的时间顺序回忆过去，我曾涉足 PDP 小型机的工作，用 DECnet 和一些老式的计算机集成，进行通信活动。

尤顿：哦，不错。

鲍林：这么说来，真是有各种背景、培训和机会。在最近的工作中，我成为了真正的 CIO，“I”是指“创新”。

尤顿：哦，是吗？嘿！

鲍林：麦克·特雷西——我不知道你是否认识麦克或克莱·克里斯滕森。

尤顿：哦，是的，我知道克里斯滕森。

鲍林：麦克·特雷西写了一些关于创新的书籍。他说：“你知道，肯，你已经进入财富 100 强公司，并且担任执行副总裁/CIO。”当时，我在印度全盘管理工程技术、IT 供应链、全球运营，这是一种有趣的成长方式。但这是因为计算机还处于起步阶段，一切都日新月异、不断扩展，并且可以预见计算机将在许多领域中普及。所以我对年轻人的建议是，一定不要拒绝学习自身领域以外知识的机会，尤其是当自己处于非技术领域当中时。

尤顿：我曾经从其他 CIO 那里听到这样的说法，通才教育远比人们所认识到的更有价值，而计算机科学教育则恰好相反，它的应用范围稍显狭窄，也比较无趣。

鲍林：我想，这要视情况而定。如果你只关注互联网、游戏、社交媒体开发领域，那么没问题！我想那会让你认识仍然未知的领域。这需要巨大的财力才足以维持。但我认为，那只属于少数非常有天赋的人。如果他们有那样的兴致和追求，上帝保佑，随他们去吧。

尤顿：（笑）好，另外一个相关问题。在您的成功道路上，有任何特别重要的导师或起模范作用的角色吗？

鲍林：有好几个。在迪尔公司时有几个，其中一个是生产控制主管杰伊·哈尔曼。那

时，我需要深入其中，因为自己管理迪尔公司滑铁卢运营部全世界范围的记账材料和工厂内采购和销售。杰伊会在下班后花时间和我交谈，并且还会到我家来。我们谈论人员、进度和关系。迪尔公司是非常重视家庭的公司，但在 20 世纪 80 年代，我们也经历过困难时期。只要我愿意，杰伊就会花很多时间指导我的软技能。

尤顿：很有意思。

鲍林：并且，这些技能超出了 IT 领域的范围，我发现这反映出一个事实——当时我的 IT 同事们也在成长，并在将这些知识转化成真正的专业技能过程中经历了坎坷。

尤顿：是的，关于这点，我想您是对的。您现在谈论的内容和我从其他人那里听到的类似，那就是指导远远超出技术本身。我不了解您的情况，但我在大学时从来没有学习过任何管理课程，或者，您确实比我做得更多，但我在开始接触管理职位前，对与他人互动却一无所知（笑）。这方面还有最后一个问题：在您的职位不断提高的过程中，您是否重返了学校，或参加过任何特殊培训？是否参加过 MBA 或类似的课程？

鲍林：是的，参加过。在我 40 岁出头时，我回到校园，参加了 MBA 课程。我没打算过要离开迪尔公司。他们对我真的很好，并且我的家人都在爱荷华。但在参加 MBA 后，我偶然认识了杰瑞 · 斯戴德。杰瑞来自 AT&T 公司，但他是一个到处跑的经理人。杰瑞和我关系不错。我们在 MBA 中共同研究联信公司的案例，在 MBA 课程结束时，我告诉杰瑞："如果有机会，我可能会离开迪尔公司，到联信去。"

尤顿：（笑）很有意思。

鲍林：你猜后来怎样？我从 MBA 毕业后就受雇于联信了，并担任供应链总监。所以，从本质上而言，我有两次 MBA 经历，一次正式的学院派 MBA，然后就是从拉里 · 博西迪获得的经验学习型 MBA。

尤顿：有意思。少数我采访过的人曾重返校园并获得高级学位，但不如我想象中那样普遍。那么，我想我们已经明白是什么让您取得了今天的成就。就您现在的地位而言，我最想了解的是您如何看待 IT 对组织未来战略成功所作出的显著贡献。

鲍林：好的，我们看看硬件平台的未来、普及程度和不确定性。就算目前 IT 在工业领域不够普及，但今后会的。就如我所关注的制造业，IT 将对加工速度、票据处理周期、现金周期、客户关系机遇有着极大影响。所有这些方面，我想，都非常好。还有金融业也将这样，虽然现在仅处于初期阶段。谈到能源行业，我的确有一些惊讶，IT 作为操作平台，在这许多的组织中缺乏可信度。

尤顿：嗯。

鲍林：因此，我有一个小小的假设——那么这就是我看到的结果。在制造领域中，CIO

或者说出色的 CIO 并不常见，如果您能看到，那也只是在某些年报和委托书中。而在公用事业企业中，很难在公司委托书中找到任何 CIO。目前这只是一个迹象，埃德，但这个迹象让我发现 IT 专业处于不利地位。我发现许多 IT 高管现在都服从于 CFO。在公用事业领域，有的还向人力资源专家报告。

尤顿：是吗？

鲍林：是的。我初次接触公用事业企业时，遇见了 19 位 CIO。我告诉他们，我已经厌倦了众多行业和组织对 IT 的看法。令我意外的是，他们反过来对我说："你说得对。"我知道你正在采访贝基·布莱洛克（南方公司 CIO，见第 10 章）。她就是其中一个，她说："你绝对是正确的，肯。"我说："我不知如何改变这种状况，但我的看法是，如果有什么不同，那就是我们操作的电源、电网、能源环境是一类庞大的基础设施。"

尤顿：没错。

鲍林：由人来管理我们公司基础设施中的巨大基础设施网络，在这一过程中人们不断成长，谁能比人更好地开展这项工作？因此，我就让自己记住这点。这就是为什么 APS 对我而言是令人兴奋的新挑战。我已帮助改进管理基础设施的方式，包括提高安全性。我跳出技术世界正是为了能更好地利用技术。我还发现自己在会议上说得更多了，以尝试着激励未来的 CIO 跳出业务环境中的技术世界，抓住企业权限管理（ERM），抓住灾难恢复、业务持续性，因为这些是我们成长的动力。

尤顿：很有意思。那么，今后您将如何通过 IT 让 APS 取得更大的成功？听起来，您的意思是 IT 必须对电网和基础设施等方面承担更加重要的责任。

鲍林：我想那只是一方面。另一方面是技术。我在工作中经常发现这些问题没有得到认真的理解，其实解决方案很清晰。在最近的工作中，我认识了吉姆·沃麦克。他对我的影响在于，要首先弄清楚要着手处理的问题。如果不清楚问题本身，我就不会在技术方面浪费财力。在这方面，我发现人们其实并不清楚自己将要解决什么问题。因此，需要不断尝试。我见过许多这种情况，每次都有不同的技术方向，有的甚至相互矛盾。整体技术方向始终都应当保持清晰。

尤顿：啊，很有意思。

鲍林：然后，第三点则是商业价值。有时我觉得我们已经拥有确实能解决某个问题的技术。但你知道事情的发展，人们在最新一期发明/新奇秀中看到新鲜事物，然后人们所在的组织也开始尝试采用新技术。因此，我要补充的是，在没有理解商业价值之前就不开展项目。

尤顿：是的，这样的确比较明智。

鲍林：你知道，这是我们大家都在谈论的话题。它是我所经历的新生事物之一。此前，IT 确实不能实现这一切。正是老式的——我称之为 20 世纪 70 年代的管理方式，占主导地位，然后 IT 出现了，旨在满足人们的需求。但我不会那样做。

尤顿：（笑）现在，作为 CIO，我想您还负责成千上万的桌面系统和服务器，全体 APS 员工都依赖它们开展日常的工作。这该是一项多么艰巨的任务，比如，哪怕只是为内部 IT 运营提供电力？

鲍林：如果你看下我的预算，就会发现超过 60%都是用于提供电力。这项比我以前所在行业要高出很多，但我要开始了解的是，这在众多的公共事业领域中并不罕见。

尤顿：嗯，很有意思。

鲍林：因此，其部分原因就在于之前讨论的内容。“我们不清楚将要解决的问题，但我想这款工具不错，能帮到我。”于是，一段时间之后，该组织就已经积累了许多不同的应用程序产品。

尤顿：哇。

鲍林：那是改进的机会。我一直喜欢以事实为根据来开展运营。我雇用了一家标杆管理公司。以前迪尔公司、联信和德事隆都曾用过这家公司，现在我又把它带到了 APS，为我们提供帮助。这家公司负责对 IT、财务和人力资源进行标杆管理。这为我提供了开始努力的起点。否则，在面对平台时没有数据，我就感觉自己像一只在山谷哀嚎的狼。

尤顿：没错。

鲍林：我能指出，我们在应用程序方面的投入大大超出同样规模的同等集团公司，但与其他世界级的公司相比，我们只达到其四分之一。因此，这也为我指明了方向，我们还有需要继续突破的领域。在进行必要的变革时，它能为我们的组织提供可以参考的第三方数据源，而不仅是我个人的意见或者是个小项目。从商务人士的角度出发，它还表明我们拥有大量机遇。

尤顿：嗯。很奇妙。

鲍林：因此没错，我们需要为桌面系统提供支持，但真正让整体支持成本攀高的是所有这些应用程序。我们所开展的工作对我而言是独特且与众不同的。IT 始终都处于这样的角色，它总在说：“不，你不能那样做。不，你不能这样做。”当我们拥有单色显示器时，苹果出现了，英特尔电脑来了，我们说：“不，我们需要对其进行测试。”然后，我们开始了分布式计算，我们先说“不”，然后就没有然后了。因此，在此我想说的是一种被称为“只要说是”的计划。

尤顿：啊，太奇妙了。

鲍林：我们正在进行过渡，从让公司购买个人资产笔记本、iPad、iPhone，转变为让员工自己购买。我们不管员工使用哪种智能手机，只要是特定系列的即可。我们正在使用诸如 Citrix 和 GoodLink 等的产品，因此我们拥有连接到这些设备的安全环境。员工在受控环境以外用它来做什么，那是他们的私事。我们要做的是确保工作场所没有安全/隐私问题。我们尝试消除这一切，同时又给员工自由。

尤顿：我的确从交流过的人那里听到过这样的言谈，了解每个人是怎样利用这点非常有趣，因为在许多情况下这都是势不可挡的浪潮。

鲍林：是的，我们已经落实了该计划差不多四个月，大家都积极地接受。我们实现了传统的投资回报，并且看到了需要多少投入。我们为员工提供激励，他们会说："您的意思是，公司将每月给我 x 美元，而我只需要将这款软件安装到我家的电脑上，并且不需要使用这东西？"一点没错。它实施得非常成功。我们按阶段实施，因此在实施过程中团队没有压力，但效果却非常好。

尤顿：看到这种情况与正在提供设备和应用程序的行业的对照，非常有趣。因此我对谷歌 CIO 提到了这点，他说："您知道，在过去，我们习惯于为企业创建资产，并希望它可以惠及员工。"

鲍林：是的，您说得对。

尤顿：因为它非常昂贵，并且非常少见，因此需要得以控制。他还说："现在在谷歌、微软和所有其他这样的公司，如苹果公司，首先都是为消费者市场建立资产，如果这能惠及企业，那太棒了，但我们要从消费者入手。"当然，从另一方面来讲，您正在经历这样的过程，因为所有这些人走进你办公室，手中都拿着自家购买的这些设备，并且他们已下定决心要使用这些东西，无论您同意与否。就是这样。

鲍林：我就爱这样。我并不将这二者混为一谈，但这是一场具有重大意义的范式转换。

尤顿：是的，我也这么认为，并且这确实是我想要深入的下一个领域。"范式转换"是一个有点被滥用了的术语，但很显然，您已经在这个行业干了很长时间，我们也都看到了在过去 30 或 40 年里发生的巨大改变。但我想让您预测一下，在未来几年中，我们可以期待哪种类型的范式转换，或者说重大事件？

鲍林：这很难说。在当前的云计算环境中，我们看到越来越多的是能让我们在不同的位置存储公司的数据。我想我们将要看到巨大的变革，要明白"现在面临什么"可以"回到从前看现在"。因此，作为过来人，看到一些循环往复，我就开始想象将要发生什么事情。比如，这所有一切会导致重大安全漏洞吗？它将令各家公司陷入混乱，并导致他们将数据重新存储在本地吗？

尤顿：啊，很有意思。

鲍林：这在硬线制造/研发公司中是一个问题，但其实能源/公用事业领域也是如此——它所需要的是一件事，你需要拥有法律。因此，我的期望之一是尝试了解政府目前的立法状况。它能快速变化，并改变正在发生的事情。我们国防部中的一些 ITAR（国际武器贸易条例）关系显得比较麻烦，但却至关重要。我认为，这类问题在三四年后将会成为关注重点。另一方面是数据分析。我想我们拥有非常多的机遇，因为有如此众多的数据需要转换成为信息，并且我认为数据分析工具能为当前的模式、路径和方法提供帮助，能带来更加明智的决策制定。

尤顿：嗯。

鲍林：我看到第三点是公司内部的换代问题，包括 IT。受过专业教育的 IT 人士并不一定就会拥有最佳团队，因为大家就算从会计专业毕业，也会使用计算工具。因此每个人都是 IT 奇才——我不说“专业人士”，但因为人们用过，所以都有自己的看法。

尤顿：是。

鲍林：我想这将使得今后的领导角色变得更加艰难，甚至比当前还要困难。看看我十三四岁的孙辈们，他们的成长伴随着与我们全然不同的事物。这是一次有趣的对话，因为从历史观点上看，以及所有案例研究表明，你绝不会真正地使用技术，除非抛弃在它之上的传统管理方式，然后引进新的方式。那么，我们要如何引进新的领袖呢？

尤顿：有的情况下，他们相比过去更早地开始从事这项工作。你我都是同一代人，但当我和谷歌 CIO 交谈时，是令人惊讶的，他们的假设、预期和经验又完全不同，因为谷歌作为一家公司……我想员工的平均年龄肯定是 25 岁。那么，回到范式转换的问题。我猜您认为到云计算的这一步是一个范例，它将继续带来众多的变革和新事物。您有没有要补充的重点呢？哦，还有您提到数据分析。很抱歉。这是第二点。

鲍林：我想数据分析将有用武之地。我开始察觉到的另一点是一个已经存在的巨大机遇，我称之为“家庭计算”。

尤顿：嗯。是。

鲍林：在公用事业中我们看到的一个现象是，消费者将消耗越来越多的能源，但出于多种原因，我们不必开发并提供拥有的煤，而且我们清楚，到 2025 年，像太阳能和风能这样的可再生能源可能只能提供 15%的能源消耗量。我们也看到，确实出现了这些家庭娱乐或智能家居的概念。霍尼韦尔有一些这样的产品，通用有一款，Control4 也有一款，通过这些产品，你可以将恒温器与能耗模型关联，这样在高峰载荷期间，可以通过不同的方式循环运行空调和家用电器。我想，在该领域将要发生一场革命。

尤顿：啊，很有意思，我们已经就这个话题讨论了 40 年了，但也许由于经济原因的驱使，我们到现在才真正开始关注它。

鲍林：我想是的。有一批热衷技术的支持者，他们就是一个开端。如果可以将恒温器读数显示在电视屏幕上，他们就真正可以对其编程并进行控制，我想他们是能做到这点的。而在经济方面，按照你的观点，仅需不到一千美元就可以实施家庭系统。

尤顿：是。

鲍林：因此，这样一个市场会在突然之间出现，我想谷歌或某个营销行业的公司将涌入其中，而人们则会恍然大悟道："为什么我没有想到呢？"

尤顿：很有意思。观察它是否能发展起来将非常有趣。我之前还未曾听别人提起这点。顺便说一句，当您提到谷歌时，我想起了一个来自谷歌对该领域范式转换的建议，这一概念首次出现：利用我们拥有的技术和其它一切——被克莱·舍基这个未来学家称为"认知盈余"，即利用闲置的脑力和多余的时间，为社会做出贡献，如 Wikipedia 或 Linux。关于这点，整个开源软件就是一个范例。但这种为某种能被人们访问的形态贡献知识的理念却是整个谷歌还有其他一些组织在做的事情，并且这在上一代中未曾有过。

鲍林：我同意这点。最近我在考虑的一个事情是：免费知识和不断增长的知识是否会带来意想不到的后果？我的参考点是，纵观全球（我曾管过印度的几个工程设计中心），可以看到祖父母辈在与子孙们为什么较劲。而这让我想到，在他们愿意通过成熟度和知识能力来解释事物之前，应该拥有相关的普及信息。比如举个例子，你我在成长过程中，可能有些东西没有学到，是因为父母没有让我们知道，因为我们的父母会说："嗯，他们还没长大，还需要等等。"在当今时代，在当下的环境，我想是社会环境导我们没有真正想明白。

尤顿：啊，我知道您在表达什么。

鲍林：现在因为信息无所不在，父母、祖父母或小家庭都不再能控制信息源，我想，随着新一代的成长，我们将看到越来越多这样的情况。因而我将这看作一场实验，心想："好的，接下来将发生什么？"因为我们已经改变了小家庭的知识传播途径。

尤顿：人类学家玛格丽特·米德有一套关于后喻、并喻和前喻文化的术语与词汇。她的观点是，几代人以前，人们理所当然地认为孩子应当向父母学习，正如您刚才所说的。然后，转变出现了，年老的和年轻的两代人需要同时学习。在移民群体中尤其如此。

鲍林：是。

尤顿：他们都出现在了美国，而且都需要学习语言、习俗等。而玛格丽特辩称，我们现在处于新的时代——前喻文化，在这种文化中，父母需要向孩子们学习，因为技术飞速改变，孩子们能更快地掌握它们。他们先于父母们知道如何使用电视遥控器，10 年或 20 年来，我们一直都拿这个打趣。父母们正在努力适应，他们需要放弃以前的习惯和被认为理所当然的事情，这对他们而言比较困难。因此，从这个角度来看，这是一次巨大的转变，当然，IT 正好处于中间。现在，这些情况是否直接影响到了您所在的行业？

鲍林：我想，将来和现在都有影响，但这又回到了我们拥有所有这些数据的要点上。我们都需要学习如何解释它。

尤顿：啊，好。

鲍林：例如，似乎年轻人对能源更加敏感。但是，一些数据表明并非如此。他们也可能对能源没那么敏感，只要能够获得所需的数据和信息，就不去理会何时得到这些，只要它能更加便宜。因此，在我们分析了这些数据后，会出现一些有趣的争论。

尤顿：关于这点有个小例子。我生长在 20 世纪 50 年代，小时候有时会被打手心，目的是提醒我们离开房间时应该关灯，因为电很贵。而现在，我的孩子们会在几个房间来回晃荡，整个房子看起来就像一棵圣诞树。因为始终都有电，他们也不知道账单为何物。所以我想，您关于此点的看法完全正确，而且您说我们不知道数据能带给我们什么，也很可能是对的，因为我们都不曾对它们进行正确的分析。非常有趣。

鲍林：遗憾的是，尤其是美国文化中，往往只有当我们处于生死关头时，才可能获得最佳的运作，但这样的关头尚未到来。

尤顿：是的，我想您是对的。让我将讨论的话题转到相反的一面，看看这种力量的阴暗面。在 IT 领域，什么问题和事情会让您彻夜难眠？

鲍林：我想是乔哈里资讯窗，不知道你对它是否了解？

尤顿：不，不了解。

鲍林：一般而言，你我都知道的事情为公开信息。我知道而你不知道的事情，是我的私人世界。我不知道而你知道的事情，则是我要尝试探索的领域。然后就是你我都不知道的事情，这就是让我烦恼的事情。

尤顿：好的，那就是拉姆斯菲尔德所称的“未知的未知”。

鲍林：是的。

尤顿：十年前，在规划千年虫问题时，我们曾有过大量的类似谈话。如今，有已知的已知，以及已知的未知等。好，那么您关心的是我们甚至还未意识到但却应当担忧的事情。

鲍林：这主要源自于我在国防部工作的日子，对于战争游戏，你是了解的。然而，有人却想要破坏我们的生活方式。我知道的越多，就越能确定自己可以保护自己或是保护我们的社会。因此，比如说，恐怖分子摧毁一个微波中心信道将中断电源的可能性有多大？我不知道自己未知的部分。而这就是令人烦恼的地方，因为我时常想我们应该做的小事，你认为我应该为此而担忧吗？但这些事确实时不时地让我坐起来，然后发出一封简短的电子邮件，写道："伙计们，我们正在对这些信道、分配中心或远程位置做些什么？"当你考虑到它们的价值或紧要程度时，它们就变成了大事。

尤顿：我在谷歌也听到过相关的观点。它的 CIO 说，意识到了整个国家有如此之大的力量与你对抗时，是相当令人震撼的。他说："应对黑客或者应对莫斯科的某个正在企图攻入你系统的小孩，都是一码事。你处理了这件事，可是到了晚上仍然还会担心。但当整个国家都集中精力在你身上时，那是非常恐怖的。"尤其是你在明处他在暗处时。

鲍林：对的。

尤顿：我采访过纽约证交所的 CIO，他说："显然我们是非常显眼的目标，同谷歌、微软以及其他大组织一样。"我猜在某种程度上，由于能源公司通常具有吸引恐怖分子关注的后果，所以容易成为他们的目标。你知道他们会想："要是我能让整个亚利桑那州陷入黑暗，那岂不是很酷？"

鲍林：没错。

尤顿：是的。那么，是大规模的安全问题让您担忧。

鲍林：我想，我始终保持警惕的另一个问题是不要满足于现状，让人们拥有危机感，否则就很容易做出错误假设。而且，如果遇到像我这样的非业内人士提问，就会提出这样的"愚蠢"问题，比如，为什么我们要那样做？为什么那很重要？为什么我们不用以前的方式来做这件事？我们今天还需要做这件事吗？

尤顿：没错，这个观点非常好。关于这个领域，我听到过另一个答案，我很肯定您会同意这种说法：更加认真地听取新进机构的年轻人的意见。

鲍林：我有好几个焦点小组，他们被称为"跳级"，事实上，我的"只要说是"计划就来自这样的年轻团队。我让他们能够获得支持，并给他们机会来不停告诉我我所不知道的事情，这样我们能为公司提供决策支持。因此，我给予他们所有的荣誉。

尤顿：另一方面，我想可能对几乎任何行业的 CIO 都有重大关系的，就是对您所在行

业的现有情况和新兴事物变得生疏的风险。

鲍林：所以你得快速行动。我习惯于为九个月、十个月、一年后的事情做规划。我们就是这样做的。但我们已经看到这种巨大的转变。在过去很长一段时间里，人们一直喜欢博客。而现在则是 Twitter，人们甚至都不用博客了。

尤顿：没错。

鲍林：所以，你得对出现的新生事物相当敏感。现在，要找个饭店，人们用 Yelp（美国最大的点评网站），这对我而言很是奇怪。但你是对的，你必须得接受这一代人带来的事物，因为它与众不同。

现在，公司内部正在经历一场讨论。我们是否应该向我们的用户群发送 Twitter 消息，告诉他们电力高峰日，以便他们关闭一些照明设施或家电？我们就是在谈论类似的事情。在电力高峰日，我们是否要向人们发出国家警报？这就是我们谈论的话题。我们正在努力尝试从其他组织和公用事业获得经验。我们其实算不上大型公用事业，只拥有 110 万用户。对于如何发送这样的消息，我们要保持谨慎，而我也不停地问："如果发送出去，你希望接收人作何反应？"

尤顿：是。

鲍林：我们需要想想应首先做些什么，不要让我们的受众感到厌烦。因为这是你需要学习的另一件事。年轻人尤其不喜欢垃圾邮件。他们喜欢熟悉的人发来的邮件，或者对他有可行性、有意义的东西。所以，你不能做些徒劳的事情，比如所有事情都发送 Twitter 消息。那么，为什么我们还要继续那样做？我们是否真正地考虑过这点？因此，需要有许多老一代的思维和具有新价值的创造思维，但我想目前还没有良好的范例。

尤顿：这类情况当然是有范例的，我曾经见过。例如，圣地亚哥消防部门曾使用 Twitter 机制，让市民报告灌丛火灾，报告干燥的秋季的其他火灾。这就是可行的，它能将信息传递到该组织中，而他们也许不能从其他途径获得这些信息。这种性质的事情可能与你所说的相关？

鲍林：我想那是可以提供的服务，因为如果想想当下的情况，我们通常首先通过电话了解电力中断的情况。随着智能电表的出现，变化开始发生了。那是即将发生的全新革命，人们可以获得即时数据。我们的挑战是要确定："是否每隔 15 分钟就需要该数据？或者每隔 30 分钟需要数据？"然后问题来了："如果每隔 15 分钟从 110 万用户那里获得数据，如何处理这些数据？我们要这些数据做什么？这些数据要保存多长时间？"这时就需要用到数据分析了。

尤顿：完全正确，这个观点很棒。我想回到我们还未谈论完的一个话题，从不同的角度来看看年轻一代的兴起，新一代的各种情况。您对他们如何使用或看待技术是否有任何担忧？

鲍林：不一定为此担忧。我想我从中学到了一些东西。我发现它非常有吸引力。在以前的公司，我曾与年轻人开过一些会议，他们会问一些问题，让你思考——“那好，为什么你要发送会议通知，并期望我们都来参加这个会议？难道你没有想过这是多么浪费时间、能源和精力吗？好吧，你们这些人在谈论些什么？为什么你们要开这些会议来讨论安全问题？”等等。

于是我说：“好，那么我们应该做什么？”

“为什么不将此作为电子邮件消息发送给每个人，类似警报那种，让大家都回应并进行对话，”当时我们正使用博客，“然后，我们可以从这里响应。这样，可以让大家相互获得信息，而你也将获得灵感，并且不必浪费时间召集大家开会。我们可以将其作为工作中的必要事务进行处理。”

告诉你，那真的让我感到震惊，因为突然间，我看到他们的社交媒体举措被带入到工作环境中，并且的确可以改变我们的工作方式。

尤顿：嗯，很有意思。

鲍林：我发现的另一件事是，他们大多数人在团队中表现出了更多的关心和兴趣。一次，我有八个工程师，都是年轻人，我想留下其中两个，于是我对这两人说我想要留下……“另外六个，我们可能不得不放手。”他们说：“那么，我们也不会留下……我们在一起工作，我们是一个团队。我们是一起的。”

尤顿：很高兴你提到这点。这是我首次得到证实。我曾问过其他许多人，他们都只是看着我而已。最开始我是从万豪酒店 CIO 那里听到，团队是一起雇用的。真是非常……

鲍林：噢，你和卡尔谈过？

尤顿：是啊，卡尔·威尔逊。

鲍林：他和我曾经分享过类似的例子，让人非常震撼。

尤顿：是。我此前并未曾听说过。我确实听说过某些团队要求待在一起——当他们完成一个项目后，希望能继续共同从事下一个项目——而这与许多组织的人力资源政策相冲突。

鲍林：是的，确实是这样。我遇到的另一个情况是当我们开始在团队中开展工作，并尝试确定谁应该得到什么样的报酬时。他们想要对此获得了解，而在传统的管理方式中，你又需要为此保密。

尤顿：是的，我很同意这点。有趣的是，一些这样的问题，尤其在 IT 领域中，到目前为止已经讨论和争辩了差不多 20 年。我不知道您是否看过一本名为《人件》的书，作者是我的两个朋友汤姆·迪马可和蒂姆·李斯特。

鲍林：看过。

尤顿：书中的所有话题仍然适用于现在，因为还有许多组织坚持以传统的方式运作。但我想您的观点是：新的、年轻的一代人越来越抵触受到束缚以及按照传统方式行事。

鲍林：完全正确。

尤顿：您是否担心他们工作的方式，或者他们的忠诚度或精力或其他什么方面？

鲍林：我想，我已经以我的方式克服了这点。他们毫无忠诚度可言，但为什么他们要有呢？我们就是这样教他们的。

尤顿：（笑）是的，不幸的是，20 年来一直如此。

鲍林：确实，他们大多数人流动性大，但我也发现，尤其是我们正在谈论的受过教育的人群——他们中许多都受到家庭或成长地域的束缚。或者说，他们看到了家庭成员中发生的事情。我在堪萨斯州威奇托和得克萨斯州沃思堡有过这样的体验，那里有我们的大型运营部门。我们去过当地的大学招聘，因为这里的学生不想离开这里，不想离开他们从小长大的环境。他们希望能离父母近点。

尤顿：啊，很有意思。

鲍林：我想沿海地区则不同。我在罗德岛时，并不觉得这样的情况很普遍。但普罗维登斯却又出现了这样的情况，那里的群体都很重视家庭。因此，他们从布朗和布莱恩特招聘。

对我而言，这种转变非常巨大。我为学生们提供去沃思堡或威奇托的选择。我知道为什么他们不愿意去威奇托——但那是另外的问题，他们就是不愿去。“不，我不想离开。”也许，那是与沿海问题相反的美国中西部问题。我不知道。

尤顿：在当今经济形势下还是如此吗？

鲍林：我发现凤凰城亚利桑那州立大学（ASU）的学生仍然如此。他们希望留在新硅谷。

尤顿：很有意思。即使是从事比在硅谷薪水更低的工作也是如此吗？

鲍林：是的，你知道，有一些干劲十足的人，我想，他们会跟随工作去任何地方，并在工作中成长。我曾再次回到中西部爱荷华州的迪尔公司，与一帮正在创业的年轻人聊天。我说："你在爱荷华州做什么？"这些都是极客类型的公司，他们通过分析和开发开源模块和我们用的一些东西进行工作。我又问道："你们想要出去闯荡吗？"

"不，我们会一直在这里待着。"

我说："好吧，你们正错过绝佳的资本机会，爱荷华是一个很好的起点，但如果只是空想着投资创业公司，你们不会成为百万富翁。"但他们没有兴趣。

尤顿：此外，随着 Web 2.0 行业的出现，大家开始发现，无需大量资金投入就可以起步。

鲍林：是的，确实如此。

尤顿：就在这一代人之前，创业还是需要很多资金的。你需要去硅谷，找到富有的投资人为你投入百万美元，然后开始准备首次公开募股（IPO）。但我可以给你列出一长串 Web 2.0 公司，他们都是以信用卡和车库中的闲置计算机起家的。而这就是你在爱荷华州能实现的，就这一点而言，在班加罗尔或世界上其他很多地方都能实现，因此……

鲍林：你说的没错，我赞同这样的环境——他们在全球范围内进行沟通。因此，也许有点偏离我的"回到过去看现在"的观点。

尤顿：（笑）我听过唯一的负面内容和我不停对此提问的原因其实源自一个名为保罗·斯特拉斯曼（第 16 章采访对象）的人，他曾担任国防部、施乐、国家航空航天局以及其他公司/部门的 CIO。他对他所认为的当今一代的肤浅知识水平深感忧虑。这一代人希望从谷歌立即获得一切资讯，他们的注意力也只能持续五分钟，他们可能对需要集中精力的事情不感兴趣，甚至不能深入集中精力。这也是您所看到的问题吗？

鲍林：我曾看到一些相关的情况。数学和理科，对于知识和技能都有高深度要求，在北美的大学里明显不如其他地区的教育机构重要。我去印度的原因就是在美国无法找到足够熟练的航天人才。

尤顿：嗯，但是……

鲍林：但这种知识的深度却非常不够。因此，为其提供支持的数学和理科需要深入思考的技能和方法。因此，我认为我们正在经历热拉尔多所说的"低能化的美国"。而且在我看来，各种注意力的持续时长也加重了这一现象，因而这就是我之前谈到的社会未知。顺便提一下，我们是在不自觉地做这些事情。

尤顿：自觉和不自觉地。这是我刚开始听到的内容，有的就像《芝麻街》一样简单，这些小片段只有三十秒或一分钟的时长，因为五岁的孩子就只能集中那么长时间的精

力……而这片子却在他们的受教育过程中一直陪伴着他们。

我们只剩下几分钟的时间了，我希望这是一个恰当的最后问题，以结束我们的话题：您认为今后您将向哪个方面发展?

鲍林：一个月前，卡尔·威尔逊（最近退休的万豪国际集团 CIO）和我聊过，我想我们正在做的事情一部分就是回馈我们的职业。

尤顿：嗯。

鲍林：因此，尝试进行一些公开讲话。我经常在加特纳公司的活动中发表讲话，并且一直在尝试让 IT 专业人士用业务的思维方式思考业务。我们谈话的所有内容，包括桌面系统，是的，我们都需要那样做。但那是我们在自己的范围内所做的事情。而让我担忧的是，当今的 IT 人士不理解他们为组织带来的价值，也不理解自己所在组织对公司的价值。而许多公司正在被那些并非真正懂得技术动向的因循守旧者或鼓吹者所领导和指引，因此也无法恰当或正确地回报 IT 人士。

尤顿：嗯。

鲍林：因此，我真的有必要推送这一消息。这也是我一直在做的一件事。卡尔·威尔逊和我聊过这个话题。我们能不能和 Concourse 或 Strive 这样的团体合作，让年轻领袖意识到这样的业务语言呢？因此，这就是我将要做的一件事情。我是否会有兴趣做其他公司的 CIO？不，根本不会。

尤顿：（笑）

鲍林：当我想念全球环境时，我就会教导下一代。在 APS，我有相当多这样的机会，能够发表全国讲话。我不知道自己是否还想去旅行。我已经旅行够了。因此，待在亚利桑那州斯科茨代尔很好，人们会经常出现在这里。

尤顿：是这样。这是个不错的观光胜地。

鲍林：我的妻子和我之间的对话就像这样："好，你什么时候准备好做点其他事，比如退休或陪一下儿孙们？"因此很有意思。

尤顿：看到您和卡尔如何退休将是件有趣的事情。还有一位绅士，迈阿密大学的 CIO，他也是刚退休，同样遇到了类似的问题。因此，我将期待你们几位如何画上完美的句号。

鲍林：（笑）我已经抢先一步了。我告诉卡尔："我会活到老学到老。作为首席创新官，你需要重新创造自己。"因此，我已经决定再回到校园。现在，我正在学习神学课程，学习希腊语和希伯来语，因为我想要扩展自己的思维。

尤顿：听起来不错。

鲍林：这是一场非常有趣的对话，完全不同的日程安排和学习经验，所以我现在已经很投入了。

尤顿：是的，这确实比较独特。还没有人按照那样的思路跟我讲过故事。我想，我们就此结束。非常感谢您接受访谈。

鲍林：谢谢，埃德。

尤顿：再次感谢。感谢您接受采访。

第12章

罗杰·格纳尼

——威瑞森通信公司执行副总裁兼CIO

罗杰·格纳尼是威瑞森通信公司执行副总裁兼CIO，负责信息技术战略、系统开发与运营。在2010年10月就任这一职位前，格纳尼是威瑞森无线公司的新产品开发高级副总裁，负责消费者和企业产品创新、开发和商业化。

格纳尼是威瑞森无线公司的创办人之一。2005年以前，他担任副总裁兼CIO，负责指导并完成公司从2000年起开始的对贝尔大西洋、沃达丰空中通讯和GTE三大公司的国内无线业务的整合。此前，他曾担任贝尔大西洋移动副总裁和CIO。

埃德·尤顿：嗯，我们从背景开始谈吧。人们都很感兴趣一般是怎么做到CIO这个职位的，显然大家并非天生就是。

罗杰·格纳尼：对，不错。

尤顿：在威瑞森担任CIO是你首次从事该职务吗？

格纳尼：啊，不。我曾是贝尔大西洋移动的CIO。因此，我的大部分职业生涯都是在IT圈内，然后……

尤顿：开始成为“系统”分析师，正如你之前所说的？

格纳尼：是的。我刚才提到20世纪80年代的一些CASE工具，你那时也做过许多项目。当时，我在威廉姆斯公司，它通过铺设光纤进入电信领域。是的，就是铺设光纤电缆，开始了我的IT背景的电信职业生涯。可以说，我很早就从一家创业企业开始了我的职业生涯。然后，我加入了贝尔大西洋，几年后，成为了贝尔大西洋移动公司的CIO，这在20世纪90年代中期只是个很小的无线部门。如今，它已在过去15年中发展起来了，我很幸运能作为CIO与这一业务共同发展。接下来，在过去6年中，我还从事了其他工作。我做过销售和运营，有几年还负责过运营威瑞森无线的西区分部。随后，我开始负责威瑞森无线的新产品开发，这也为我提供了一些别的机遇。目前，我担任威瑞森通信集团公司的CIO——我担任这一角色已经有5个月了。这就是我的CIO之路。

尤顿：人们最感兴趣的一个问题似乎是关于你的榜样人物了。在你的职业生涯早期是否有人给予过你激励？

格纳尼：我有机会与各种各样的人一起工作。在我的职业生涯中，有过许多不同的老板。看上去，我从遇到的每个老板那里都学到了一些东西。但我要说，在最近的 10 年或 11 年中，我真的从我们的 CEO 伊凡·赛顿伯格和 COO 洛威尔·麦克亚当那里受益匪浅。差不多这 10 年来，我都在和他们一起共事时观察他们，向他们学习。我想，我们的行业确实发生了巨大的改变。

尤顿：一定是的。

格纳尼：而且，我还有机会与许多不同的对手互动——大都是进入我们这一行业的新对手，因此，也是向这些人学习的好机会。

尤顿：我可以想象得到。你是否参加过特别培训？是否去过 CIO 学院学习如何成为 CIO？

格纳尼：我认为本质上没有什么 CIO 培训，而应该从工作中学。我想，许多事都对我都有所帮助。其一，我毕业后的第一份工作是为一家德国制造公司工作，公司雇用并安排我参加一个快速计划。

尤顿：哦。

格纳尼：因此前六个月或者八个月，我在销售部门干了差不多三周，在制造部门又待了一个月，还在会计/财务部工作过几周，然后又在 IT 部门做了几周。我的工作是做短期项目，以及销售报价或销售标书，或 IT 部门的快速设计计划等。这让我对企业的运作有了清晰而广泛的认识。

尤顿：嗯。

格纳尼：我想那就是我职业生涯的基础，的确让我受益。然后，威廉姆斯公司启动了 WilTel 电信业务。我们在五六年的时间内进行了约二十次收购。于是，我有机会来整合这些小型组织，以及集成 IT 组合、系统，并使 IT 和业务事务合理化。因此，当贝尔大西洋移动与 Nynex Mobile 公司合并时，这些经验就发挥了作用，随后我们成立了威瑞森无线公司，这让我们收购了许多不同的公司。因此，这样的小经验在后来八到十年都派上了用场。

尤顿：当然。

格纳尼：我们正在将国内最大的无线电业务整合起来，是吧？

尤顿：我在访问其他 CIO 时，未曾听说过这样的情况，但我却曾经见过，尤其是在华

尔街。当大型金融服务公司合并时，他们那些庞大的系统都需要统一，或者只能保留一种系统而放弃其他，又或者进行大量改动，因而你就可以看到各种各样的事情。这非常有意思。当然，我经常听到的一种主题是关于广博的教育背景所具有的价值，不仅是在大学里受到的教育，还包括此后在最开始的一些指派工作中的收获。正如你所说的，你需要了解事情推进过程中的各个方面。

格纳尼：没错。

尤顿：因为我相信，一旦到达这个职位，显然就需要和公司不同部门的同事进行交流。

格纳尼：没错。

尤顿：那这就方便了。目前，你作为一个 CIO 都要做些什么呢？如果总结一下你在帮助威瑞森取得更大成功方面的作用，你会怎样描述？

格纳尼：好的。我目前的作用是管理业务部门的 CIO，我们有用户电信业务、企业业务、无线业务、共享服务、批发等，每个业务部门都有一个 CIO。此外，我们还有一个团队负责我们所有的 IT 基础架构。

尤顿：啊，好的。

格纳尼：这就是我的部门组织结构。但是，我花了大量时间在 IT 策略上——我们如何推动 IT 发展？我花了许多时间来进行调整，以确保 IT 与业务目标保持一致。

尤顿：嗯。

格纳尼：和企业领导者们一起向业务目标看齐，并同时以业务和业务流程为出发点来了解需要进行哪些变革才能实现这些目标。显然，你需要站在客户的角度看待问题——我们的客户需要什么？并且我告诉你，真正对我起到帮助作用的是在 IT 领域以外的那五六年。

尤顿：啊，好的。

格纳尼：也就是我负责销售渠道与运营和威瑞森无线西部业务的三年，以及接下来做新产品开发的两年。但我也想着："好吧，4G 来了。我们如何对它加以利用？客户将从中得到什么？"我与公司其他同事协作，尤其是营销部门同事，推动了新产品从概念到商业化的转变。

尤顿：嗯。

格纳尼：所以，这种经历真的对我帮助很大。我一直都在 IT 领域中发展，然后又花费六年的时间从事其他工作，我想这些让我得以从新的角度来看待如何更好地利用 IT。

尤顿：可以理解。我还记得有一次参观凤凰城的一家电话公司。那大概是在 1991 年，他们给我展示了一种下一代的技术，此前我从未听说过呼叫转移、呼叫等待和呼叫人 ID 这些东西。当时，这些真令人不可思议。而我不得不开始设想这类技术的发展，第二年或者下一周或者再过十年，将会出现又一代的移动技术。

格纳尼：是。显然，移动技术已经成为了主流。虽然它只经历了 20 年的发展历程，但却已经成了主流。如今，人们花在移动设备上的时间比使用计算机和工作还要多。

尤顿：是。

格纳尼：其实想想个人电脑，那也不是很老的技术。它不过是出现在 20 世纪 80 年代初期，而且现在仍在飞速发展。我认为，传统的个人电脑、台式电脑现在已经过时了。现在，有了智能电脑、平板电脑等。是的，这些正在发生。这类设备受到人们推崇，创新源源不断地涌现。网络也如此。就无线而言，我们从 2G 到了 3G，接着又发展到了目前的 4G。如今，吞吐量更是获得了十倍的增长。

尤顿：每种都是吗？

格纳尼：每种都是。

尤顿：哇。

格纳尼：随后，通过我们的 FiOS①产品，光纤进入了用户的家庭。我们的 FiOS 产品性能是前所未有的。是的，这些正在发生。正在发生的另一件事是就是内容数字化。

尤顿：嗯。

格纳尼：包括图片、多媒体和音乐。我们正在进行的这次访谈就将被记录为 MP3 文件。因此，人们需要的一切事物都在被数字化为海量的信息和数据。现在，人们若想看电影、电视，就可以通过互联网下载。因而，我们正在经历着数据使用量的指数增长。如果将所有这些放在一起，它将创造出巨大的新机遇，创造出新的产品和服务，因而……我们刚刚宣布发布我们的 4G 智能手机，这是在美国的首款基于 LTE 技术的智能手机。它所拥有的一些功能包括非常高端的游戏，你可以同整个国家的人一起玩这些极具吸引力的游戏。太神奇了。

尤顿：现在，出现了一个有趣的问题，我会给你列出一些例子，因为我很好奇你是如何处理，以及作为 CIO 怎样帮助打造或支持信息化产品。我在访问谷歌 CIO 时，问过他："你是否负责谷歌应用程序？"但他却说："哦，不，不，不。"

格纳尼：那是负责产品的角色。

---

① 威瑞森 FiOS 是向用户家庭提供的一项基于光纤的全套服务，包括捆绑语音、互联网和数字电视。

尤顿：“那是产品，是其他人的工作，”他说，“我在维护着公司业务的正常运作，并且做了大量的其他工作。”而当我和微软 CIO 交谈时，我问了他类似的问题，他的回答是：“我们率先开始进行产品内测及反馈，”这正如他所开展的工作，“我们要与产品部的同事密切配合。”

格纳尼：托尼·斯科特。

尤顿：正是托尼·斯科特。是的。“但我们是首批真正尝试这么做的人。”那么，你有遇到类似的情形吗？

格纳尼：没有。对于我们公司而言，IT 与产品开发、产品实现的关联更紧密。我可以给你举些例子。IT 可以实现你所期待的普通事情。我们使所有的后勤工作信息化成为了可能，包括我们所有的 ERP 系统和财务系统。

尤顿：我将这种情况描述为“让灯亮着”，即为公司运转提供后台支撑。可以说是后勤部门。

格纳尼：但在我们的企业中，不仅只有后勤部门，因为我们是提供服务的公司，所以投入全部力量是为了确保所有客户接触到的渠道良好运行，对吧？因此包括我们的所有零售商店、中心、电话销售，以及在线触点。超过一半的客户交易、客户互动通过在线机制或手机等实现。所以，这就是“让灯亮着”。

尤顿：好。

格纳尼：因此，IT 必须成为核心才能实现这一切。但当涉及新产品时，正如我们最近推出的基于 FiOS 的电视互动新功能，这是一种被称为“FlexView”的产品。有了它，无论你从哪里接入互联网，都可以通过大屏幕电视、家用电脑、智能手机和平板电脑等多种方式获得内容，并根据内容进行浏览、购买或出租、观看、存档、共享等。

尤顿：事实上，我昨晚在电视上就看到了时代华纳的类似广告，或者据说差不多的功能。所以，我对此还有点概念。

格纳尼：因此，要确保产品能使用……显然这是协作的结果。公司内部有技术团队，该团队成员负责构建和运营我们的网络。其他团队参与其中。我们的营销团队成员也参与其中——创建产品需求和定价等。还有 IT 部门，从产品项目启动，它不仅要参与产品实现，还要参与产品的具体实施。要确保我们的产品进入销售渠道。

尤顿：我懂了。

格纳尼：确保我们的联机客户支持渠道和人工客户支持渠道能为产品提供支持。确保我们能开具账单并统计产品收入。因此我得说，我们推出的产品有 80%都需要中央 IT 系统的支持。

尤顿：很有意思。这就引到了另一个相关问题上，我之前也问过其他 CIO，是关于自己在同事中的角色以及对他们的影响。正如你所说，你的工作涉及到营销和各种产品团队等。他们显然都是成功人士，都很聪明且个性鲜明。但我肯定你看到过这样的情形，即你发现他们出现了方向上的错误，或者没有发现本可以利用的机会，而你会为此感到担忧。但是，另一方面，他们并不为你工作，所以你不能对他们发号施令。你可以指示自己部门的人，但肯定无法命令与你相同级别的其他人。关于你认为应该或者不应该使用某项技术的问题，你如何影响其他人？

格纳尼：是。因此，我想这归根结底是要建立良好关系。因此，既然提到了这点——你知道，许多人问我："那么，实施 IT 会带来什么结果？"而人们显然认为 IT 不过是一门技术。

（两人笑）

格纳尼：你很清楚这点：IT 其实更在于人和人际关系。因此，你可以拥有技术最好的工程师，但他们却并不一定能与业务目标保持一致。无论他们创造的技术系统或产品有多好，却都不能带来经营成果。你知道吧，这不能创造商业利益。

尤顿：没错。

格纳尼：因此，在我看来，确保 IT 与企业的其他部门，无论是营销或财务或客户支持、运营等，步伐完全一致，是衡量企业利用 IT 的成功程度的重要因素。

尤顿：对。

格纳尼：因此，归根结底还是关系和互动，我之前在此花费了许多时间。我鼓励部门的员工要在这方面投入大量时间。而且，我认为这并非一蹴而就的事情。你需要建立信任，要让这种工作关系保持较长的时间。因此，一旦你与你的同事有了几个成功项目或成功阶段，无论对方是营销或业务部门总裁，还是运营或财务人员，事情就变得容易了，对吧？

尤顿：是。我也从其他 CIO 那里得到过类似的回答，他们表示："你需要寻找可以实现一些显而易见的成功的机会，因为当你有这样的一些过往经历后，他们就会变得更加信任你。"

格纳尼：是的，并且我想，在我 30 年的经历中（我将自己的职业生涯计算为 30 年），我看到这样的情况变得更好、更容易，这是因为在当今的业务环境、人际环境当中，在我们的生活当中，每件事情都依赖于技术，技术充斥着我们的生活。我们如此依赖 PDA（个人数字助理）和智能手机，如此依赖于所有目前采用某种数字交互形式的娱乐。如今，我们的所有生产工具以及家里所做的一切都离不开技术。作为个人，你可能需要与三四十家不同的公司互动。

尤顿：是这样。

格纳尼：众多技术涌现了出来，我们已经习以为常，就像天生如此。因此相比二三十年前，如今有这样的一种更加深远的认识，认为技术是运营当今业务的关键部分。至少，我感同身受。

尤顿：那么，按照你所说的，现在技术基本上已成为生活的重要部分。但是，如果正在经营一家技术公司，或者广义上来说任何类型的信息公司，你会比经营一家微件公司更加可能聘用有着更高层次的理解和认识的企业高管等。你知道的，30 年前，有许多企业高管、副总裁级别的人甚至连电子邮件都不知道。显然，技术在改变着每一个人，我想，尤其服务于信息公司的人。我还想到我很好奇的另一方面，因为每天的新闻标题都在说。我采访过的许多公司都不同程度地跻身到了国际市场，这些公司的 CIO 曾对我说："基本而言，我们是每天 24 小时待命，因为全世界每天 24 小时都不断有事情发生。"

格纳尼：没错，不管发生的是什么。

尤顿：这对你或者威瑞森公司有何影响？

格纳尼：的确有影响。你知道，我们也是一家跨国公司。我们拥有一个全球 IP 骨干网。我们承载了全球互联网 30%的流量。

尤顿：哇，是这样吗？

格纳尼：我们不仅提供网络服务、全球连接服务，还提供 IT 解决方案。目前，我们正在进入云领域。我们面向全球提供这些服务。

尤顿：啊。好。

格纳尼：我们的员工遍布全球。我们的 IT 组织也分布在全球。这给我们的全球 24 小时运营提供了灵活性。我们需要系统不间断地运行。比如，我们需要分布在全球各地的员工关注正在发生的事情，并开展相应的工作。然后将工作依次移交，就像"全天候"的模式。

尤顿：啊，好的。

格纳尼：现在，我们还没达到完美，但我们正在不断完善。我们正在做得越来越好，并且在不断解决问题，但如今的企业需要这种类型的模式，以满足客户需求。

尤顿：这是否意味着，你可能在凌晨三点接到电话或电子邮件，对方告诉你，"某地又发生了一次地震"？

格纳尼：是。我大部分职业生涯都在做 IT，我已经习惯了。

尤顿：你刚才提到了一个熟悉的流行词汇，它正是我接下来要谈到的话题，也就是一种可能会影响未来产业的新趋势——云计算就是一个例子。关于它是否为新生事物，有很多争论，这点暂且不提，你认为是哪些新技术真正在对类似威瑞森这样的公司产生重大的影响？

格纳尼：云无疑是一种趋势。现在的情况是，越来越多的客户需要一站式商店，他们不仅需要网络服务，还需要基础设施、软件、应用程序，需要所有这些都集成在一个软件包中，灵活并且按需提供，是吧？因此，越来越多的客户正在接受那种模式。这一概念并不新鲜，但其普及速度在不断提高。这对于中小型企业来说是很自然的事情，因为它们没有大型 IT 部门，并且对它们而言，投资来为自身提供支持也比较困难，所以选择云模式就不必担心升级问题。随着技术的发展，他们能保证自身能做到……如果你愿意，你会发现这并不只是实用新型专利。

尤顿：没错。

格纳尼：因此，它无疑已经渗透到了中小型企业当中。大型企业客户也对此模型感兴趣，因为这具有很大的经济意义。这是全然不同的经济模型。我们提供全套云服务，并且积极拓展在此领域中的能力。

两三年前，我们就收购了 Cybertrust 安全公司，这是一家知名公司，成绩斐然。最近，我们又收购了 Terramark，它运营着大量数据中心。我们在全球拥有许多的数据中心。我们当然能够提供基于网络的服务，但我们也一直提供基础设施服务，目前更可以提供全套云设施。所以说，这就是一种趋势。

关于移动性，有许多事情正在发生。现在，企业客户开始说：“好的，我们为员工提供计算机和智能手机或平板电脑。为什么员工不能在一台设备上完成所有的事情呢？”或者：“我们要如何虚拟化这些设备？”

尤顿：嗯。

格纳尼：“当员工在公司时，这是公司设备。当他们回家后，这些就是个人设备。如何才能让这些设备更加安全？”所有这些问题。因此，企业有各自的需求，个人消费者也有不同的需求。另一种快速出现的趋势是，在 20 世纪八九十年代，信息技术主要用于各个公司。但是如今，正在发生的事情是，大量技术是针对消费者，然后才得以在企业环境中应用和真正实践。

尤顿：那么，从某种程度上来说，这就是你刚才谈到的云计算形式，最初，这只是对创业公司非常具有吸引力，一段时间后，财富 500 强公司也开始觉得：“嘿，这东西有点意思。”

格纳尼：财富 500 强公司也开始使用这种技术，因为从经济角度而言，这表示不需要

花费大量的资金。因此，它具有极大的经济意义。

尤顿：当然。但你刚才提到的总趋势是谷歌的本 · 弗莱德也跟我提到过的，他说："最初是让应用面向企业，然后再寻求如何将其推广给消费者，而现在情况反过来了。"

格纳尼：是的，情况反过来了。

尤顿："于是我们开始着手这件事。"谷歌就是一个经典案例，例如谷歌邮件和谷歌应用。从消费者层次着手，然后不断提高其健壮性、安全性等，因此它在企业中占有了一定市场。

格纳尼：许多设备和消费类电子产品，比如你拿着的电话、平板电脑等，最初都是为消费者而创造的，然后迅速被企业采用，对吧？

尤顿：没错。

格纳尼：而在以前则是，我们创造一台电脑，先用于企业，之后才开始普及。

尤顿：是。现在，让这变得有趣的原因之一在于，这些趋势当中有些已经出现了 5 年、10 年、20 年，甚至 30 年，而且我们认为这些趋势将继续下去。你是否发现了一些全新事物，我们在 5 年或 10 年前基本上不曾拥有它们，但它们却会在未来 10 年内成为主流？

格纳尼：我们仍然处于这些趋势的早期阶段。信息数字化这一趋势也一样，我们仍然处于其早期阶段。现在，你谈论到了保健记录和其他记录的数字化问题。因此，未来将与数字化有关。这是一个数字化的世界，我认为，我们仍然处于其生命周期的初级阶段，而它仅仅是在加速发展。

我们谈到了在信息需求和数据使用量持续增大，人们目前具有更多选择、灵活性和自由度，使用并需要更多的数据的情况下，它会如何发展。他们不需购买整个数据包，只需要按需购买，"我想在方便的时候来看这场演出"，而不是在演出开始时就来观看。

尤顿：没错。

格纳尼：因此，我认为这一发展只不过刚刚开始提速。我想，它即将加速发展，因为网络、宽带网、4G 网络等带来的所有优势，以及设备所具有的优势将使得虚拟公司、虚拟企业成为现实。因此，在未来的某个时候，你将不需要这样的大楼来运营一家大型企业。人们可以在任何地方办公。这其实正在发生。例如，我们通过众多身处不同地方的人员来运行 IT 帮助台。他们可以一周在家工作三四天。我们可以将电话转接到他们的家中。但是，客户、终端用户却并不知道其中的差别。事实上，我们已经看到，我们的用户满意度在不断上升，生产水平也在不断提高。

尤顿：啊，很有意思。

格纳尼：所以，这只是一个能够说明未来可能情形的很小的例子。

尤顿：之前你提到的另一件事可以更加清楚地说明这点。你谈到了网络的发展，从 1G 到 2G 到 3G 等，并提到每一代网络都代表了重大的改进。有这么一种说法，如果你将技术提高 10%，这种提高将被忽略，但如果你将其提高 10 倍，就会改变这项技术的本质和体验等。

人们每小时驱车 50 公里的行事方式与坐飞机每小时飞 500 公里相比，肯定完全不同。因此，如果持续这样的发展，那么我想，摩尔定律在未来 10 年甚至更长时间将仍然有效。因此，我们如今获得的任何事物将在随后的 10 年中变得快 100 倍、便宜 100 倍、小 100 倍，这相当令人震惊。所以，像你所说的，这可能将会创造出新的需求、新的用途，以及我们现在都无法想象的事物。

格纳尼：所以，人们已经可以在家办公。另一方面，它是如何体现在企业环境中的。现在，它的价值开始以非常快的速度在进行转换。你访谈过多家大型企业，比如 Netflix，而这在几年前是没有的。现在，它已经相当庞大了。所以，新的商业模式在价值上发生了转变。创新可以源自任何地方，因为这是一个超级的数字互联世界。

尤顿：没错。那是我曾经尝试探索的领域，但我遇到了较大的困难。不过，我会给你一个例子：我当时一方面希望能访谈到 Avis 或 Hertz 公司的 CIO，另一方面又想访问 Zipcar 的 CIO，因为存在一个能说明技术完全改变商业模式的案例。你有没有发现发生在电信行业中的类似情况？

格纳尼：嗯，的确有过，我想我们已经经历了好几拨类似的情况。移动通讯领域很庞大，你可以看到生态系统如何不断演化和发展。就像苹果公司，它 2007 年才涉足移动业务，但如今已经取得了很好的发展。而且，它为自己创造了良好的市场定位。

因此，是的，我们的生态系统中有许多类似情况。但是，我们的基础正在确保我们打造非常可靠、前沿的网络。

尤顿：嗯。

格纳尼：这一产业包含许多专业知识、大量资金和终端用户。因此，只要你愿意，这就是我们价值链的核心部分。

尤顿：很有意思。你如何看待瞬息万变的市场、消费者态度，尤其是在从一代过渡到下一代的情况下？尽管有这些技术，我也不愿意在像 iPhone 这样的小屏幕上看电影，

但我的孩子们却愿意。我愿意在 Kindle 上看新闻，但我的妻子却不愿意。你是否会将这些纳入你的计划之内？

格纳尼：我会说，在过去几年中，的确，我们需要将此纳入计划，因为我们和其他每个人一样，正意识到在发生什么，意识到事物改变的速度有多快。但毫无疑问，年轻一代不需要有线电话，不需要家里、公寓等地方的有电话线。无线对他们而言就很好。很多年前，我们就看到了这种趋势。

尤顿：是的。

格纳尼：我们还看到了其他趋势，正如我之前和你提到的一样，人们正在花越来越多的时间在移动设备而不是办公用品上。我们推出的服务允许你进行浏览、购买或租赁，然后使用和共享多个屏幕上的内容，因为我们知道客户需要有选择。他们需要灵活性。所以，情况就是这样。这就是所谓的"客户就是上帝"，这意味着灵活性，而年轻一代具有这些特征。（笑）

尤顿：那么，你是如何开始发现年轻一代的需求，以及他们在思考什么或者梦想什么的呢？

格纳尼：我们也有年轻的同事。（笑）

尤顿：那就只是观察他们？

格纳尼：不，我们还和年轻一代的客户交谈。我们从客户那里获得反馈。这是正在发生的其他变化，即获得客户反馈，我认为这么多年来这已经变得更加容易了。

尤顿：是这样，他们只需要在自己的移动设备上操作并发送就可以了。

格纳尼：或者上网，上博客或客户论坛，以此获得反馈。你可以从不同的来源获得反馈。因此，Verizon.com 网站的在线功能已经成为了我们非常核心的客户交互渠道。

尤顿：有意思。刚才你提到年轻一代来到这里工作，包括 IT 部门或任何其他部门。除了他们的以技术为乐和不拘小节外，你是否注意到年轻一代员工身上的任何其他好或不好的改变？

格纳尼：我想大多数都是好的，但也有一些例外。我认为，社会交往和面对面沟通、交流仍然很重要。可能因为我是老一代人的缘故，我有些偏向自己的观点。但我认为，面对面交流和团队协作仍然非常重要。我感觉，年轻一代对此并不太在意。

尤顿：他们宁愿给你发短信，也不当面告诉你要说的事情。

格纳尼：是的。但我想这也算积极的，对吧？我不会说有哪些事特别突出，或者某些

事是个大问题。

尤顿：我希望得到的一个答案是，由于 CIO 的工作包括保护信息资产，所以尤其希望从这里得到这个答案，我认为有一点，即年轻一代不太注重传统的……

格纳尼：你看，我的便条中便写着“知识产权”。

尤顿：啊，好的。

格纳尼：我不知道你是否要继续此话题，但你是对的。你是对的。我看到我们的一些年轻员工很习惯于上 Twitter 和 Facebook 聊天。有时，关于这些社交媒体上的内容，他们需要一些引导，需要被告知哪些是适当的，哪些是不妥的。

尤顿：引导当然是完全可以理解的，但有一次，大概是三年前，我见过一件事，当时 Web 2.0 刚起步，各家公司都完全禁止员工写博客，并宣称：“我们基本上并不信任我们的员工。我们不能让他们使用博客，因为他们可能会让这些关于知识产权的东西泄露出去，让它们成为公开的信息。”

格纳尼：我想，我们已经走过了那个阶段。

尤顿：和我年轻时相比，这可能是另一个更加快速改变的实例。

格纳尼：我的看法是，仅仅完全阻止并不奏效。所以，你需要有一些适当的控制手段。但是我想，更有效的方法是训练意识、指导和引导员工，让他们认识到自己在保护信息资产方面的责任，以及哪些是正确或错误的商业判断。

尤顿：当然。我赞同。我一直对人们说：“20 年前，你就已经遇到过同样的问题，你的员工会去公共场合参加技术大会，或为某杂志写文章，于是同样的问题也会发生。”现在，它更加具有即时性。而且，有时人们会比较冲动，不会去考虑他们正在做什么。

格纳尼：所以，我们有商业行为守则。我们会进行许多培训，并交流哪些是可以做的正确的事情。一旦出现违规，我们会采取相应的行动。我想，这是需要时刻做到的事情。有时，你甚至可以看到我们老一代的员工也有这种情况。

尤顿：这点很不错，它不仅对于年轻一代有必要。

格纳尼：因此我想，这是成熟和负责任的员工应当具有的品质。我认为，员工或公司需要促进这一点。

尤顿：对于年轻一代员工的另一方面，我也很好奇，即刚从大学毕业的学生以团队形式应聘工作的现象。你见过这样的情况吗？

格纳尼：作为一个团队？

尤顿：作为一个团队，“雇用我们所有人或者一个都不要”。

格纳尼：不，我还没见过。

尤顿：好。那么这可能是个特例。因为有人告诉我四个麻省理工学院的学生的故事，这四个学生一起学习，一起工作，一起学习软件，所以他们想要在一起工作。其中三个获得了某家很不错的公司的工作通知，而另一个却没有，所以……

格纳尼：所以他们拒绝了。

尤顿：所以他们放弃了。

格纳尼：哦，哇。不，我还未曾听说过，但我见过麻省理工学院的毕业生，他们似乎联系紧密并且想要共事。

尤顿：（笑）我就是麻省理工学院毕业的，我们在学校时可都是独行侠。涉及新员工带到办公室或是带回家的个人设备，你们对这些员工的控制程度是怎样的？

格纳尼：我们有特定的标准，也有特定的准则。考虑到我们向客户销售各种设备，我们的政策其实相当开放。我经常和想要限制设备使用的同行社区、其他 CIO 一起谈论这个话题。由于安全解决方案运行得非常好，我们可以管理多个设备。所以，我们进行大胆实践，并使用自己的产品进行内测。

尤顿：这是很好的机会，许多公司都没有，我想。

格纳尼：是的，非常正确。现在，我们与合作伙伴合作，他们制造这些设备，开发操作系统，并提供在这些设备和操作系统上运行的应用程序和服务。我们与他们合作，因为我们看到了机遇，可以进行提高和巩固，并且增强安全性。但是，各企业仍然须注重安全性。你需要进行保护。你对客户有这方面的义务，而且在许多情况下这是法律规定的。我们也必须遵守法律。

尤顿：是。所以，可能存在安全法规。我也和其他人交流过这方面的话题。不久前，你可能会听到 CIO 们在说：“我们的员工只可以使用黑莓或 Windows 电脑等。就是这样。不解释。”而现在他们却不能实施这样的控制了。他们肯定能够处理准则和安全政策之类的事务，但并非每个人都拥有消费市场上那么多的设备。几乎我访谈的所有 CIO 都作出了让步，他们说：“在合理范围内，你可以将所需的任何设备带到办公室。只要你使用得当。”

格纳尼：没错。

尤顿：好。这很有意思。刚才你提到与其他 CIO 交换意见或交谈，我想再继续刚才的话题。这在你的 CIO 角色中有多重要？

格纳尼：我认为非常重要。显然，我们拥有不同的技巧或想法、意见。如果某人有特别的需求，你总是可以想到不同的主意，并看看是否能起到作用。有许多次，我们公司都尝试共同合作业务，那么在业务发展主管之间、营销和销售主管之间就存在合作伙伴关系或者协作关系。如果你在CIO之间建立起谈话，那么可以进一步增强合作伙伴关系或者协作。

尤顿：这确实是有意义的事情。我还未曾想到这点，但你是对的。

格纳尼：所以，我发现这是CIO社区中对话的关键部分。它能够发挥作用。

尤顿：我原以为任何公司的CIO都会与供应商打交道，无论是硬件供应商还是软件供应商。所以，与这些供应商公司的CIO保持往来是必然的事情。而且，我已经有了这样的印象，有相当多的——几乎就像一个俱乐部，尤其是因为有的CIO确实是从一个公司跳槽到另一个公司，并且有许多的年会等，你过一会儿就会知道可以联系谁，或者可以给谁发送电子邮件来提出问题。

格纳尼：是的，是的。

尤顿：在你的团队中工作的人是怎样的？你曾说过他们是不同业务部门的CIO。要进入你的团队，是否需要具有特别的技能或达到特定的标准？在这方面真正令你在意的是什么？

格纳尼：你知道，我的团队成员拥有相当丰富的经验，这一点为我们大家提供了很大帮助。要回答你的问题，需要回到业务结果上来，但我想在此回答你的一个问题。（查看文件的声音）嗯，在这里。我想，你是在问我什么会阻止下属开展我的工作？

尤顿：有哪些不足可能阻止他们开展CIO的工作？

格纳尼：我想要告诉你的是，有两个表现不错的下属可以做我的工作，他们已经熟悉该业务很长时间了。我的下属中还有两个我已经雇用了很多年。我感觉，最近这几年我一直在为我的工作培养接班人。他需要能够应对业务、全球销售、运营和全球产品开发。但我想有两件事情十分重要。这真的需要集中精力在业务成果上。

尤顿：好。

格纳尼：所以，仅仅完成IT项目是不够的。是的，你需要完成项目。那是基础工作。但是随后呢，你是否有从中总结或使用这样的 IT 能力来推动业务成果？所以，这就是我鼓励团队去做的事情。因此，我经常对他们说："这是大项目，这是长期项目。你们需要付出艰巨的任务，你们需要完成它。这是生产项目。干得不错。"但那只是项目第一天要做的。

（两人笑）

尤顿：没错。

格纳尼："现在，我们要确保真正交付以前承诺过的东西。"那么，这样能推动销售吗？这样能提升年收入增长吗？或者，这样能提高效率或产品合格率吗？所以，这只是一方面。另一方面是要确保你拥有非常强大的业务关系管理能力和业务调整能力。所以，确保 IT 恰当运行，这才是真正对业务重要的方面。

尤顿：嗯。

格纳尼：就像我之前说的，我的职业生涯中经历过差不多 60 次合并与收购，因此我和许多公司打过交道，并且对 IT 进行过整合等。很多时候，你都能看到 IT 用于真正算得上重要的事务当中。但是，如果从业务角度来考虑这点的话，这对业务真的重要吗？所以，我认为有两点是关键因素，通过这两点 CIO 可以对业务作出极其巨大的改变。

尤顿：现在，你如何将这些内容建议给年轻的 IT 专业人士，也许这些有志青年 20 年后也会成为 CIO？你会对他们说些什么？

格纳尼：有两点要讲。其一，学习业务。

尤顿：学习业务。对。

格纳尼：其二，年轻人不仅要想成为 IT 领袖，也应该成为业务领袖。让我给你讲一个故事。那是在 20 世纪 80 年代，也就是我年轻的时代。在 IT 行业中，会遇到中层管理人员、领袖，以及投资项目的商人，对吧？而这对 IT 行业带来的结果就是，会导致众多内部竞争和政治活动。其本意是为了达到与业务目标的良好一致性，但我所看到的是，这对实现 IT 与业务目标一致造成了负面影响。而我看到过这些，即使企业说，"好，这就是我们所需要的，这就是我们投资的结果"，在 IT 领域存在相互竞争的力量，有人可能会为了其他目的暗中破坏项目，因为这就是当时的环境。

我认为，我从中得到了不少教训：让 IT 与所有业务部门保持完全一致，并与他们携手并进有多么重要。如果你能创造出可以做到这点的环境，那你就能最大程度地利用 IT，并从中获得最大程度的益处。

尤顿：好。非常有趣。我想问一些关于麻烦与担忧方面的问题。是什么让你彻夜难免，如果有任何事让你无法入睡的话？（笑）我想，我知道这个问题的答案是什么，但这个问题我问过所有我访谈了的 CIO。

格纳尼：我想你的问题是："你面临着什么样的政治问题？"我想说，长久以来，我一直都在关心公司的发展。我非常了解所有纵向和横向业务领导。所以，如果出现什么小问题，我能轻而易举地解决。我们的企业文化非常注重团队工作、客户至上和成果，所以政治本身都算不上问题。你的另一个提问是关于一两年中有威胁的问题，那就是：安全性。显然，我们经常谈论这一方面。它对我是最重要的问题，因为我们的公司是一家大公司。它在全球拥有成千上万的员工和几百万的客户，你需要始终牢记安全问题，不仅是你自己，而且要让每个人都记住这一点。

关于这一方面，我想说的另一件事是，我们的行业、生态系统正在经历一些非比寻常的变化。我们谈过价值观如何在对手之间发生转变，如果看看音乐行业发生的变化，你就能了解这点。所以，数字化正在创造一些伟大的新趋势。我之前提到过，我们的基础是确保我们打造非常强大、可靠的网络，因为每个人最终都离不开网络，离不开进行沟通的能力，无论是无线网、光纤网络还是全球 IP 骨干网。

尤顿：你刚才说到过的与这存在关联。我会认为，你可能担心的是技术改变如此之快，以至于没有足够的时间摊销或折旧，你不得不在这些非常昂贵的网络中投入的资本。我刚从大学毕业那会儿是这样的情况，贝尔电话实验室打造的产品可以使用 40 年之久，于是它们有大量时间来使用这些东西。但如果三年后出现全新一代的技术，而你已经在以前的技术中投入了数十亿美元的资金，可能这不仅会让你，也会让 CFO 彻夜难寐了。

格纳尼：不，那几乎已经成为我们的核心竞争力了。那就是我们得以生存的本钱。（笑）

尤顿：好。

格纳尼：从 2G 到 3G 再到 4G，我们的 4G 项目是一个需要建设 3 到 4 年的项目，而我们的 2G 网络仍然将在未来 10 年、12 年中使用，因为我们仍有数百万的客户在使用它。

尤顿：好。

格纳尼：所以，我给你举个例子，20 世纪 90 年代早期，我们建设了模拟蜂窝网络。我们才刚刚淘汰模拟网络三四年。所以，即使新技术出现，超越了旧技术，IT 将与你家中的旧电脑一样经历同样的事情。你不会因为有了新电脑而丢弃旧电脑。你可以将它给你的孩子，或者用作备用电脑，或是用于特殊任务或别的事。因此，所有这些都成为了我们如何进行每年的技术规划的因素。

尤顿：这点不错。另一个关于软件的例子，是我们仍然在老式应用程序中运行 COBOL，至今距离其诞生已经有 50 年了，也许它还将再使用 50 年。嗯，我写了刚想到的另一个备注，我不知道这是否与你所在的行业有关，但你刚才提到了音乐。整个音乐行业依赖于这样的理念，即人们尊重知识产权。然而现在，社会对这一点的看法显然已经完全不同了。IBM 和微软都依靠这样的概念，认为专有软件将始终会是一个赢利产品，但现在开源软件带来了不小的改变。在电信行业是否也有同样的情况？

格纳尼：实际上并没有，因为我们是创建信息者的发布渠道。所以，我们没有必要真正了解信息。

尤顿：好。

格纳尼：但是，我们连接着信息通讯的两端，不管这种信息是电影、视频、歌曲、电子邮件、语音电话或语音邮件。我们不必参与其中。我们只是发布渠道。我们做的另一件事是促进发生的交易，包括向客户开具账单、向客户收款、收入分成或其他需要做的事情。我们还要向使用信息的人传递信息。所以，我不认为在电信方面有直接相当的情况，但毫无疑问，一旦出现这些情况，就会引起这一生态系统中出现巨大的价值转化。

尤顿：嗯。

格纳尼：我们是参与者，对吧？因此，我们需要足够敏捷，确保能识别这些价值转化，确保不会做愚蠢的事情，不会让自己深陷泥潭。

尤顿：好，最后一个问题，是关于你今后的规划。你认为未来你将向哪个方面发展？从 CIO 离任以后，你打算做什么？

格纳尼：我不知道。就像我跟你讲过的，我五个月前才上任，所以我现在乐在其中。从能力上而言，我发现我的工作富有挑战性。从专业角度而言，我的工作又回报颇丰。我还有许多事情要做。在接下来的两年、三年或者四五年，我们还会面临挑战，还要做一些事情。我太忙了。

但是，我想补充两点。在我的职业生涯中，我担任过不同的角色，开展了大量的工作。正如我说的，我在非 IT 领域干了六年多，我曾担任威瑞森无线西区总裁，负责新产品开发的销售和运营。我职业生涯中的每次变化都不在计划之中，我知道这听起来令人难以置信，但它们就这样发生了。

尤顿：我也至少一次从其他人那里听到这样的说法。

格纳尼：所以，目前的工作并不在我的计划之中，但我却得到了这个工作。我以前的工作也是如此，不曾计划过，却被选中。以前的工作我也不曾计划。所以，我从未曾规划过职业生涯的变化，都是顺其自然的事情。

尤顿：机会总会不期而至。

格纳尼：是的。所以，我不会担忧或思考这方面的问题：“好，接下来呢？”

尤顿：当我提出这些时，我有点期望能有许多 CIO 说：“我喜欢这个工作，但下一步可能会向上跨入 CEO 的级别。”但几乎没有人这样说。

格纳尼：所以，在三年或三年半的时间里，我都是威瑞森无线西区总裁。我运营业务，拥有所有销售渠道和客户支持部门，我承担损益职责、营销、公关等。因此，这虽然不是 CEO 职位，但却已经接近了。

尤顿：相当接近。

格纳尼：是的，相当接近。我曾经参与了一些州级别的法规问题和诸如此类的问题，所以涉及不同的维度。我学到了很多东西，但我也认识到："好吧，我能为公司和业务创造更多价值的根源还在于我所从事的工作。"

尤顿：CIO 工作。

格纳尼：CIO。我肯定能胜任此工作，我要说的是，我所拥有的 30 年的经验使得我更适合于此，而非其他工作。

尤顿：我也会认为，任何人对这个问题给出的答案都是基于自己对未来的信念，或者对 CIO 职位重要性的信念。而我推断，这可能是当 CIO 聚在一起或者参加 CIO.com 大会时通常争论的问题。十年之后，还会有 CIO 吗？

格纳尼：正如我们之前谈到的，IT 和信息技术目前是运营任何业务的核心所在，这就类似于确保你正在管理财务部门一样。你需要管理你的 IT，它就是核心。我想，大多数企业目前已认识到了这点。

尤顿：我访谈过的底特律能源公司 CIO 也给出了这样的答案。她说："我从未规划过我的下一个职位，但你知道，电话突然就会响起，你瞧。"

格纳尼：是的。

尤顿：她说她非常善于决定要放弃哪些机会，但从不担心某些事是否真的会到来。这非常有意思。好的，我可以不停地说个一整天，但我相信你还有一大堆事情要做，所以我想还是结束这次访谈吧。

第13章

阿西斯·古普塔

——英国电信集团服务设计部总经理

阿西斯·古普塔是英国电信集团（BT）全球服务部的产品组合与服务设计（P&SD）总经理/总裁。BT全球服务部向多个国家的用户提供联网IT服务，其服务遍及英国、其他欧洲国家、中东、非洲、亚太地区和美洲。古普塔先生肩负双重职责，须向BT全球服务部和BT创新与设计（BTI&D）部的CEO报告。BTI&D负责为BT全球各单位设计并实施BT网络、系统和业务流程。作为P&SD总经理/总裁，古普塔还负责全球服务网络和IT战略的实施。

古普塔先生2004年加入BT，此前九年间一直在IT外包公司马恒达科技任职。期间曾担任多个角色，包括负责公司CRM实践的IT交付总监。古普塔拥有伦敦商学院的综合管理MBA学位。

埃德·尤顿：在我们开始前，我有一个问题，就是你是如何走到今天的，因为人们显然并非生来就是CIO。那么，你是如何做到的？

阿西斯·古普塔：好的，嗯，我是如何做到的呢？我是不是只用阐述我作为BT全球服务部CIO的角色？我的这一角色还有许多其他职能。

尤顿：好。

古普塔：实际上，BT的组织结构是这样的，我们拥有联邦制CIO结构，克莱夫·塞利是BT集团的CIO。公司有四个上市的法人实体，它们并非独立，而是属于BT集团。每个业务单位实际上都有一个CIO，他们代表该单位的利益，并履行更为广泛的职能。所以我们称他们为服务设计部总经理或总裁，而非CIO。

尤顿：啊，是这样。

古普塔：之所以称其为服务设计部总裁或总经理，是因为实际上，该角色承担的责任不仅是管理公司的IT基础架构，还包括决策和产品创新职能，并将这些转化为整套设计和可交付的人员、流程、系统和工具配置能力组合，以满足业务所需。

尤顿：哦。

古普塔：这就是我为全球服务部做的工作。我还兼有其他角色——BT 全球服务部涉足 IT 外包领域，所以网络 IT 服务就是我们的工作。我还负责转换我们为客户管理的资产。因此，我的团队（共 3200 人）遍及全球，他们与会计人员共同转换客户账户，并在中标后，将其转移到 BT 基础设施中。

尤顿：哦。

古普塔：所以，这比一般的 CIO 的职责更多一些。我为全球服务部进行系统管理，并且需要确保我们为运营团队创造出恰当的工具和功能。同时，我也为全球服务部运营产品组合，因此产品组合团队也为我工作。我还运营服务交付组织，负责过渡和转换工作。

尤顿：嗯。几乎从每个负责维持业务正常运营的人那里，我都听到了类似的情况。但相比我访问的其他人，你更多地涉及了产品领域。但还是回到最初的问题。

古普塔：我们怎么做到这里的？

尤顿：在担任现在这个职位之前，你是否曾担任过 CIO？

古普塔：没有，我基本上是从下往上发展的。我是在大学毕业后从 IT 工程师开始做起的。我做过不同的工作，包括开发、项目设计和程序管理。之前，我在一家印度 IT 外包公司工作过。

尤顿：哪一家？

古普塔：马恒达科技，我从印度的大学毕业后就在那里工作了。马恒达科技是由马恒达集团和 BT 组建的合资公司。我在那里工作了九年，然后进入了 BT，加入了克莱夫·塞利的团队。当时他是 BT 经营批发部门的 CIO。该部门现在是我们部门的一个分部。

尤顿：哦。

古普塔：从那时起，我的职业发展都非常自然。我负责运营 BT 的全部资产，涵盖全球大约 4000 套系统。随后，克莱夫成为集团 CIO。我接任了他的职位，成为全球服务部 CIO，即产品组合和服务交付总裁。

尤顿：好。这是我希望从你们这里听到的故事，而大家纷繁各样的情况都令我吃惊。我想趁机问你一个问题，你如何看待自己最初的 IT 工程师背景。你觉得它是否重要，对你现在的工作又有何重要之处？

古普塔：对我而言，它非常重要。我认为，我需要理解团队在做什么，所以这并非通过管理技巧来进行管理，而是通过理解内部的详细运作来开展管理工作。在我看来，

这是一种平衡，因为 CIO 的角色远比如今的定义要复杂得多。在过去，这个职位仅仅是关于 IT 的。而现在，它更是一个完整的业务部分。所以有经济学者或者化学工作者等在做着 CIO 的事情，也并不奇怪，因为我认为它的发展过程会涉及诸多技术的层面。

实际上，非常擅长外包的 CIO 越来越多。因为许多公司都认为，CIO 做的某些方面可能并非核心竞争力。他们并不想要内部的 IT 部门，实际上通过外包合作伙伴可能会做得更好。

尤顿：嗯。

古普塔：所以，你需要的其实是擅长管理合作伙伴的人，而不是擅长 IT 本身的人。因此我认为，随着组织核心竞争力和愿景的变化，总会有一种良好的搭配和平衡，这些都取决于管理具体事务的人，无关于这人是毕业于工科院校后直接获得职位，还是通过一步步晋升得到职位。所以，尽管这可能令人惊讶，但我想这是非常好的状态，能让企业保持适应新环境。

尤顿：我从别人那里听到这样的说法，而且那人相当坦率地说，强大的工科或 IT 背景能让你拥有出色的"废话探测器"。如果有人在向你兜售某个故事，你就拥有基本常识来判断它是否言过其实，或者根本就一文不值之类的……

古普塔：我同意这点。我认为这相当公平。

尤顿：关于初期发展的最后一个问题。你是属于逐步升迁的那一类型，那是否参加过任何特殊培训，或返回学校获得了任何特殊学位？

古普塔：是的。在职业生涯中，我参加过一系列商务课程，然后我实际上花了两年时间参加 EMBA 学习。所以，在我任上一个职位时，同时也在读书，是在伦敦商学院学习。当时，我仍然处于工作期间。这真的相当难，因为那些课程涉及面非常广泛。但我发现那极其有用。我在更大的环境中接受了一次良好的基础训练。

尤顿：当然。

古普塔：我带回了一大堆关于工程师如何看待这个世界，以及如何在更广的范围思考工作的"逆耳忠言"，而我也发现，这是非常有用的经历。

尤顿：我曾经期待能从每个人那里都得到这样的答案，但通常都并非如此。我提出这些问题的原因在于，曾有许多年轻的 IT 人士对我说："有一天，等我成长起来，我想成为 CIO，就像那个办公室里坐着的那个人一样。"所以，他们对人们如何开始，什么样的培训可能适合这样的发展或者有用等问题非常好奇，这就是我提出所有这些问题的原因。关于你的主要任务或主要从事的工作，你已经提过了，有三个部分。只

向内部组织提供 IT 服务的工作范围有多广？这是一项不起眼的工作，还是了不起的工作？

古普塔：不，并非如此。绝不是不起眼。全球服务部是一个分布非常广泛的组织。我们的员工分布在全球 170 个地区，所以，要确保他们都连接到公司网络，并且有正确的工具来开展工作——无论是定价工具，还是全为用于管理或只是让他们感受到自己是 BT 组织一员的方式，都是相当有难度的事情，因为我们有关于数据保护行为的规则和条例。每个州都有。

尤顿：每个州都有不同的问题。

古普塔：是。在让人相互连接的问题上，存在各种技术问题。每个州有着不同的网络，这些网络的质量也各不相同。但对我们而言，比较幸运的是，正如我所说的，我们具有联邦制结构，所以不用操心众多细节，如笔记本服务和桌面问题等。这些是由为 BT 员工集中服务的团队部门开展的。

尤顿：嗯。

古普塔：我想，我更为关注的，是确保全球服务部的人员有适当的系统和工具，以便开展全球服务工作，这其中大多数是关于计价或管理销售职能，以及管理网络及其功能的服务运营职能。所以，我认为这在我的角色中占相当的内容。尤其考虑到我们通过收购扩大组织，如同其他大型电信公司一样，我们也面临系统整合的挑战。

尤顿：没错。

古普塔：随着技术发展，保持自己能够适应新环境，并确保领先地位。你知道，如果看看 iPad 之类的东西，我们应该如何确保以合适的步调来接受它们？

尤顿：你谈到了自己工作的全球性质，而你所说的也非常容易理解。但我必须要说，我曾经以为 CIO 只负责公司在美国的运营，或者负责地方运营，但他们的言论却让我感到惊讶，他们说，现在基本上生活在地球村，并且如果世界各地发生些什么事情，比如埃及发生革命，或者日本出现海啸，他们希望在凌晨三点接到电话，因为即使他们自己的员工并不在那些受影响的地方，但他们的公司却也希望进入这些市场。因此，当然，自己的员工和部门就会受到世界上发生的事情的影响。

古普塔：绝对的。日本是个不错的例子，因为我们有团队在那里，而且我们每天都与他们进行沟通，了解他们的工作。海啸对标准电话线的影响大于对办公室中语音 IP 连接的影响，所以了解事情的动向非常有用。

尤顿：哦，是吗？

古普塔：所以实际上，某些情况下，他们在办公室时，我们能与他们取得联系，但当

他们在家里时却不能。因此，各项技术最终如何找到一种方式，为诸如日本这样艰难糟糕的情形提供帮助，这本身就是件有意义的事情。

尤顿：你知道，几年前很流行“应急网络”的概念，它是关于本地团队为了支持救助服务等对网络进行整合的需求。当然，在许多情况下，手机通讯基础架构是最容易受到地震等影响的。在日本也是这样吗？

古普塔：老实说，我没有相关数据。但我确实知道通信基础设施会受到影响。在 BBC 广播上可以发现，许多人在接受播音员的采访时，都通过 Skype 等工具进行沟通。但这种程度——明确地说，如果城镇和城市几近消失，毫无疑问通信基础设施也会随之崩溃。

尤顿：啊，嗯。

古普塔：我不知道东京等地的移动通信网络是否会因为地震而大量遭到中断。我会建议日本，作为非常了解地震的国家，应确保有足够的备用物。我很惊奇，这种等级的震动下，我们所看到的这些摩天大厦却没有倒塌。我的意思是，这些建筑肯定有着伟大的工程设计。所以，我真的不知道移动网络的中断程度，但这个国家的通信能力一定是会受到损害的。

尤顿：很奇妙。你刚才提到的第二个方面是你的工作所涉及的内容，与整个产品领域有关，而我想了解其中一个方面。当我采访微软 CIO 时，他说他的部门并不负责产品——他们并未创造 Microsoft Office，而是主要参与他所说的“内部测试”活动，即成为最终产品的首批用户。在 BT 中是否也是这样的情况？

古普塔：是，非常有趣，因为实际上，全球服务部的最大客户就是 CIO 们。看看我们在全球服务部所做的工作，我们为全球 CIO 提供外包网络 IT 服务，包括 WAN、LAN、语音服务和基础架构。那么是的，显然在很多方面，因为我们为自己提供网络，所以由我们的员工来进行内部测试。我们有自己的语音通信能力，并会将其产品化，然后将它们作为托管服务出售给其他 CIO。因此在众多方面，是的，我们使用自己的产品，因为我们实际上就是采用这样的方式打入市场的。

尤顿：好的，关于这个常规领域的最后一个问题。对于帮助创造目前尚不存在的产品，你希望能提供哪种程度的帮助（不包括利用可能来自某个业务单位的创意），并将其产品化？这么说也许更好理解，即帮助关于创造未来的想法……

古普塔：是的，所以，正如我所说的，我们运营产品组合团队。我有一个产品管理团队，它以创新眼光紧跟市场动向，并将这些创意用于下一代产品的开发、营销和销售。

尤顿：嗯。

古普塔：所以，我们确立了这样的主张。我们在考虑如何采取这些主张，并确保它们适合我们细分市场的客户需求。当然，我们与市场部门的合作非常密切，因为他们拥有客户关系。同时，我们也与技术公司展开了密切合作，比如世界上制造通信产品的微软、Avias、思科。我们还会思考如何将这些技术应用到更为广泛的产品组合中，包括网络，从而让 CIO 的生活更加轻松，并提高其员工的生产效率。这就是我们考虑要带给市场的附加值。

尤顿：现在，你的团队是否参与到使用这些服务当中，比如，移动电话，或者你们是否加强了对网络方面事情的关注？

古普塔：不，关于我们的核心主张，我们并没有移动网络部门，但我们会提供许多移动服务。所以，我们将考虑移动语音，例如，我们将考虑创建电信移动应用，为 CIO 提供设备管理服务，以便他们能管理组织内的移动资产和开支水平，并考虑如何对其进行控制。

尤顿：好。

古普塔：因此，工具能让 CIO 更好地管理自己的组织。而且，是的，我们确实拥有可以应用于 iPad、iPhone 等移动设备的产品和服务，但我们并不销售移动网络，因为我们没有移动电话网络。我们的目标市场并不在此。

尤顿：好。我之所以提出这个问题，是因为韦里逊的 CIO 曾经提醒我，在他们要进行交流的企业合作伙伴中，有很多智能手机供应商，像苹果、三星和诺基亚等。当然，他们都很忙，但很有前途，并且在不断创新。

实际上，我在日本听说过一件令人惊讶的事情——我记不清当时访问的是哪家移动电话公司了，他们每年至少要推出两款新型号的手机，因为日本工人每年有两份奖金，而他们通常都把这些钱用来买手机，因此会有旺季和淡季，而在美国，苹果公司每年才推出一款新 iPhone，而不是一年两款。

古普塔：我只是在想，产品的生产周期和生命周期一直在不断缩短。我认为，这会给我们这些 CIO 带来一点挑战，因为我们需要与此同步，才不至于丢失这些工具和技术为我们的员工创造的优势。当然，像在我们这样的大企业中，有许多事情需要考虑，比如数据在这些设备上的安全性。由于事故或设备被盗导致公司重要机密信息泄露，我们能否确定自己没有受到此类威胁？我们又如何保证所有这些安全性，而这可以在较大程度上提升我们的能力——目前我们每年耗费一台 iPad。因为这其中某些东西并非一日就能修复的。

尤顿：是的。

古普塔：而我认为，在确保在组织中更大范围内使用这些设备之前，有许多政策方面

的考虑和转变需要实施，因为许多公司仍然严格管控资产，有非常严格的防火墙规则，并且只是在等待更好的理由。我们所要做的，就是指出员工使用移动电话的灵活性，让移动电话既可以用于个人，也可以用于企业，但又不会让组织暴露在威胁当中，但我并不确定是否我们所有人都知道如何来做这件事。

尤顿：（笑）我同意。好的，进入我要和你谈的下一部分，是关于你所看到的随之而来的新创新和新发展的一般性问题。当然，这是大家都经常提起的问题。

古普塔：云？好吧，是的，我想流行词语是叫作“云计算”。我们如何从现在受到认同的推广云计算的过程中发家致富？我们如何确保可以利用这一资产并进行回归，只要你愿意的话。对我而言，这很有意思，因为我们所有人都从大型主机开始，当时多租户、多进程和多任务模式应用在我们的客户-服务器结构、迷你微型计算机结构和以前的主机结构中，而这就是云计算带给我们的。

尤顿：没错。

古普塔：此外，当然，这是一种更加强大、灵活、分布式的方式，对我们而言，这样的开拓非常重要，不仅对我们自己，对我们的客户市场计划也是如此。而这样的架构发展非常好，对吧？所以，在各种设备的基础上，越来越多的计算开始虚拟化并可以按需提供。许多应用程序平台变得越来越标准化。所以，你可以利用更多的开发人员社区来创建应用程序，并上传到越来越多的应用程序商店中，可能是在 iPad 或 Android 平台上，甚至在黑莓和 Windows 平台上也有所增长，这是我目前所知的四大平台。

尤顿：嗯。

古普塔：人们有 iOS、Android、Windows Phone，接着是黑莓使用的平台。很明显，别人将在这一领域不断发力，但目前，从企业细分市场的角度来看，大多数人只拥有其中一种平台。整合将应用程序植入这些设备的能力正在更加分散的、基于云的计算架构中运行，具有更加平台化的功能，这使得应用程序开发和创新能以更快的速度进行，对我们企业非常有利。

我们在数据保护方面也面临同样的挑战，如果你是多租户，是否安全？所有这些政策都需要得以解决和阐明。但毫无疑问，人们正在朝着虚拟化资产的方向发展，以获得更多可以在标准平台上编写的应用程序。显然，我们面临的挑战在于，许多企业目前非常依赖于大型软件制造商，如甲骨文和微软。

尤顿：没错。

古普塔：和其他所有人一样，我们也有成千上万的用户部署使用这些基于旧模型的许可的应用程序。而要如何逐步演变为以开发新的基于计算设备和按次使用的模型？这就是关键挑战，这对我们而言非常振奋人心，它关系到行业下一步的发展方向。

尤顿：另一方面，当然，云计算概念中涉及可扩展性，它能提供即时可扩展性。我听到了许多关于这方面的事情。昨天，我参观了立博公司，他们乐于称自己的整个业务“像山峰一样”。我所想到的正是他用的这个词。在大型比赛、足球赛前夕，需求出现了。你是否发现，这种关于极其快速和波动的可扩展性需求的想法，在所有主要的电脑使用者中变得越来越普遍？

古普塔：公平地说，目前所发生的，是每个人在他们企业中都有一套处理峰值业务的流程。无论是月末账单，还是特定星期的某一天中特定时刻发生的事件，都需要一定的时间来对其进行处理。

尤顿：没错。

古普塔：我现在认为，仅仅由于必须处理那些峰值业务，大多数企业不再创造超出其通常运营基础上所需的生产能力——这对企业非常重要。所以，能让不同的峰值业务在不同时刻保持巅峰状态，并在通用共享的基础设施上运行，从经济角度而言，这样的益处意义十分重大。

尤顿：是。

古普塔：挑战在于获得该平台上的恰当的业务组合，并能应对所有关于数据保护和安全性等的挑战。但这是不可避免的。这使得能够以共享基础设施为基础来处理峰值业务具有极大的经济意义，因为无需为数据中心增添成百上千的额外服务器。仅仅因为广播公司在星期六晚间才能遇上业务高峰，或者月末人们才管理账单周期，或者其他各种情况。它非常有意义。

尤顿：好的，这点不错。那么你的意思是，它的确会影响到每一个人，因为每个人都有不同的峰值业务。

古普塔：因为它十分关键，所以一旦失败你就出局了，无论你是否愿意忍受这些峰值业务。

尤顿：好观点。现在，你所谈论的几点涉及另外一种现象，对此我想做进一步了解。也许，可以这样来解释这种现象：我们大多数人成长的传统世界出现了许多新的产品、工具、应用程序等，它们进入企业当中，并且受到控制、限制或谨慎的管理，然后在适当的时候被下放给员工，并称：“这是你们可以在桌面完成的事情。”现在这个世界出现的各种事物都直面消费者，这当然已经被 Google 和一些手机应用所证明。“我们将在大街上向消费者出售产品。”

古普塔：是。

尤顿：然后，它将出现在企业中，并带来一些问题和机遇，十分明显的一个例子是，

现在在全世界，员工都会把一些手持设备带入办公室，而且他们对于昨晚在家中的比公司计算机强大得多的电脑上做的事情印象更为深刻。这些对你的日常工作会产生怎样的影响，这种自下向上、从消费者上升到企业内部的运动？

古普塔：坦白来说，这本身并不是我们面临的最大问题。从我的观点来看，我想我们可能正在错过更好地利用它的方法，但目前我们还面临着其他挑战。我想归根结底的是，存在一种日益增长的需求，即整合个人设备的私人用途和企业用途，因为每样东西都正在无缝集成。人们无时无刻不在工作。

尤顿：的确如此。

古普塔：你知道，有时候他们可以在晚餐后夜里八点工作，也有时候他们在工作时间可能想做些私人的事情，这样的灵活度会建立员工与机构的紧密关系，因为它可以为员工提供灵活工作的可能性，同时实现他们的生活和工作目标。不要认为这两者必须严格区分开来，“上班时间我只使用电脑。我受到了限制，没法做点别的。然后，当我回到家时，我可以在另一台完全不同、性能更好且安装了各种应用程序的设备上，查看自己的账单，并做点其他什么事情”。

尤顿：没错。

古普塔：所以，我越来越觉得，我们得利用整合个人工作和家庭的机会，找到一种开发基于向上使用（从消费者层面到企业层面）的应用程序的方式，但我们还需要找到一种方法，来确保我们这样做的环境能保证企业数据的安全，确保我们不超出运营的监管范围，而这就是我们要应对和解决的问题。

现在，我们还没有找到所有答案，但如今，的确有许多人都可以通过自己的 iPad 或 iPhone 接入工作。我们有各种协议，涉及如何管理上述行为以及达到怎样的预期效果，比如需要有密码保护、需要通过我们的 VPN、需要进行扫描等，所以我们要让所有这些检查到位并保持平衡。但这样能让我们做到这点吗，即在这种单一设备模式中，你的家用电脑和工作电脑，或者你的家用笔记本和工作笔记本所达成的效果一模一样？我会说做不到。

尤顿：但是，如果我没理解错的话，目前你的主要市场目标和产品开发目标仍然是首先瞄准企业。而你的预期是最终为那些在家做事的职员营造办公氛围，并通过某种方式让家庭和工作环境结合起来。

古普塔：看看正在发生的事情——我们在联合通信领域开展了大量工作，都是关于整合用户的联系人和电子邮件之类的消息发送和语音功能。我们将逐渐为企业中使用的所有工具提供这种能力，将用户的私人联系人和工作联系人联系起来，这样可以将它们放在一起，更加轻松地在工作中使用集成功能。

因此，我们拥有特别针对于企业组织中员工的工具和产品。所以当然，由于正在建立的架构的本质，我想，会出现创新和应用程序的整合。

尤顿：还有另一方面的问题，我很想听听你的见解。由于我们所谈论到的所有这些发展等其他原因，技术和设备的价格正在下降至任何人都能承受的低点，包括世界上大部分以前根本不能承受其中任何开支的地区。现在，非洲和亚洲部分地区的新兴市场不断涌现，成千上万人拥有能让他们做一些有成效和有益的工作的手持设备。我很好奇，像 BT 这样的大公司会有多想对其进行资本化，或者将此看作一股浪潮？

古普塔：我认为，我们在通过多种方式，让许多正在这些领域发展的其他企业来实现这点。如果看看快速消费商品企业，你就知道与我们合作的这类公司目前所做的事情。它们都在扩张，都看到了亚洲的发展，而我们正在通过多种方式，来建立能让他们获得成功的网络基础架构。

尤顿：嗯。

古普塔：能让它们在这些国家的员工与世界的其他地方连接起来。所以随着移动流量的增长，其连接性和能力得以进入这些国家，并让工厂、职员受益的情况正在发生。我们可以看到它的发展。

我们绝对是推动这些公司进入这些增长市场的核心所在，同时也在确保，我们不只是帮助在这些地区的员工，还能反过来将这些员工与他们的公司连接起来，让他们成为所在大企业的一份子。所以，从很大程度上来说，我们和许多其他电信公司的核心业务就是确保人们的连通性，无论他们身在何处。在我看来，我们在让这个世界联系越来越紧密的过程中，扮演着非常重要的角色。每一年，每个月，世界都在变得越来越小。

尤顿：是的。

古普塔：这些技术能让人们的联系更加紧密，对于确保我们建立的网络、为其赋予的弹性，以及投入的资本能让各家公司能日益简单地开展工作，我们当然处于核心位置。

尤顿：好的，这一点很有意思，因为确实需要网络，需要巨大的网络。这一点有时会被忽略，但你们是幕后推手，所以说，你们可以让所有这些变成可能。这确实是人们可以看到的惊奇的转变。比如，谷歌应用程序都是免费的，虽然它可能会有广告，所以社会的转型是非同一般的。但我想，你的观点很好理解。如果没有网络作为支撑，一切就毫无意义。

古普塔：我们曾在国际货币基金组织的一个子论坛上谈过这点，它涉及云和社区启用，关于利用云技术及其带来的益处。我认为我们在那里进行的最大型的一个讨论就是：

“只要你掌握了云技术，它就可以很完美。”的确，这就是为什么我们需要不断关注能让社区接入云的基础架构。因为如果你不能掌握这项技术，它就不可能为你提供帮助。

尤顿：嗯。

古普塔：所以，是的，你可以免费获得谷歌应用程序，但如果没有移动网络运营商建设移动网络，或者没有电信运营商在所在地区接入万维网，不能提供能满足所有流量的带宽——是的，虽然你可以部署移动电话，让它们价格低廉，但它们完全无法满足消费者的实际需要。

尤顿：是的，非常好的观点。现在，你提到了带宽，在此，我忍不住要问一个问题。作为 iPad 用户或 iPhone 迷，我确定你可以预见一点，即这些设备的带宽要求会比曾经只进行简单的语音通话要高出许多。我几乎从不用我的 iPhone 来进行普通的电话呼叫，而是用它来浏览网页等。问题在于，与十年前不同，如今拥有智能手机的人们可以极其强大的带宽完成更多的事情，而未来又会怎样？

古普塔：这已经是一个非常重大的问题了。你只需要在印度随便走走，就能发现这有多困难——你可以有满格信号但却做不了任何事情，因为网络由于这些设备而变得拥堵不堪。运营商正在投入大量资金，来增加带宽，实施新技术。我们正在为英国的大量运营商提供支持，比如从网络上下载并存储越来越多的数据。现在，提供商正在提供第四代 LTE 网络。

尤顿：没错。

古普塔：随着速度的提升，所有这些都在加速发展，而智能设备也越来越受欢迎，各种平台及应用程序的成功意味着使用的人越来越多，而且速度也越来越快。iPad 推出后的前六个月卖了多少台？前两个月左右超过一百万了吗？这样的销量有点不可思议。

尤顿：在史蒂夫 · 乔布斯宣布 iPad 2 时，iPad 已经卖了 1500 万台。

古普塔：是这样，我想在前四周销量大概为一百万。它的销量越高，带宽和网络基础架构的压力就越大。在我看来，人们也希望它更加可靠，因为他们习惯了使用其中的某些应用程序。iPad 也已经成为了人们日常生活密不可分的一部分。现在，这些网络的速度和可靠性都大于预期。所以，我认为，在这些东西所需的速度中，核心网络基础架构仍然是非常重要的一部分。

尤顿：现在，就其发展而言，主要存在的是资本问题还是技术问题？

古普塔：嗯，其实两者都有，因为技术发展的速度需要满足我们构建这些网络的速度，而且它的资本要求要以消费者希望为此承担的价格为准。

尤顿：对，不错。

古普塔：所以，带宽单位成本或者单位价格逐年显著下降。建设这些网络的成本需要趋向于相同的方式，而更多的创新、更好的技术和更大的规模明显能对此起到很大的帮助。当中，许多因素会同时起到作用。这是非常有趣的成本和价格动态，作为网络提供商，我们能够如何实现这种不断增长的带宽需求，但同时又可以确保通过帮助这些企业、更多企业和客户的发展，来实现不错的收益？

尤顿：很有意思。现在，让我们离开当前的话题，来谈谈这种力量的阴暗面、问题，以及让你彻夜难眠的事情。你已经提到了安全问题。这是很明显的一种问题，并且与隐私相关。在你的工作中，是否存在与技术相关的问题让你夜不能寐？

古普塔：我想，对我们而言较大的挑战是速度。如何才能以我们的内部用户和客户所期望的速度，创新与交付产品和服务？

尤顿：并且保持足够的控制和一致性。

古普塔：绝对的。那么，我们如何才能突破创新，如何才能创建工具，如何建设能力，如何将它运用到市场中，并且让它的价格和速度与消费者需求的变化保持一致？所以，我们最大的挑战之一就是如何才能做到这点。然后，在诸多其他技术挑战的基础上为此提供支持：我们如何获得从技术角度推动业务发展所需的恰当技能？如何对它们加以保存？如何保持它们的活跃性？如何站稳脚跟？

尤顿：啊，好的。

古普塔：就技术而言，存在着巨大的战火。许多人正以不同的方式工作着。我看到你的一个问题，是关于我们看到的刚毕业的学生与我们的区别是什么。

尤顿：是的，我马上就要说到这点，因为这是一个比较大的方面。

古普塔：但我想我们真正最大的挑战在于，作为 IT 部门，我们需要继续降低机构的 IT 成本，但同时又要提高质量和我们交付能力的速度。从创新和产品的角度来看，我们需要在交付的新产品和服务中开展大致相同的工作，用更迅速的行动、更低廉的成本和更快速的交付来创新。我想，这些将会是我在日常工作中面临的最大挑战。

尤顿：你所说的与我曾经访问过的其他 CIO 有所不同。在你处理这些问题的同时，你也在与其他业务部门、产品经理和市场人员等开展工作。

过去，当我刚开始进入这一领域时，我们是专家，而他们对计算机没有任何了解，所以他们只能求助于我们，并说："请告诉我们需要怎么做。"即使在当时，我们的这些同事也都非常聪明、非常成功，拥有非常好的见解，也一定认为他们知道如何比我们更好地开展业务。

现在，他们有时会觉得自己知道如何比我们更好地运行 IT 业务，所以你不能命

令他们做什么以及怎样做，即使你可能会看到他们已经错过某些机会，或是未曾意识到某些危险。你是如何影响他们来处理你所谈到的这些问题和发展的？

古普塔：是的，这是非常非常好的观点，因为有许多人确实能比我们更好地了解技术，原因在于技术已成为他们工作的一部分，不仅是在公司，在家里也如此。我想，这又回到了合作和管理上，以及搞清楚机构想要实现的目标是什么，然后向它靠拢。在我看来，并不存在能够在任何给定时间为每个人做每件事的 IT 机构。

尤顿：（笑）

古普塔：问题在于，要能通过有效的沟通，就我们要解决的挑战达成一致，确保我们有机构的广泛管理和支持，无论是通过投资会议还是决策核心，同意并讨论我们做的事情，和为什么这样做。

然后很好地实施这些方面，因为我认为人们会在两种层面受到挫败。一种是，“我不能拥有想要的东西”，但更重要的是，“我不能拥有曾经许诺可以得到的东西”。我认为，你需要在开始处理问题一之前先处理问题二。

因为如果你不能及时并以特定的成本为某机构解决承诺交付的或已经提供的内容，就会出现一个关于信心和继续前进的信念的问题。

尤顿：是的，许多其他 CIO 都曾说过，首要事情在于建立信任。因为如果他们不信任你，尤其是因为你没有实现诺言而产生了不信任，那么你说什么都无济于事了。

古普塔：是。

尤顿：所以这是首要问题。我从美国电力设施公司的一名员工那里听到一个有趣的说法，她说：“不能只因为你可以使用 Excel 而表示你就是程序员。”每个人都自认为很了解 IT，但在她看来：“有时，我们应该向那些直言不讳的业务领导展示更加复杂的方面，让他们知道这实际上要远比他们想象的困难。”所以，我想对于你们所做的某些工作而言，的确如此。

古普塔：是的，我想他们绝对有更大的预期，认为如果由他们来控制一切，他们一定能找出一种优于我们的更快的方式，因此我们集中了所有这些材料。无疑，我们需要进行这样的谈话，来表示：“看，这就是为什么我们尝试解决的问题不能以快速修复的方式进行修复，它需要两周才能完成。”

尤顿：没错。

古普塔：实际上，因为那样做会引发一系列其他问题，并在随后会反噬我们自己，这就是为什么要采取这种方式，也是为什么要耗费这么多成本。我们都希望能更快地加以实施，但这就是为什么这个计划就是这个样子，以及我们将要实施这个计划。所以这些谈话，就像世界上每个其他部门或者所有 IT 部门一样。实际上，不仅 CIO，机构的许多其他职能服务部门都需要继续这样的道路。

尤顿：是。

古普塔：因为你与 HR 经理或 HR 主管有过同样的谈话内容："我为什么不能获得拥有某某技能的人，并随时雇用？"是的，你有理由通过某种方式来平衡你的资源，你想做些事情，你想将无足轻重的战略部门培养成你希望的样子，同样，你需要将战略和执行方案与技术保持一致。你需要进行棘手的谈话和讨论。

尤顿：你的答案用另外一种方式引起了我的共鸣，美国教育服务中心的 CIO 管理着美国所有的大学入学考试，当我向他提出这个问题时，他说："不断有用户来向我们说他们想要外包。他们不希望任何事情都得通过中央 IT 部门，而我们的回答是：'好吧，如果你真想要这样的话。但是，让我们给你看看详细的成本明细表和评估标准，然后确认你所洽谈的供应商能够给你同样详细的评估标准，如果能以更低的价格做到，上帝保佑你，去吧。'"

古普塔：绝对的。

尤顿：他表示，但如果你没有评估标准和数据，就很难进行一次有效的对话。当然，在 IT 领域，我们总会遇到的一个困境就是，我们并非总是擅长去估量事情。

古普塔：我的个人意见是——仅代表我个人，将某些你不明白或你自己无法解决的事情外包是很危险的。

尤顿：（笑）是的。

古普塔：因为你怎么判断外包是否有效？并且，你怎么知道在外包过程中，推动业务长足进步的能力不会受到影响？所以，至少你应该能够自己进行处理。

尤顿：对。

古普塔：你也许能更快地完成，因为其他地方存在所需的专业人才，或正在使用外包服务的组织具备规模经济并能任命某个可以做得更好的人，但如果你不明白想要达到的目的，而且你采用外包服务仅仅是因为外包的宣传，诸如此类，我会认为，外包并不会起到作用。

尤顿：对，我同意。

古普塔：最终，出现合同违约、客户不满，以及你认为应得的和实际得到的之间有很多差距，导致与供应商出现较大的冲突。在我看来，所有这一切都是因为人们不清楚

通过外包要达成的目的。

尤顿：我同意。在我问你最后一个问题之前，还想和你谈谈关于新一代人的问题——你已经在我的问题清单中看到了。你知道，近来，每个公司都会面对新一代的员工，不只是 IT 部门，整个公司都是如此，他们是长大了的数字原生代。我很想知道你对他们的看法，你觉得是好还是坏？

古普塔：好吧，我认为没有什么好坏之说，话不能这么说。在我看来，如今工作的人期望更多的机动性和灵活性。我认为，在他们感觉到许多流程要求时，更容易因为受到约束而沮丧，因为他们成长的方式使然。我在孟买长大，小时候只能收看到两个电视频道，而且还是在晚间 6 点到深夜 10 点才能看，而现在，电视一天 24 小时都在播放。

尤顿：有 500 个频道。

古普塔：他们可以收看 500 个频道。在他们收看电视的同时，还会和他们的朋友们发送手机短信。他们只是习惯于能通过更好的沟通方式，来使用特定的方式去做事情。然后，他们进入公司或机构时，也不希望在非常不同的环境中来快速地改变想法和工作。就 IT 层面而言如此，就机构内部存在的其他规定、流程和步骤来说也是这样。

所以，我觉得随着时代变迁以及所谓 Y 世代和 X 世代成为社会的主流，我们需要改变组织机构中的工作方式。我们也将迎来这种改变，而这一改变正是因为白手起家的人知道不同的生活方式，而不只是工作，他们还希望以自己的方式完成工作。

同时，我觉得这将引入创新，所以它是挑战，因为得整合，需要认识到他们能推动业务前进，并且能够取得成功。但与此同时，他们想要看到他们的群体尝试改变完成某些事情的方法，无论是通过更好的协作，还是使用工具，等等。我觉得，我们所有人都至少要意识到这一点，并竭尽所能去做好这件事情。

尤顿：你是否看到了年轻一代的任何缺点、风险或问题。他们是否为你带来过麻烦？

古普塔：我个人认为，目前的这一代面临着一些小小的障碍。年轻一代之所以处于现在状态，是因为目前的经济状况和老龄化的加重。这基本上意味着他们需要工作更长的年限，也明显意味着员工平均年龄将会增加，仅仅因为每个人都需要通过工作更久，来为他们的退休积累储备金。

尤顿：是这样。

古普塔：接下来，显然，我们并没有为年轻一代创建足够多的机会。所以，我认为他们需要更加努力，而这对他们来说并不公平，但这就是我们所处的现实。在我看来，由于不能按照自己期望的速度走进职场并找到合适的工作和定位，这给他们带来的沮丧，会造成一定程度的紧张状态。

所以，我认为这是充满机会的一代。在我看来，就获得的职位数量和录用方式而言，他们所面临的挑战其实是合理的，而这也是像谷歌这样的公司获得成功的原因，因为它们成立时间不久，没有人员包袱和若干年沿用下来的严格的用工合同，因而能够雇用有新思想的年轻一代。我认为，这就是他们的优势。

尤顿：我告诉你一个令人惊讶的统计结果。在我和谷歌的 CIO 交谈之前，正好看过一篇文章，并且我向他证实了，谷歌一周内能收到 7.5 万份求职信。

古普塔：这太神奇了。

尤顿：确实。他表示，"我们这里有数百万份简历"，太惊人了。好的，让我问你最后一个问题，这显然是压轴性问题。你认为你将从现在的位置往哪儿发展？在未来的生活中，你将继续担任 CIO 吗？或者，你是否还其他方面的抱负？

古普塔：老实说，我只有 36 岁。在相当短的一段时间内，我已经做了许多事情，所以面对这样的问题，我的答案是不断为企业和客户创造好的结果。我尚未坐下来规划路线图去做什么总统国王或着任何类似的事。

尤顿：（笑）

古普塔：能够伺机找到我所感兴趣的事情，然后继续前进就够了。在感觉到我所从事的工作和角色已经完成时，我就会觉得自己前进了。我前进了，并且让有新思想的人进来，然后才能去做点别的。我是否会一直做 CIO？你知道，这不会是世界最后的样子。我十分享受从事科技工作。我拥有这个领域的良好背景，并且事实上，它也是让人非常有成就感的工作。然而，因为 CIO 并非朝九晚五的工作，所以非常折腾人。

尤顿：是的，这是全天候的工作。

古普塔：很显然，工作强度非常大。从某种意义上来说，这需取决于你希望工作和生活之间能够达到多大程度和多长时间的平衡。但我依然十分愉快，因为我已经在产品组合和业务之间达到了平衡，来寻求横向发展的机会，来做出更多的财务保证或者决定做其他的事情。至于结果，我们终将看到。

尤顿：我之所以提那个问题是因为在传统印象中，CIO 就是事业的巅峰。我采访过的很多 CIO 都是五六十岁了。事实上，我采访过的一位刚刚辞职的 CIO——不，更正一下，有三个，一个人已经八十多岁了。他这么说是可理解的，"我再也不想做 CIO 了"。但是，尤其在科技公司，像你和谷歌的 CIO（我猜他也是 30 多岁），这样的年轻人晋升相对较快，因为你们所在的行业发展迅速，所以仍然还有 20 到 30 年的发展机会。有几个 CIO 告诉我，他们从未规划过他们的工作，并且也不打算规划下一个工作。机

会自动到来，当适当的机会来临时，他们将……

古普塔：跳槽并决定接下来要做什么。是的，这也是做事的方法。有某些规划了职业生涯的人知道他们想要到达的目的地，但也有人和我一样，会为达成目前想要达成的目标而高兴。我能够乐在其中，但不会去寻找下一步或下一件要做的事。

尤顿：迟早会来，对吗？

古普塔：迟早会来。

|第 14 章|

琼·米勒

——英国国会 ICT 主任

琼·米勒是英国的国会 ICT（信息、通讯、技术）主任和上议院、下议院管理委员会成员。2005 年，她受聘于英国国会，并组建了一个新的部门，旨在集中九个分散的 ICT 办公室，建立一个全新的、战略性的 ICT 职能机构。

在这之前，米勒女士管理着社区发展计划和欧洲合作伙伴项目，并在 1993 年参与管理 ICT。从 1993 年到 2003 年，她先后在艾塞克斯、萨福克和伦敦地方政府管理 ICT 项目和服务，并屡获殊荣。在此期间，她曾三次集中 ICT 服务，完成了实质性的组织变革并建立储蓄计划，为公民建立了新的联络中心、新的面对面服务和新的在线事务处理服务。同时，她还领导两个英国国家项目，一个旨在连接各个组织的电子信息和记录，另一个则是为公共部门的项目和项目管理设定标准化管理方法。

埃德·尤顿：有一件事情是我对于所有自己采访过的 CIO 都报以好奇态度的，即你们是怎样得到这个职位的。显然，你并非生来就是 CIO——你曾经在其他组织担任过 CIO 吗，还是这是你第一次被任命为 CIO？

琼·米勒：我或许应该向你透露一点我早期的职业生涯，这之间有很大关系。我获得了经济学学位。我想，这对于 CIO 来说相当不寻常。

尤顿：你一定想不到 CIO 们背景的复杂程度。比如，纽约证券交易所的 CIO 是化学博士，所以我对其他任何背景都不会再感到惊讶了。而你，则是经济学背景。

米勒：经济学既是科学也是艺术。我认为，CIO 的工作也是介于科学和艺术之间的，只不过它是通过技术来实现这一切的。所以，它并不是那么非比寻常。也有许多 CIO 拥有社会科学背景。我的第一份工作是在保险公司做事。

尤顿：啊。

米勒：但我中间有 14 年时间没有出来工作，一直都待在家中照顾小孩，期间参与过许多志愿者工作。当我重新就业时，从事的工作是社区发展，这和 IT 领域相去甚远。

尤顿：的确是这样。

米勒：当时，我在艾塞克斯组织志愿者机构从事社会关怀服务，其中一部分属于项目规划工作。这种服务属于商业计划，对志愿者中心而言则是项目规划，中心与社会关怀服务机构签订合同来提供这类服务。就整个体系而言，它更类似一种以人为本，但由组织进行统一规划的角色。后来，我离开了那里，开始为社会服务主任工作，担任员工事务干事，也就是说，我得开展主任需要完成的非社会类工作。在这个领域，我的工作内容包括志愿者组织发展、欧洲政策和项目等。也就在此时，有关信息化管理的新话题出现了。

尤顿：啊，我明白了。

米勒：我说的是 20 世纪 90 年代初，为保存记录的数据，我们将实施信息化管理视为开展社会关怀工作的重大进展。1993 年，我们开展了一个非常大的社区关怀项目，在八周的时间内建立一个纸质记录系统，涵盖地方议会所有的社会关怀服务。该项目主要针对老年人、残疾人和有精神健康问题的人群。查看工作流程，以及如何记录接受社会服务帮助的个人的相关记录，这些人能接受许多社会工作者和护理工作者的服务。我们在 1993 年使用纸质文档实现了这一切。

尤顿：嗯。

米勒：在我完成该项目后，主任对我说："你的下一个课题是什么？"我说："我想，你应该引入计算机管理。我认为使用数据库能更好地开展这项工作。"因为我们当时的流程中有 30 张不同的表格。

尤顿：嗯。

米勒：由于每次都得进行一些基本的重复性工作，比如录入姓名、地址和人际关系，创建电子记录来协助完成上述工作显然是个不错的主意。当时我只想到在表格间传递公共数据并创建记录。因此，我们开始寻找合适的计算机系统。我想我们很幸运，找到了一种专门为社会关怀定制并且结构良好的计算机系统。通过该项目，我学到了 IT 数据管理和项目管理。

尤顿：嗯，明白。

米勒：我们购买了一套能够运行、社会工作者也能够使用的计算机系统。社会工作者并不能轻易被说服去使用计算机——他们更关注所服务的人群，而非用于提供信息的计算机。而且，他们当时也非常习惯于写纸质记录和长篇累牍的文件。因此，我要引入比家庭和个人使用的更为先进的、一流的计算机系统，来管理并引导项目去实施电子社会关怀记录。

尤顿：真有趣。那么，有一个相关的问题，你也许会给出和我曾经听过的完全不同的答案，那就是在此期间你的榜样或导师有哪些人。因为我能够想象这和我在其他访问中听到的答案会有所不同。

米勒：我不会直接回答这个问题。在艾塞克斯实施社会关怀是一项非常困难的工作。我真正体会到，在社会关怀组织中，你需要优秀的领导。因为除非领导理解你将要做什么以及你正在尝试什么，否则不可能实施技术。

后来我被猎头挖到了萨福克，在那里实施社会关怀电子记录系统。也许，我在艾塞克斯获得的最重要的经验就是与高管建立良好关系。在萨福克，对我影响最深的人可能要数这里的社会服务主任，尽管他并不了解计算机或技术，但他认为这项技术将带来益处。于是，他邀请我担任信息管理负责人，与他和管理层的其他主任共事。

尤顿：好的。

米勒：因此，他允许我为根据电子记录和支持角色制定的业务和决策提出战略性建议。这就是说，我在萨福克开发电子记录系统时，获得了认同此事的人们的支持，可以自由地与各主任共事以提高共识，还有权与用户协作来帮助他们发掘需求。因此，我并非仅仅实施技术，而是在实施一种全新的工作方式。

尤顿：嗯，好的。

米勒：所以我对 CIO 的认识是，他们并非以技术为本，而是以工作为本。人们如何开展工作才是重点。技术只能提供支持。

尤顿：嗯，有道理。

米勒：随之而来的有两件事情。第一，我想，作为信息负责人，需要决定软件做什么、系统做什么，以及用户需求是什么。你不能盲目跟进用户的想法，因为这样可能无法为其提供技术支撑；也不能专注于追求技术的完美而忽视需求，期待用户来改变长期以来的工作习惯。

并且我想，我所经历的所有 IT 管理的原则都离不开协调 CIO 角色，即发现企业需求，并找到能支撑这种需求的技术。有的企业会说："不要外购 IT 系统，来让我们一起制定规则。我们是技术专家，至少我认识的一些为我工作的朋友是技术专家。让我们来制定支持贵方工作流程的技术，我们能支持该流程，并且流程能广泛协作。"对于这种情况，我还需要与他们进行协商。

尤顿：嗯。

米勒：因此我认为，可能萨福克的社会服务主任才是关键影响因素，因为他开启了技

术之门。虽然他不懂技术，但他使技术的使用成为可能。

尤顿： 拥护者，可以这样说。很有意思。

米勒： 拥护者，是的。我认为还有一个人也非常有影响力，那就是为我们提供系统的软件公司的老板。他之所以具有影响力，是因为他深刻理解如何简化 IT。并且，我从他那里学到了有关数据管理、数据流、简化的原则，以及将相同的数据结果，根据不同的人所关注的维度，按需提供数据展现方式的能力。因此我学会了简化 IT，以非常直观的方式提供给用户，以及理解了这样做的重要性。

尤顿： 真有意思。还有最后一个开场白式的问题，我很好奇。当人们开始被培养或转向 CIO 的职业路线时，有的接受了额外的教育或培训，有的人却没有。我很好奇，他们是否送你去学习了，比如去任何 CIO 学校之类的？

米勒： 没有。

尤顿： 都是在职培训？

米勒： 我想自己从未参加过任何 CIO 培训。我曾接受过企业管理培训，这很普通。我参加过很多会议。我还参加过很好的实践分享小组，小组成员都是心怀壮志的 CIO。但我从未参与过任何 CIO 培训。可能我之后的一代人才开始做专门的培训。我认为，在 20 世纪 90 年代初，针对 CIO 的培训课程并不多见。

尤顿： （笑）可能是不多。

米勒： 但我也认为 CIO 的角色并非技术官员，而是业务管理者，能协调各种业务需求，因此业务技能培训和技术培训、对技术的理解同样重要。所以，我的培训更多是关于组织变革。而且，我已经参加过一些不错的组织变革培训。这种培训是关于企业管理原则而非技术的。成为技术专家，我需要依赖他人。

尤顿： 好的，真有趣。那么，下面是我曾经问过每个人的中心问题，其答案也千变万化，那就是在你的团队或服务对象变得更高效的过程中，你如何看待信息技术所扮演的角色。就“用技术让世界变得更美好”而言，你的梦想是什么？

米勒： 这个问题问得很好，因为我就在公共部门工作。而要让世界更美好正是我在公共部门工作的动力。

尤顿： 嗯。

米勒： 那么，为什么我会从事技术工作呢？我想说，那是出于偶然。那次偶然事件是当时我正在埃塞克斯工作，总监说：“去做计算机系统的工作。”所以，我的 IT 经历其实在于用它去提高组织的工作效率。这项工作要能控制信息流，帮助人们提高效率；

能够通过自动化让组织更经济、高效。大约在 20 世纪 90 年代，好像是 1998 年，出现了一个新词，叫作“电子政务”。

尤顿：嗯。

米勒：我当时就处于这样的情况中，人们说：“电子政务是一种改变政府工作方式的难以置信的重要力量（我当时在地方政府工作）。”因此，它成为了以客户为中心的组织，而非将自己视为孤立部门的组织，并且对其客户表示：“你是公众成员、地方政府的居民。你需要从这个政府了解许多事情。你希望怎样与政府互动？”

而当时的原则是要为郡议会创建基于客户服务的前端服务，让它们更容易获取和使用，让事情变得简单。如果遇到的问题涉及社会保障、教育和其他郡议会服务，居民不必跑去五个地方寻求个人所需的服务，而是可以只去一个地方，也就是从前台人员那里获得所需的服务。

尤顿：好。

米勒：事实上，这是加拿大的新不伦瑞克模式。他们开发了更高效的前沿服务，居民、市民能以更直观的方式获得这些服务，在了解这些服务后，我深受影响。我在社会服务部的时候，如果你看下提供的服务类型，会发现管理团队关注的是有高级需求和高成本的那 10%的客户，而那 90%的低层次需求和低成本的客户则在排队等候社会工作者的到来。

尤顿：嗯，很有意思。

米勒：我们重组组织架构的方式是创建前台服务，提供人们所需的信息，或者告诉他们：“我们不能帮你解决这个问题，这不符合我们的标准，但你可以尝试这项服务。”我们能推出这项服务，为市民提供更快捷、更迅速、响应更到位的服务，而非让 90%的人都在排队等待。并且，需要大量社会工作者投入的那 10%的人也能够获得社会工作者的帮助，因为没有排长队的现象。

尤顿：嗯，有意思。

米勒：这并非是与省钱有关，尽管的确节省了开销，但它实际上是让组织对需要服务的人们具有更强的响应能力。这就是我对 IT 工作的看法，因为 IT 能为前台服务提供支持，并将信息与知识、工作流和流程关联起来，来应对这 90%，即过去处理这 90%的人，以及具备的素质不足以有效一致地应对公众的人，让他们能以一种快捷、迅速、进而更低成本的方式，将需要更高层次关怀的那些人的需求交予社会工作者。

尤顿：刚才你说这项运动始于 20 世纪 90 年代末，那么现在它已经有十多年的历史了。在你看来，它仍然任重道远，还是在这一点上已经相当完善？

米勒：我想，在许多地方政府领域，它比较完善了。我认为，政府提供的许多服务仍然未连接起来，包括中央政府和地方政府，以及其他半官方组织。有许多非常好的发展正在考虑之中，但在公共领域，要将这些都连接起来存在非常大的问题。所以，仍然还有一段很长的路要走。

尤顿：在你从地方政府的出发点转变为从国家角度出发的过程中，它是否日益困难了？

米勒：是的。

尤顿：困难程度是呈线性增长还是指数增长呢？

米勒：指数增长。同与你面对面的人打交道并成为合作伙伴非常容易，但要和与你相隔甚远的人打交道、给予他们信任并和他们形成合作关系却十分困难，因为在一起工作——例如，在 20 世纪 90 年代末以及 21 世纪初至今，健康与社会关怀部门，既是国家机构，也是地方组织，已经更加密切地开展了合作。这是由于有电子记录的支持。

尤顿：嗯，好的。

米勒：这是一个与地方组织打交道的国家机构，两个不同的信任环境需要共同开展工作。

尤顿：并交换信息。适当的信息。

米勒：机密信息。

尤顿：我正要说，“与之相关的所有隐私问题”。

米勒：而它一直相当有吸引力。它的发展可能花了五年才起步，因为没人知道该怎么做。我根本不确定覆盖面是否全面，但有一些非常好的实践领域。

尤顿：好。

米勒：现在我们有能力共享信息，因为人们几乎都依靠电子记录进行工作。我想，工作的人们已经比较熟悉电子记录的工作方式。20 世纪 90 年代中期，我正在实施社会关怀系统，当时的社会工作者们对它非常排斥。

尤顿：嗯。

米勒：我想现在大多数已经习惯了，并且确实需要移动电子信息，这在以前是件了不得的大事。然而现在，与健康部门共享信息已经成为了一种期待，而不是威胁。所以，思维方式的改变对实际用途产生了影响。

尤顿：嗯。

米勒：我认为，CIO 的角色在于跟踪并在必要时推动事态发展。CIO 的建设性贡献可以改变世界，或者至少改变世界的一小部分。帮助组织共享信息，从而形成合作伙伴关系并共同开展工作，因此市民可以获得更好的服务，通过这些，你就获得了影响力。

尤顿：现在，你提到近 10、12 年前出现的一个流行词语“电子政务”。我在此写下人们经常听到的另一个词是“政务 2.0”，类似于 Web 2.0 或企业 2.0。在英国，它是否也已经变得非常重要了？

米勒：我认为它一直都非常重要。我想，从 20 世纪 90 年代末起我们就在说：“如果我们还是通过带领人们经过这扇门或电话服务来提供信息，那么我们能否借助提供互联网信息和事务服务来结束这种局面呢？”我想健康部门可能是在帮助人们通过网络获得诊断信息方面走得最远的组织之一。

尤顿：嗯，很有意思。

米勒：他们从 2000 年初就开始着手了。我认为它的发展处于一种非常迅猛的状态。我想，是我们提供服务太复杂，使人们通过网络进行全面交互变得困难，但有一些非常不错的例子。说到这里，有一些关于政府如何通过基于网络的服务为市民提供服务的例子。

尤顿：嗯。

米勒：例如，你可以通过网络填写收入报税表。还有车辆驾驶执照之类的事情，完全可以通过网络完成，人们只要坐在家中，不必填写文件，不必亲自来访，事情变得更加容易。所以，是的，我想可能目前已经取得了 25%的成功。这对政府而言是一个大概的数字。但前进的方向是要帮助人们更快地获得所需信息，从而帮助政府和个人节省成本。

尤顿：我实际上指的是——我想它是截然不同的——信息流向不一定要自上而下，也可以倒过来自下而上。

米勒：嗯，是的，就像社交网络型的环境。

尤顿：是的。例如，在纽约，像公共交通是否准时运行之类，市民绝不相信政府的官方信息。如果去火车站，你能准时赶上火车吗？现在我们相信自己，人们可以自己将信息上传到社交网络中。有越来越多的尝试，为市民提供这样的机制来录入信息或实际提供服务，而这些原本是采用自上而下的方式获得的。

米勒：我想，市民可以通过两种方式影响他们的服务。一种是使用服务，他们提供的信息根据使用方式得以收集，并且会改变政府与他们互动的方式，但另一种更有效的方式，我想，是来自市民的心声。

尤顿：是的。

米勒：我想在英国，我们仍然非常不确定如何利用市民的心声。我们在英国开展过一些实验。我们拥有代议制民主，在英国这意味着如果你选举某人，你就选他来为你做决定。所以，他们坐在英国国会席中，利用他们的判断来参与辩论，判断何为适当的法律、什么是恰当的政府，以及什么对人民是有益的。

尤顿：嗯。

米勒：有一种思潮，人们的思潮，在英国我们称之为来自人民的“X 因子”意见，通过电子媒体传递。这是现在向被选举代表提供信息的普遍方式。而这些被选举代表面临的问题是首先要理解，电子心声是否具有代表性，如何才能使它具有代表性；其次，如何倾听每个人的意见，以及怎样关注来自大众的电子评论，帮助他们了解公众的观点。

我们在国会的委员中开展了一些实验，是邀请人们对法案做些评论，委员审议法案。在与国会开展这项工作的过程中，因为很难了解你获得的到底是真正的公众心声，是游说团体的心声，还是电子渠道获得的公众心声，所以难以管理。

尤顿：是的。

米勒：所以有一个实验，但并不能很好地了解它应该以及能够如何对议员做决定产生影响。政府中都是一样，唐宁街 10 号——首相办公室——一直都在努力尝试与公众走得更近。他们有一个请愿网站，用于了解公众关注的问题，以及这些问题的优先级。但同样，很难从他们的请愿及体验中了解价值是什么，有哪些具有代表性的问题，什么是游说，哪些与政府无关，因为他们对此无能为力。接收到信息并对其采取措施，这是相当困难的。

我认为，“政府 2.0”并非只是关于如何对这些意见采取措施，尽管有办法可以让它更具代表性，它是用你获得的东西来开展你所做的事情？你如何处理？如何进行管理？我想还没有答案。

尤顿：但是，你的办公室是否也参与到了这些实验中呢？

米勒：要求进行实验的成员非常多，因此能有助于公共意见进入国会审议中，或者进入国会正在进行的立法活动中，是的。但这应该是有人专门领导的活动，因为他们是被选举出的代表。他们需要理解有哪些选择，还需要了解如何开展相应的工作。但我们不能告诉他们。

尤顿：好的，我想这是你之前谈过的经典例子，也就是商界之间的关系，在这种情况下，还包括国会议员和技术人士。现在，这很有趣。

米勒：我们更多的是起到促进作用。

尤顿：是的。

米勒：国会已经有 700 年历史，它就是靠请愿、纸质请愿发展下来，700 年来公众可以进入国会，或者以前只能是高层可以进入国会，但如今，国会的主要职能向公众开放。“电子开放”意味着有些事情发生了变化。

尤顿：是的。

米勒：我们还没弄清楚这意味着什么，以及如何应对。

尤顿：这是非常好的观点。我猜想，不久我们就能从各个方面看到许多变化，尤其是从我们目前掌握的关于这方面的所有消息来看。我的一个问题是，在你看来，IT 是否能完全实现国会或其他政府部门目前无法做到的事情？你是否期待在这方面带来全新的可能性？

米勒：是的。

尤顿：或者只是改善目前的状况？

米勒：我想这是使用技术的一个有趣的地方，因为我们拥有一群有趣的客户，他们互不相同。有的人真的不喜欢使用计算机或电子技术，而有的人则可能是使用电子信息的先驱者。

尤顿：好。

米勒：所以这个组织中 IT 的角色之一，以及我们在组织中的职能是为了描述这种可能性，但也能追踪处于最前沿的那些人的需求。因此，举个例子，议院几个月以前就人们是否能在议院中使用 iPad 展开过一次辩论。

尤顿：（笑）啊，好的。

米勒：现在，两院都投票表示，“是的，可以使用”。这听起来并不是件大事，是不是？因此最初，这意味着，两院议员将使用电子文件，这是一件好事，因为可以节省打印，并且环保高效，还有许多好处。它背后的影响和机会则是，能为各院议员更加及时地提供比过去更多的信息。

尤顿：嗯。

米勒：它改变了辩论的方式。有了它，议员们只要愿意，就可以在辩论期间看到公众对此的看法。

尤顿：一点没错。

米勒：只要他们愿意。实际上，在上议院还有一项实验，他们可以开展平行辩论。所以，他们在议院开展辩论，同时还有一场平行辩论向公众开放，以便于其参与。

尤顿：啊。

米勒：公众参与度不高，但你知道，这是第一次进行这样的即时尝试。但这会如何改变民主和民主进程呢？显然，如果将它发挥到极致，它将会改变民主起作用的方式，改变民主选举议员提供信息的方式。它改变了传统。而如果你只是将它看做纸质文件的替代物，那么它就不会改变那么多。

尤顿：没错。

米勒：我们的工作是向议员展示机会，决定他们要采取行动的速度。

尤顿：好，非常有趣。当然，iPad是我要问的另一个领域的好例子，它是帮助打造未来的新趋势。几乎我访谈的每个人都在以各种形式关注移动技术。这是否在你的新技术清单中占据靠前的位置？

米勒：当然，绝对的。它是移动个人技术。

尤顿：是的。

米勒：不仅是"移动"，更是"个人"的技术。"我想使用自己要用的技术。IT组织，拜托，别实行禁止令。"

尤顿：啊，好的。

米勒：情况的确如此，因为我们的客户群并非都是由同样的人组成的。他们是独立的人，可以有自己的选择，能够决定使用哪种技术、软件，以及使用的方式和时间。

尤顿：好。

米勒：所以，我们的当务之急是采用新的ICT策略。以我这样的年龄，我可以看到IT的一些新趋势。我还记得20世纪80年代的主机时代，当时IT从业人员告诉人们："这就是你们得到的，每天五小时或者每天一小时，我们将为你处理数据。"

尤顿：是的。

米勒：然后是20世纪90年代初期到中期，那时兴起的是电子邮件和信息。电子通讯代替了信件。前些天我收到一封信，这让我大吃一惊。

尤顿：（笑）

米勒：那是1990到1995年间的IT发明。同时，我们让IT突破了主机环境。计算机成为了企业产品，企业有了自己的系统，成立了 IT 部门，也就是我管理的部门之一。他们还针对特定用途创建了小型、独立、架构精美的 IT 系统。

进入 20 世纪 90 年代末，人们要将这些小型独立的信息系统联系起来，所以又对 IT 实现了集成，形成了企业 IT，掌握了控制权。这也带来了约束，它要求信息受控，因为，“你这样工作是因为你必须这样做，因为我们不能保证完全安全，我们不能可预见地管理信息流，除非你这样做”。我们在 2000 年后期看到的情况是从集成、高度一体化的 IT，到了个人 IT。

尤顿：嗯。

米勒：工作的时候，人们希望使用和家里一样的东西。而他们在家中使用的东西太多了。他们可以使用自己喜欢的任何产品注册免费收发电子邮件。没有他们在意的控制手段，能阻止他们通过任何地点的任何设备进入该系统。有可以从任何地方下载的软件，做自己想做的事情。如果在家可以，为什么在工作中不行？我们目前的 ICT 策略是要保持数据安全性，为人们创造单独使用数据的机会，无论人们使用的是哪种软件、硬件。

尤顿：好。

米勒：我们面临的挑战是：如何开始这项工作，保持数据安全？因为数据涉及到保密、信任、安全和互操作性。这是未来五年里我们的挑战和策略。例如，我们目前提供大型电子邮件服务。它很安全，因为它有网络边界。我们对其采取了安全措施。这意味着，如果你离开了这个范围，就会遇到一大堆拨入网络的问题，这都是因为我们拥有的安全性。

尤顿：没错。

米勒：所以我们的问题是，我们要将电子邮件服务放在哪里，才能确保人们在移动中易于使用，但对他们而言又是安全的？我们能否使用微软的云服务或者谷歌的云服务？它是否足够安全，符合我们议员的要求？我们能在管理中使用它吗？这些都是我们的大问题。这也是我们要问的问题，当我们看待“我们能把它放在云里吗”这样的问题时，我们是在问：“它是否可靠？别人能破解吗？安全吗？如果把它放到美国公司的服务器中，是否有存在国界问题？”

尤顿：（笑）

米勒：美国政府如果要求查看呢？你可以想象，对英国国会而言，绝对是否决票。

尤顿：哦，是的，是的。

米勒：我们可以转移数据吗？如果购买微软的服务，我们能不再使用它吗？

尤顿：实际上，更重要的问题是，你知道它的位置吗？在问美国能否拿到这些数据前，你需要知道数据在哪里，知道它们是在美国还是在太平洋的某个岛屿上。

米勒：是的，那确实是主权问题。所以，对于这样极具吸引力的服务，我们存在大的问题，因为只要我们采用这些大规模服务、设施服务，就似乎可以削减成本。但我们能承担其他问题带来的风险吗，包括安全性、主权和可转移性？

尤顿：在你看来，是否有种直觉告诉你，这些问题最终会得以解决？

米勒：是的。

尤顿：只是时间问题吗？

米勒：我们认为这些可以解决，并且在未来 12 个月就可以解决。我们正在积极调查如何解决。我们的 IT 角色是寻找客户群，然后说："实际上，你所需的是那种灵活性。我们自己可以提供吗，或者我们能以更加低的成本，从已有的地方提供这种灵活性吗？"

尤顿：嗯。

米勒：如果能做到，我们如何解决其他的问题？所以，我们的主要工作就是解决这些问题。如果六个月后，我们表示，"我们无法解决这些问题"，那么我们就要等待，直到这些问题被解决。它们终将得以解决。

尤顿：是。我的确发现，有一种普遍的认同，即整个具有无限可扩展资源的云模式是必然的，它是一次浪潮。

米勒：嗯。

尤顿：它不过是今年、明年或后年的问题。你知道，还有一种少数人提到的新趋势，我很好奇它是否与你的工作有关。美国有位作家叫克莱 · 舍基，他将此称为"认知盈余"。他认为，我们是现在的第一代人，也许从大学毕业的这代人有时间、兴趣和计算机资源，来贡献他们的剩余脑力，打个比方，贡献给像维基百科这样的免费事物，以及成千上万类似的东西，而这样的事情过去从未在这个社会中发生过。这样的概念是否与你的工作有关呢？

米勒：我想，知识是关键问题。我认为人们愿意投入到知识当中。在我看来，对于我们和我们所从事的工作，存在两个问题。一个关于权威知识。如何确定集体知识具有权威性？这就是所谓的维基百科问题。

尤顿：你注意到了它与大英百科全书的对比？

米勒：我正要说这点。权威性和准确性间可能只有百分之一的差别。

尤顿：是的，最令人惊讶的是用于修订的平均时间。

米勒：看看在背后支撑维基百科运行的管理方式，再看看对维基百科的不断控制。

尤顿：没错，没错。

米勒：现在为什么会出现这样的情况？这是我要说的第二点，信息很快就过时了，它也需要得到管理。

尤顿：是的。

米勒：我认为，关键在于，了解未受管理的数据源能否长时间地维持下去？或者，它是否需要不断的管理？如今，为保持权威性，维基百科选择了对其进行不断的管理。

尤顿：是的，的确如此。是这样。

米勒：所以，我的问题是，这是不是必要的步骤？

尤顿：啊。我真的不知道。（笑）

米勒：我也不知道。它就像是这样一个问题：你是否喜欢我们的议员在尝试倾听选民声音时面对的情况？

尤顿：这点很不错。

米勒：如何判断你听到的内容的有效性？如何处理你听到的一大堆内容？我想，这两个问题是全世界需要关注的问题，但终将会得到解答。只是我还不知道而已。

尤顿：同时，这也涉及经济方面的问题。免费软件、数据库、开源，这些概念，你知道，所有这一切，已经完全改变了非洲大部分国家以及其他国家和地区的经济情况。我当然认为它具有重要意义，谷歌 CIO 认为这将是我们时代的一场变革。

米勒：它绝对是场变革，会将软件变成一种人们所必不可少的装备。

尤顿：是的，是这样。

米勒：我也这么认为，我可以看到这点。我只是不知道可持续模型是什么。如果严肃地看待为我们的用户投资谷歌模式，我该对可持续性、增长和适应未来做些什么？如果它是免费的，现在又会发生什么？

尤顿：好问题，是的。

米勒：我不知道答案。我认为，CIO 的工作是能超前预测市场，并向我们的客户进行解释，让他们不会由于太冒进而跌落悬崖。

尤顿：过早。

米勒：或者由于过早。对于这点，我不太确定。对我而言，谷歌模式如此具有吸引力。我认为它不会失败。但如果失败了，而我们已经把所有的知识都投入了其中，该怎么办？

尤顿：好观点。

米勒：另一方面，我们可以投入非常著名的微软，然后发现我们被套住了，并且别无选择。我们不能在任何其他地方拥有未来。所以，由于答案未定，我们的工作是让未来具有这两种可能性。这就是为什么可转移性是关键。

尤顿：很有意思。

米勒：我们不会被套住。我们有自己的数据，可以将它们转移到时下最好的服务。

尤顿：还有很大一块领域，我想确认我们有时间来谈论，这是与我们到目前为止讨论的内容相反的方面，也就是这种力量的黑暗面。风险和问题是什么，是什么让你彻夜难寐？

米勒：（笑）在这工作很有意思。你知道，我不会因为技术的未来而无法入睡。我认为，只要拥有伟大的动力，我们就会找到解决方案。在我看来，这并非不能实现，如有必要，就可以按照你能改变轨迹的速度推进，只要你知道你需要做什么。

我想，让我难以成眠的是更加即时的、正在发生的事情。那就是这里所需要的即时服务。

所以，当我在为议会提供能够支持工作的电子服务时，没有时间可以失败。这些服务需要在完成的时候就生效。

尤顿：啊。

米勒：所以，即时性是关键所在，因为 IT 并非每时每刻都能进行的 100%的工作。但它需要做到这点。所以这是必需的关键业务。如果为议会的事务创建日程，它就要做到按时到位，并在需要时准确到每一分钟。而且，要做到在议院使用前数小时就应当可用。信息必须及时更新，并在每天发表谈话后两小时内上线。

尤顿：嗯。

米勒：所以，你得面对这些时间紧迫的问题。我猜想，大篇文本问题是有点令人担心，因为技术非常不靠谱。昨天还能用的东西今天就不行了。为什么会这样？

（两人笑）

米勒：所以这就是恼人的因素。让我难以入睡的另一件事可能与用户有很大关系。如何保持沟通，如何用适当的表达方式使信息流保持在合适的水平，让人们了解。他们有这样的机会，他们并不害怕，因为他们信任解决方案，无需证明，无需以技术语言向他们证明，而是使用他们理解的表达方式。如何获得那种 IT 和用户之间的信任关系，如何来维护这种关系？

尤顿：很有意思。

米勒：这是个关键问题。这真的需要倾听、体验、感受用户的体验，并展示你在长期而持续地为之努力。

尤顿：这很自然地引入了我的下一个问题，关于每代人的改变，因为你如何体验、感受、同以前的用户相处，可能与你未来和刚毕业的大学生相处方式有所差异。你是否看到了新一代人的基本变化，不仅是如今的大学毕业生，也包括青少年？

米勒：不，但这很奇妙。当我 2005 年加入国会时，有个议员的选民办公室连计算机都没有。

尤顿：是这样吗？天啊。

米勒：真的没有。很不幸，在我加入后不久他就辞世了。现在，每个议员，无论是热情的还是懒散的，都有 IT 设备，并且依赖于此。看看我们刚做完的用户调查、议员调查，会发现，在所有服务中，他们的首要需求之一就是 IT。

尤顿：嗯。

米勒：这就是他们的首要关键问题，所以有些事情确实已经发生了重大改变。2010 年，我们举办了一次选举，议院成员的三分之一发生了变动。我所注意到的是，在新议员中，相当高比例的人对 IT 很有自信，并且热衷于使用 IT。有趣的是，我注意的另一件事，他们不太爱用公司提供给他们的 IT 设备。有少数人，但这一人群仍在不断增多，他们使用自己的产品，当中大多数是苹果产品。这对我们而言是个巨大的改变。

尤顿：很有意思。

米勒：从我们的产品到苹果产品。然而，上一届国会中，我们有 20 个成员是忠实的 Mac 用户，现在可能有 80 个或者更多。随着 iPad 的发展，作为首个出现在市场上的此类设备，由于没有真正的竞争对手，它的用户量可能是这一数字的两倍。

尤顿：乘飞机来这的前一天，我刚拿到我的 iPad 2。

米勒：啊，不错！现在，它在英国还没那么普及。但我们已经有人在排着长长的队伍等候它的到来。我们实际上在两院试行，一个是下议院，一个是上议院，两院的议员

都拥有非常丰富的 IT 经验，他们将使用这些 iPad 开展委员文件工作。

尤顿：啊，很有意思。

米勒：他们会将 iPad 带走，并将其用于私人用途，可能是电子邮件、Word 文档等，但同时也会在委员会中使用。这两个委员会，每个大约有 16 名成员，每个委员会都有一个成员表达了否定意见，原因并不相同。但是，各委员会只有一个说不，其他人都在使用，并表示："是的，我们看到了它的作用。我们会试试看。我们并非都有信心，但我们会尝试。"

尤顿：很有意思。

米勒：要了解他们要使用哪种类型的电子设备，从他们的角度来告诉我们该怎么做。我想，这在上届国会是不会发生的。变革太迅速了。

尤顿：这么快？

米勒：非常快，由人们喜欢的消费品引领。我的意思是，给你举个例子——这可能会取悦于苹果公司——我给了某人一台 iPad，几天后，我收到了消息："我想我离不开它了！"这就是我所称的"宽大技术"（forgiving technology）。正如 iPhone，它就是宽大技术。

尤顿：是的。

米勒：甚至可能像黑莓这种尴尬的技术。但选择宽大技术是因为人们获得了某种信号。

尤顿：是的。

米勒：我们提供的产品还有许多，这些产品技术一流，但不宽大，因为如果它们出错，就会相当复杂。他们之所以出错，是因为太过复杂，存在许多用户错误。所以人们不能宽容它们。因此我想，宽大技术和它的使用是我所看到的一次巨大的变革。

尤顿：很有意思。

米勒：它让人们对它更感兴趣，更愿意进行尝试。iPad 就代表了一切。我们已经有了平板电脑，但其他产品却做不到。

尤顿：做不到？

米勒：它们做不到就是因为太过复杂，需要花费更多的时间。看看我们有过的 Berry Lites 和笔记本电脑。

尤顿：嗯，上网本。

米勒：但它在我和我谈话的人之间造成了障碍，而且在我们的辩论室它不能工作。所以，出错时的容错能力强弱决定你是能得到还是失去大量用户。

所以，六个月来，我们一直在发行 iPad，并且比许多组织都要提前，但我也在观察用户以及他们如何使用自己的 IT 系统。这就是 CIO 要做的事情。

尤顿：我赞同。

米勒：观察、倾听、学习、反思。

尤顿：我想，你已经总结了一些。现在，我还有一分钟的时间。最后一个问题，我想这是个适当的结束问题：你的未来在哪里？今后，你将怎么发展？

米勒：（笑）对我而言，这是个比较难的问题，因为我从来没规划过自己的职业生涯。

尤顿：我对经常得到这样的答案感到很惊讶。也许，这存在有一些深层的原因。

米勒：好吧，我想我所真正关注的事情，就是对自己能够改变的东西着迷。我能做些什么样的事情，来改变事物，让事情变得更美好？所以，只要是那些我感兴趣的、自己能够改变的事情，就是我能看到的接下来要做的事情，而大多数时候，它们的到来都属于偶然。所以，我从来不曾对此进行规划，也没有规划过下一个阶段。

尤顿：有道理。好的，谢谢。

| 第 15 章 |

维韦克·昆德拉

——美国首位联邦 CIO

维韦克·昆德拉是美国首位联邦 CIO，由奥巴马总统于 2009 年 2 月任命。联邦 CIO 负责指引联邦信息技术投资政策和战略规划，并监督联邦信息技术开支。在任命 3 个月后，昆德拉先生发布了“IT 仪表盘”，其可追踪超过 800 亿美元的联邦 IT 开支，旨在为不同政府机构 CIO、公众和机构领导人提供联邦 IT 投入运营和业绩的情况，这是前所未有的。

在上任之前，昆德拉先生为哥伦比亚特区 CTO，此前曾担任弗吉尼亚州商业技术部助理秘书长。

昆德拉先生出生于印度新德里，1 岁时和家人一起迁居坦桑尼亚，11 岁时移居华盛顿特区。

埃德·尤顿：由于我们时间有限，我想好了只关注三件事。首先，你认为正在发生哪些激动人心的事情，比如你致力的云技术。

然后是这种技术的负面影响，即是什么让你彻夜难眠。还有，我非常好奇的一件事是关于你如何看待它对下一代（这些当前从学校出来的孩子们）造成的影响，以及下一代对社交媒体和技术乃至整个系统的看法和态度。你是否将其看作一件意义不一般的事情。关于未来，云技术是已经存在的一个很好的范例，但你是否看到了其他在未来几年可能带来巨大变革的技术？

维韦克·昆德拉：有三大趋势将会改变我们目前的技术环境。所以，看看我们如何部署技术。我已经造出了一个词，叫作“数字石油”。

尤顿：啊。

昆德拉：我认为当今技术就像数字石油是因为，即使你只看看联邦政府，就会发现，10 年间，我们拥有的数字中心从 432 个增长到了两千多个。

尤顿：我看过这些数字。

昆德拉：在这些数据中心，服务器的平均使用率低于 26%。所以，你可以想见那些我们浪费的未被真正利用的计算能力。此外，存储利用率不足 40%。然而，若看看制造业，大多数工业化国家和地区的资产利用率，无论在美国、加拿大、巴西或者整个欧盟，都大约在 79%。

尤顿：哇。

昆德拉：因此，我们面前的问题是为什么部署 IT 和生产基地之间会有 50%的差距。我称其为“数字石油”的原因就在于，它对整个国家及其经济的繁荣至关重要。

尤顿：嗯。

昆德拉：我们对于 IT 的依赖程度就好比推动经济发展对于石油的依赖。我们需要开始着手的，就是弄清楚技术的替代燃料有哪些——这就是我如此热衷于研究云技术的原因之所在。

尤顿：嗯。

昆德拉：比起过度建设、利用不足和有害的环境资产，大规模扩张和按需提供资源的能力更是极度低效与不可持续。

尤顿：好。

昆德拉：三大趋势会引发技术领域结构性的转变，分别是：移动、社交、云。

尤顿：好。

昆德拉：所有这些都由 IT 消费化和一个事实推动，即每个人、每个终端都在成为传感器，不仅消耗信息，也生成数字内容。

在公共领域环境中，考虑这样的情况：国家档案馆每年存档一百万份文件，而这些都是历史内容。想象一下正在生成的所有新的内容——每个传感器所访问的博客、视频、信息，计算需求和存储需求超出了当今所有人的理解。

尤顿：好。

昆德拉：传感器从智能传输系统向电子网格生成数据，这需要我们从根本上重新思考基于这几大趋势得到的计算模型。而在背后很显然会出现安全性和隐私问题。

尤顿：没错，这可能是你的清单中排在第一位的阴暗面，即安全和隐私。

昆德拉：对于存在的某些问题，并非仅仅是被简单地看作安全和隐私问题，当你开始提供地理空间数据，当社交成为构成人类行为整体所必需的部分，以及当涉及到使用大量移动设备时，隐私问题是非常突出而且真实存在的。从安全性的观点出发，当你看到国家在网络战环境中构建大规模功能时；在网络战这一环境中，当你看到有组织的犯罪活动，当你看到网络钓鱼攻击，以及它们正在如何呈指数增长时，我们让四星上将来领导建设网络指挥部，因为我们意识到这是新的形势，当你从军事角度来看它时，我们的指挥和控制系统，从驿马快递时代以来已经经历了许多次革命。

尤顿：没错。

昆德拉：我们的对手不断尝试扰乱我们的军事指挥控制系统，这在电报时代便是如此，如今只不过是发生在网络中。另一方面要思考的是，我们的经济有多大部分正朝着数字世界发展。无线通信、银行、医疗保健和能源要求我们将安全问题摆在第一位。我们必须确保不再专注于愚蠢的“边界安全”，因为它已经不复存在。

尤顿：关于消费化，我没有预料的一件有趣的事情是——我从接受采访的其他人那里也曾听到过——我们进入了这个一切都受到控制的领域时所发生的转变。如果倒退 50 年，是政府首先购买了计算机，来建造炸弹之类的东西，因为它们很昂贵，但是现在，可能谷歌最具代表性，但真的，全部都颠倒过来了。

昆德拉：嗯。

尤顿：许多供货商正在首先为消费者市场制造产品，因为大多数甚至每个人，都把自己的私人物品带到办公室，最终每个人都说，“我想要台 iPad”，所以现在都颠倒过来了，我认为这是非常重大的变化。

昆德拉：我也认为那的确是个伟大的变化。这就是它本来应该的样子。

尤顿：（笑）

昆德拉：我进入办公室首先要做的事情就是打开 IT 仪表盘，推动关于我们 IT 资产如何全面运行的透明化。你很快就会意识到，公共部门和私有行业在引入信息技术方面有着巨大的差距。而这种差距很大程度上是因为 CIO 在作怪。他们的角色就像反派，仍然受束于老式的 IT 指挥和控制模式，而他们所有的客户对于被迫使用这样的企业级 IT 解决方案深恶痛绝。

尤顿：没错。

昆德拉：而他们以安全为幌子，假装自己更安全。给你一个数据点——我曾去过硅谷，还在湾区待了很长时间。

尤顿：嗯。

昆德拉：当时，我跟所有这些创业者讲话，问他们：“你们为什么不竞争政府业务呢？”

因为我介绍的其中一部分是公共行业所面临的“进化压力”，我们每年花在 IT 上的开支达 800 亿美元。

尤顿：嗯。

昆德拉：如果我们能让这个国家最具创新的公司来竞争这些大项目，该有多棒？而许多创业者告诉我们：“其实，有的联邦政府雇员已经采用了我们的解决方案。”

尤顿：（笑）

昆德拉：这是一个新的世界秩序，我问了这些 CIO 一个非常简单的问题：“为什么每个人都讨厌企业软件？没人说过‘我很享受自己的用户体验’。”人们喜欢这些消费者解决方案。

尤顿：没错。

昆德拉：其中部分原因在于，这些人采取了垄断，就像 IT 垄断联盟。一旦你赢得合约，就真的没有什么动机去创新了。所以，如果你有一个为期五年的合同，你的动机是要增加利润。相比消费者领域，你每天都在走向被淘汰的境地。

尤顿：一点没错。

昆德拉：你不断创新，但这不会在企业领域中出现。而这些公司实际上离不开用户体验，这也是我们在联邦政府所做的事情。这就是为什么我们要关注这些造成浪费的项目，并将其终止或转向。我们本可以节省 30 亿美元。这是联邦 IT 中的巨大转变。

尤顿：我听说的另一件事是，我知道你已经参与其中相当长时间了。我想最好的时期源自一位名为克莱·舍基的未来主义者，他提出了“认知盈余”这一术语，可能是史无前例的，社会中有可以贡献的富余脑力，来利用计算机做更多的好事，当前的经典范例就是维基百科。

昆德拉：嗯。

尤顿：但我认为你的 Apps for Democracy（www.appsfordemocracy.org）也是极好的例子。现在，你在为华盛顿市做这个，对吧？

昆德拉：当我是哥伦比亚特区 CTO 时，我要尝试解决的问题之一就是政府 IT 中引入的混乱，而我意识到我唯一能够采取的方式就是改变范例，因为政府购买 IT 的方式通常是通过合同或授权。然而，这种模式已经瓦解，我意识到：“好，等一下。我再提出一次挑战，如果发现了我们市民的聪明才智呢？”

尤顿：没错。

昆德拉：如果通过民主化数据，邀请开发人员来构建有用的应用程序呢？这项措施最令人称奇的是，我们只花费了 5 万美元。

尤顿：那就节省了 320 万美元？

昆德拉：没错。我给人们 30 天的时间，然后我收到了 47 份应用程序，最终节省了大约 320 万美元。正常情况下需要耗费数百万美元的事情，我只用了 5 万美元就解决了。这就是为什么当我进入行政部时，首选做的就是打开 data.gov。

尤顿：好。

昆德拉：开始我们有 47 个数据集合，现在的数量则超过了 40 万个。而且，我们还与国会共同开展《美国竞争法》的工作，现在这部法律为每个部门赋予了相同的权利，美国国防高级研究计划局和美国宇航局不得不发起挑战，并设立高达 5000 万美元的奖项。

尤顿：是吗？

昆德拉：各个部门都会说："这就是我们的问题。我们想要解决它，并愿意支付五千万美元。"然后就是众包解决方案。

尤顿：你知道，这太奇妙了，因为我在罗马出席研讨会使用的是企业 2.0，而现在，制药行业已经成为这一理念的最佳范例了。

昆德拉：礼来制药厂？

尤顿：还有辉瑞及其他企业。我在罗马遇到的人都非常惊讶于此，他们不相信有人都能做到这点。

昆德拉：那么，你是否听过我使用的关于罗马和集会的其他例子？在集会上，人们可以在公共广场聚集，向他们的政府请愿，开展商业和社交活动。

尤顿：没错。

昆德拉：现在有了技术，你可以进入全球数字公共广场。所以能召集并控制，尤其是对这位真正在意挖掘美国人民天赋的总统，技术的力量可以用来真正挖掘全国数百万人的潜力，来解决国家面临的一些棘手的问题，而不是通过以往传统的方式，少数几个人关门议事。

尤顿：好的，我很高兴听到这点——有这种中央力量作为支撑，因为到目前为止，我所看到的例子还非常少，并且各不相关。纽约有个叫作 Clever Commute（www.clevercommute.com）的机构。这又是些个案。我都要记不起来了。虽然时间可能来不及了，但我还是想与你谈谈第三个方面：你如何看待对下一代或数字原住民的影响，或者随便你怎么称呼他们，以及他们如何利用技术来影响政府或社会。你是持乐观还是悲观态度？

昆德拉：其实，我非常非常乐观。我来告诉你总统进入办公室首先做的一件事情是什么。他说他要确保政府服务出色。

尤顿：（笑）

昆德拉：我们已经了解了下一代新生力量将会是什么样子。不是从现在开始一两年，而是 10 年、15 年、20 年。

尤顿：啊，好的。

昆德拉：这是一种流行趋势，无论你在湾区、奥斯汀、波士顿、纽约，还是硅谷，都是如此。现在，政府办公室根本就不像是它原来的样子了。

尤顿：没错。

昆德拉：但有两个突出的例子。美国专利商标局是远程办公先驱之一，他们所做的就是摒弃以往的现场管理方式。"如果我能看见你，我就知道你正在工作。但如果我看不见你，你就没有在工作。"

尤顿：没错。

昆德拉：他们已经有 50%的雇员使用远程办公，这些雇员遍布在全国各地。而且，他们能够吸引全国最优秀的人才，并且已经能对工作进行量化。这是一次惊人的成功。另一个例子是政府问责办公室（GAO）。

尤顿：嗯。

昆德拉：它现在也是这样的情况，因为在炭疽袭击参议院后需要疏散。他们接手了 GAO 大楼。但 GAO 员工需要找到创新技术来继续开展工作。但此外，我想，我们要能吸引全国各地的人才，需要从根本上重新思考工作的本质，以及人们只在同一地点朝九晚五地开展工作的理念。

尤顿：嗯。

昆德拉：但对我们而言，最重要的事情是确保我们正在做的事情是认识到员工持股趋势的出现。

尤顿：我懂了。啊，好的。你是否发现来自于所谓第一世界国家之外的下一代人身上的任何影响？你知道，当设备便宜到世界上任何人都能承受时，我想这会从许多方面改变力量的平衡，中东目前的情况几乎很好地说明了这一切。

昆德拉：那是绝对的。例如，埃及目前发生的事情，对社交媒体的使用，或印度的节俭工程，这些领域我们都需要多加注意。当你想像印度这样的国家的规模，以及它要解决的问题是面临 11 亿人口，或者有 13 亿人口的中国，它所用的方法和支撑技术结构与针对 3.1 亿人口设计的解决方案完全不同。

尤顿：没错。

昆德拉：我们非常有兴趣看看一些超级技术，无论是在南非、印度还是中国，看看他们是如何实现超越的，移动商务是什么样的，还有我之前提到的社交、移动和云这三大趋势，以及他们如何从根本上改变发展和商业。

尤顿：有的人只是从车库找到一台闲置 PC，加上信用卡上的 500 美元就开始了创业之路。如果将这种情况扩展开来，那我猜想下一个必然的步骤是，这种创业模式将会出现在中国、印度和非洲，直至全球。啊，太奇妙了。

昆德拉：这很令人振奋。

尤顿：是的，振奋人心。我很高兴听到有这些措施，你知道，我之前对此并不了解。

昆德拉：奥巴马总统说，我们要持续创新，在全球范围内开展竞争，才能赢得未来。现在，我们处于非常好的时代，因为美国的经济，正在发生的创新，尤其是所有这三大趋势是真正的前沿技术，无论在云计算方面，或是在我们于数字石油环境下所做的工作中。

尤顿：是。

昆德拉：我们如何打破这种状态？关键是要确保不会出现如克莱 · 克里斯滕森所说的“创新者的困境”。

尤顿：（笑）

昆德拉：抱歉，我得走了。

尤顿：非常感谢你接受采访。

第16章

保罗·斯特拉斯曼

——卡夫食品公司、施乐公司、美国国防部和美国航空航天局前 CIO

保罗·斯特拉斯曼是乔治·梅森信息技术学院的信息科学特聘教授。他曾任美国航空航天局（NASA）CIO，直接负责 NASA 计算和通信信息基础设施。在此之前，他还担任过国防信息主任，负责组织和管理美国国防部的企业信息管理（CIM）项目，并对国防部的信息技术开支进行政策监督。

斯特拉斯曼先生早年还任职于施乐公司，最初他担任管理与信息系统主管，负责施乐公司全球范围的内部计算机活动，退休时已经是信息产品组战略规划副总裁。他还曾担任通用食品公司企业信息官和卡夫食品公司 CIO。他写过 9 本信息技术方面的图书以及 250 余篇文章。

埃德·尤顿：鉴于您的职位，我想问的一个问题是，您作为 CIO 对这些年的发展趋势的看法。

保罗·斯特拉斯曼：是的，很明显有些趋势。你必须知道，我从 1961 年就开始担任 CIO 了。这就是我所做的一切。换句话说，在我认识的人当中，很少有人像我担任过这么长时间的 CIO。即使今天，我基本上还是个培养 CIO 的教授。

尤顿：很奇妙。

斯特拉斯曼：很少有人能坚持两代的时间。换句话来说，他们都习惯在一代人结束后退出或淡出。也许他们在第二代才开始淡出，但 CIO 的职业寿命一直都非常短。

尤顿：是的，绝对如此。

斯特拉斯曼：而长时间以来，我却一直都在干这个。

尤顿：（笑）啊……那显然您会有更好的视角。

斯特拉斯曼：如果你正在为这本书寻找宣传语，不管效果如何，你可以说你曾与世界上最老的 CIO 交谈过。也许。你得验证一下。

尤顿：好的。我们还是先来谈谈我收集到的您的一些授课内容，大体上可能影响行业的新趋势，无论是军事的还是其他行业的。您是否花过大量时间，担忧和思考过诸如虚拟化和云计算之类的事情呢？

斯特拉斯曼：噢，绝对的。

尤顿：或者，如果您展望未来，是否还有其他事情？

斯特拉斯曼：是的。顺便提一下我的课程，我开始……有 13 节课了。这些是 3 小时的课程，其中有两个课程是关于虚拟化和云计算的。

尤顿：好的，显然这让您的课程有了极大的意义。

斯特拉斯曼：这样的意义来自于变化的经济，就是如何用持久的信息技术来装备企业——必须发展云计算。

尤顿：不那么奇异或者类似的技术是虚拟化方法，对于大型组织而言，这似乎就是个经济问题。他们要在各地部署成千上万台服务器。

斯特拉斯曼：你很清楚，所谓的云计算可能意味着许多事情，但其实就是虚拟化的扩展、演变。云计算的基础是由斯坦福教授门德尔奠定的，他提出了通用虚拟化能力的概念。这家公司就是 VMware。

尤顿：是这样的。

斯特拉斯曼：VMware 现在大约占有虚拟化市场 80%的份额。虚拟化成为了进入下一代的（跳板），也就是说，如果你能虚拟化所有这些事情，那就意味着你可以瞬间引入综合大楼。

我们说的是价值十亿美元的数据中心。经济将推动你。规模经济会推动你朝着巨型规模发展，即云。但是，你需要做些与软件相关的事情。

尤顿：没错。

斯特拉斯曼：所以，我一直都在 VMware，我是股东，我儿子是其中重要一员。VMware 将整个虚拟化和云计算问题视为一次转变，即成本结构的整体转型。而所有这一切真正发生的变化来自于 IT 预算中的主要部分，也就是硬件开支下降到少于 10%。

尤顿：是的。

斯特拉斯曼：通过云计算和虚拟化计算就可以做到。接下来，就可以将所有其他东西投入到其他的目标中去。当我开始从事计算技术的时候，90%的预算都花在硬件上。你知道，IBM 的人力资源不把这当回事儿。

尤顿：没错。（笑）

斯特拉斯曼：当时的人力资源成本低廉，而如今人力资源的开支非常之大。

尤顿：一点没错。

斯特拉斯曼：我不知道你会在哪儿报道这次访谈，但我要说的是，根本问题是一种经济现象。

尤顿：是的，当然，我可以把它理解为驱动因素。很有趣，几个月前我在罗马参加了一个云计算会议，在那里你会发现，仍然存在巨大的阻力，表明这一障碍并非是经济，而是安全性、隐私等我们更熟悉的事情。

斯特拉斯曼：哦，是的，的确。当然，这很常见，就是所谓的“冲突”。

尤顿：什么意思，你预计它会逐渐消失吗？

斯特拉斯曼：是的，它将会完全消失，因为经济的力量将主导一切，明白吗？

尤顿：哦，有意思。您知道，现在行业中十分明显的区分是，受监管的大型公司和不受监管的小型公司——相比更加成熟的公司，小型企业较少关心安全性和隐私问题，而更希望发挥经济优势。

斯特拉斯曼：让我告诉你，这两者并不冲突。安全性和经济并不冲突。安全性取决于架构的方式，可以非常廉价。问题是，你会将这样的安全性放在什么样的位置？

尤顿：哦，是的。

斯特拉斯曼：你看，有许多地方可以设置你的第一道防线。

尤顿：没错。

斯特拉斯曼：现在，每个人都在使用防火墙和反病毒软件等来增强自己。这就像 200 年前居住在茅屋中的人一样——到堪萨斯州，用当地的木材造座房子，建个自己的厕所，再买一罐煤油。现在事情变了。我们生活在城市中，你是纽约人，你的经济与堪萨斯州的农夫全然不同。以前，堪萨斯州的农夫有属于自己的温彻斯特。这就是安全性。

尤顿：对。

斯特拉斯曼：现在，我们拥有的安全不一样，但纽约警察局的经济与堪萨斯州持枪人的经济也完全不同。

尤顿：对。

斯特拉斯曼：所以，安全性是一种完全没有经过思考就被抛出来的东西，从而引发了什么是安全问题以及安全性开支在哪些方面这样的问题。如今，国防部在安全性上的开支超过了预算的 50%，而其中大部分都是浪费。

尤顿：因为他们花在错误的地方？

斯特拉斯曼：太多地方了。

尤顿：太多地方。哦，好的。

斯特拉斯曼：许多方面。

尤顿：啊，很有意思。您的观点是不是来自经济的快速转变……因为有太多的钱，所以才会出现安全冲突？

斯特拉斯曼：是的，处理安全问题的一个办法是考虑防护成本，以及你要保护什么。你正在保护自己免受入侵？你知道，有各种类型的入侵。或者，你正在保护自己以防泄露？

尤顿：有东西泄露？

斯特拉斯曼：是。我在花旗集团工作过，那里曾因为内部人员而导致资金外流。所以，如今的每家银行和每个金融机构都面临泄露问题。当然，国防部当然也面临泄露这样的大问题。

尤顿：当然。

斯特拉斯曼：所以，问题就是，如果面临入侵、泄露，你打算怎么做？你会如何进行防范？

尤顿：对，很有意思。所以在您看来，这些技术才是未来的重点。我对虚拟化的看法是，它不再是前沿或新推出的技术，而是会逐渐成为主流。

斯特拉斯曼：是的，的确如此。

尤顿：云计算还稍远些。

斯特拉斯曼：也不一定。我有一份云计算公司的清单，我不知道你是否看过。他们现在都是跨国公司。我知道这些公司提供服务器，有的在一栋建筑中就有 100 000 多台服务器。

尤顿：哇。

斯特拉斯曼：所以，大量的业务现在正在导入云计算。一个有趣的现象是，许多创业

公司都在探索；换句话说，如果你身在某个公司，想要进行某些实验，他们并不希望你的实验在受保护的机器上运行，你只能去亚马逊给自己租服务器时间，每分钟 25 美分。于是，你以这个价钱租了一台大的戴尔服务器。

尤顿：是。

斯特拉斯曼：于是，你可以安装复杂的应用程序，只需花费不到 14 美元便可以完成。使用信用卡支付，搞定。这在今天是完全可以接受的。

尤顿：是的，我同意。然后，你就可以把自己的想法付诸实践，如果失败了，你就损失这些钱。

斯特拉斯曼：当然，没问题。这种类似的服务还有谷歌应用程序。现在成千上万的人都在使用谷歌应用程序。

尤顿：你是对的。我近来看过的很多文章都是关于政府机构选择谷歌应用程序和谷歌邮箱（Gmail），上面说这种选择是经济驱动的，所以如果关注隐私或安全，和节省的开支相比就微不足道了。

斯特拉斯曼：不不不不。不，它们并非可以忽略不计。这些问题一直都需要重视。

尤顿：啊，好的。

斯特拉斯曼：换言之，你不能只顾这些而忽略了安全性。我认为，亚马逊 EC2 提供的安全性是比较廉价的。他们能提供非常好的安全性。实际上，花同样的价钱，即每小时 25 美分，他们提供的安全性比你在数据中心得到的更佳。

尤顿：这是非常好的观点。我的确未曾想到这点：对许多公司而言，如果做个比较，那么他们不得不承认，现有的安全性在一开始就不好。

斯特拉斯曼：是的，现有的安全性，尤其是因为难以维护的实例、实现。是有许多该死的服务器。我现在看管着大约 25 万台服务器。

尤顿：哇。（笑）

斯特拉斯曼：维护着 7000 个主要应用程序和数不清的本地修复。你知道，我看管着国防部的 750 个数据中心。你想说它们都很安全？我的意思是，你一定是在开玩笑。

尤顿：我记得，您给过我国防部数据中心薪资管理系统在 20 世纪 90 年代早期的数字，与这个很接近。

斯特拉斯曼：是的。

尤顿：那么，除了虚拟化和云计算，您认为还有哪些我们应该考虑或规划的、即将来

临的关键技术趋势？尤其是您比我所采访的其他 CIO 拥有更宽阔的视野。

斯特拉斯曼：企业的核心是数据，是软件。

尤顿：的确如此。

斯特拉斯曼：当你看到一个典型的安装预算就会发现，大部分人并不在机房，而是忙着修复、下载、改进，最重要的是，连接系统 A 和系统 B。

尤顿：是的。

斯特拉斯曼：互操作性。所以，看下你自己的预算就会发现，你可能将所有的可用资源都耗费在维护上了。它是资源杀手，绝对的资源杀手。除此以外，你还会发现总是有人会提出需求，比如操作员、财务分析师、风险投资人。“我想要做点不同的事情，我想得到毫秒级的响应速度。”于是，他们就去买了一些东西，回来装好，并投入使用。然后，有人对其进行整合或者合并，或者需要往里添加东西，于是他们便开始雇人来做这件事。保护添加的东西等。

尤顿：啊。

斯特拉斯曼：因此，好好看下这个环境，由于没有集成，这里的技术被大量误用。那么，集成的大问题在于，你要写什么样的应用程序，这些应用程序要使用什么协议？网页之间是否可以互操作？

尤顿：对的。

斯特拉斯曼：所以，关于未来二三十年的技术趋势，我认为就是集成和面向服务的架构，其中有价值数十亿美元的网络，即互联网，在这个网络中有成千上万，甚至数以百万计相互依存的应用程序。而且，做这些不需要人力，你需要将数据和应用程序之间的互操作自动化，然后准备一层用于安装新应用程序，这一新应用程序或许只需 99 美分。

尤顿：没错。

斯特拉斯曼：一个按钮。这个按钮会有各种协议，它将找到各系统的位置。通过多个数据库，它进行聚合，并通过某种人机界面协议来反馈答案。所以，未来不是虚拟化，也不是云。未来是 CIO 如何创造这样的环境，让客户能在信息极其丰富的环境中进行操作，而这个环境极其复杂却又必须安全。

尤顿：本质上，您是在谈论多年来被称为企业架构集成的这个流行语吗？

斯特拉斯曼：当然。其实这个概念已经出现相当长时间了。

尤顿：那是我所关注的。它一直都存在，只是还没有发生。

斯特拉斯曼：其实，它没有发生有许多原因。首先，技术还不成熟。人们一直很强调在堪萨斯州修建自己的小屋，挖个厕所，拥有一罐煤油。

尤顿：没错。

斯特拉斯曼：有许多那样生活的承包人。我的意思是，这个地方到处都是维护程序的人。那就是他们的事情，而他们可能会失业。

尤顿：您提到了我想了解的另一方面，就是从企业拥有并控制技术的 CIO 环境转变为我们开始看到的目前越来越多的员工拥有技术的环境。

斯特拉斯曼：不不不不不不。不是的，员工拥有按钮，即应用程序。基础设施，比如出于某些原因在本地，或者云环境的一部分，是别人的。

尤顿：哦，好的。

斯特拉斯曼：所以，员工仍然拥有……你知道，当你坐在 Mac 面前，你并不拥有它的代码，甚至都不知道代码是什么。所以如果你认为自己控制技术，别开玩笑了。

尤顿：但无论你买 Mac 还是 Windows 的机器，你都能控制它。

斯特拉斯曼：好吧，但技术不再是问题。你看，人们可以用我二三十年前的方法开始。当我需要应用程序时，我走进去，有一堆程序员，我们进行设计，找个计算机调试，并进行所有其他工作。但这是自制的、临时的，是由一帮业余爱好者拼凑起来的。

尤顿：当然。

斯特拉斯曼：现在，有许多人，就像我的儿子，他们深深陷入在真正花哨的软件中。我的意思是，真的很花哨的软件。他们就做那样的事情。只要按下按钮你就可以得到。

尤顿：好。我发现所有公司正在进行的一场战役就是 CIO 所说的："你可以没有其中这些东西，你得有一个黑莓。而我不喜欢有 300 000 个应用程序供你选择。我想帮你选择。"

斯特拉斯曼：是或不是。这是个问题，因为这就是背后隐藏的互操作性。因为如果我给了你 iPod，我就切断了与我的互操作性和安全性之间的联系。我不允许这样。

尤顿：好。所以那就是真正要控制的部分，就是互操作性。

斯特拉斯曼：问题在于，未来的 CIO 是否真的会成为管弦乐大师，像指挥家那样，尽管这种类比可能并不恰当。但相比过去，今后的 CIO 将更多地朝着这个方向发展。

尤顿：嗯，很有意思。那么，我的相关问题是：正如您所说，您的职业生涯比任何人都要长，那么目前你所看到的最显著的改变或发展是什么？两代人的职业生涯，回顾过去四五十年，您认为什么是最重大的改变？

斯特拉斯曼：也许有一些事情。现在你可以买到一切，这跟 1953 年或 1954 年完全不同了。换言之，1954 年的时候，实际上我还在给插接板插线。如今没人再做那事了。现在，我们已经处在很高的层次上了，技术就在那里，现在的问题变得更大了。它们得处理如何管理计算环境，为用户的业务提供支持的问题。因此，你脱离了技术。但你仍然需要了解如何整合技术。

尤顿：嗯。

斯特拉斯曼：然后你进入更高的层次。最有趣的一件事情发生在美国海军，我认为它是个领先的组织。去年三月，他们决定废除独立的信息技术部。

尤顿：是吗？

斯特拉斯曼：他们将信息技术和情报机关合并为了一个部门。因为他们基本上确定信息技术确实是一种情报手段。完全不同的新设备、全新的人员，包括一些技术专家。你看下这个组织的人员配置，会发现它就是一个情报组织。

尤顿：很有意思。

斯特拉斯曼：因为有了“捕食者”无人机到处跑来跑去搜集彩色视频数据等信息。问题是在阿富汗，你用这样大规模的、每秒吉字节的下载速率来做什么？这已经不仅是个 IT 问题了。

尤顿：（笑）当然不是。我可以就此打住，但回到这个问题上来，过去四五十年来有哪些重大变化。你之前提到有一个明显的转变，即从硬件非常昂贵、人力成本低廉的时代转变为我们现在所处的时代。更大范围的转变会是怎么样的呢？当然，我记得我开始使用那会儿，硬件非常昂贵，是一种受控的商品。我们不能进入机房，甚至是施乐复印机机房也不行。

斯特拉斯曼：我建设了在美国运营的施乐视频中心。那是 1971 年，它是个积木状大楼，带有一个较深的地下室，用于存放磁带之类的东西，还有一个核电阻器。

尤顿：（笑）所以磁带可以保存下来。

斯特拉斯曼：它还带有铁丝网，称作“斯特拉斯曼集中营”。一开始有人守卫。换言之，整个建筑是我建造的数据中心。它还有自己的不间断电源，没人能在未经许可的情况下进入，天知道为什么。

尤顿：现在，40 年过去了，在我们的世界中，硬件成为了便宜的商品，每个人都能获得各种形式的硬件。

斯特拉斯曼：不，也不便宜。那是在积木大楼里。你必须了解。你可以去斯考克斯市，看一下那个长得像积木的建筑。那就是数据中心，你不能进去。不行。

尤顿：是这样啊。

斯特拉斯曼：你进入积木大楼后，会看到有一排房间，这些房间中放着专门服务器或者功能服务器。在那个房间中可能有四五万台服务器。顺便说一句，电力成本和空调成本远远高于服务器成本。真是完全不同了。

尤顿：是。当然，这是个有趣的转变，你可以看看亚马逊和谷歌为了节约和寻找能源做出了怎样的努力。

斯特拉斯曼：他们有什么办法？

尤顿：哦，太神奇了。从某种程度上，你是否赞成这种说法，有许多形式的技术对于个人而言几乎是开放的，可以去本地商店购买并使用？

斯特拉斯曼：是的。

尤顿：相对上一代人而言。

斯特拉斯曼：任何人都可以去 Radio Shack 购买一些出色的技术产品。

尤顿：没错。

斯特拉斯曼：问题是，如果你有一个组织，如何引入该技术？人们去 Radio Shack 买些新鲜玩意儿，这没问题。我的问题在于，他们使用技术时想利用我所拥有的数据。他们在什么条件下才能被允许这样做？

尤顿：如果他们建立自己的数据来与朋友们沟通，而且从某种程度上完全超出你的界限范围会怎样？

斯特拉斯曼：哦，如果他们要进行社交计算——顺便说一句，我们正好有这种问题。在海军部门，如今 60%的传输系统，尤其是船上的，你知道，船只出海有 8 个月的时间，船员们实在闲得无聊，他们就上网社交。

尤顿：（笑）所以就那样了！

斯特拉斯曼：所以真正的问题是，因为他们使用相同的传输电路，即卫星，你如何确保它们不被用于入侵和泄露？

尤顿：没错。

斯特拉斯曼：这就是极具风险的问题，而且是非常细节性的问题。它涉及软件设计。它是客户端设计的问题，或者在哪种程度上允许浏览器版本安装在该机器上？

尤顿：这在军队里面显然是非常严肃的问题。你在其他地方看到过这种情况吗？

斯特拉斯曼：不，这也出现在各金融组织中。

尤顿：好的，那地方我去过。你是否发现倾向变化呢，金融组织是否会成为下一个这样的机构？

斯特拉斯曼：所有商业组织都有。你知道，目前法国也有这样的大事，因为在标志公司，它的电动车图纸泄露了不少。

尤顿：啊，这点我不知道。

斯特拉斯曼：是的。每个人都有同样的问题。有的人谈论它，有的人则不会，但办公室总会有不满意的员工，而他拥有访问权和密码。然后，你会遇到情报之类的事情，就像奥尔德里奇·埃姆斯。埃姆斯曾经是反情报机构的一员。他通过 CIA 获得了文件，但他并没有业务权限这样做，可是没人知道。

尤顿：就是他把这些东西提供给维基解密的，给朱利安·阿桑奇？或者是其他人？

斯特拉斯曼：不，埃姆斯把这些文件给了苏联人。

尤顿：是。我想他是更加传统的人。那是谁提供了全部的维基资料？

斯特拉斯曼：哦，一个低级别的警员。

尤顿：但还是同样的问题？

斯特拉斯曼：同样的问题，泄露。顺便说一句，报告的东西并不完美。他下载了报告内容，刻录了光盘，并邮寄给了维基解密。

尤顿：是吗？

斯特拉斯曼：所以，现在你在处理一个问题。那儿有几个文件盒（指着他的台式机），里面有几张 CD。现在，你允许人们刻录自己的 CD 吗？而且你知道，如今的 DVD 可以容得下大型数据库。现在，维基解密拥有所有在开曼群岛开设账户的人的清单。你知道，那可是三百万的下载量。

尤顿：没错。（笑）太神奇了。你认为在你的职业生涯中是否有值得一提的重大改变和进展？

斯特拉斯曼：是的，金钱意识。你看，过去每个人都做资金成本预算。大多数开支都是资金申购。所以，每个人，每个管理者都关注资本申购和员工数，就是那样。那是指数据商店的员工数。我决定将我的成果推广到用户中去，因此很快就克服了这点。

尤顿：啊。

斯特拉斯曼：职员们喜欢当计算机操作员，所以我把打印机放在外面，让它和用户在一起。我减少了自己办公室的人数，那时已经人满为患了。我告诉他们那已经是别人的位置了。我只是给你变个小把戏，明白吗？这就是 CIO 应对不断变化的……这是一场骗局。所以，真正的问题在于，当你一开始看到这些大型交易规则，你会说："这些人在做什么？"他们做的大部分工作实际上是数据处理。

尤顿：好。那么这就是转变。

斯特拉斯曼：所以，你突然间看到一种来自"飞地"的 IT 外向型转变，相对目前日常开支的某部分，它被看作是资本成本飞地。它属于日常开支成本。这是完全不同的看待方式。换言之，坐在这个房间的人实际上是信息处理器。他们很少做交易。

尤顿：没错。

斯特拉斯曼：所以，你知道，我一直在跟踪美国日常开支成本，最有趣的案例是通用汽车。通用汽车收购了 EDS。

尤顿：这个我记得。

斯特拉斯曼：我与此关联很大。实际上真正发生的是，它看起来是收购资金成本，但运营成本却进入到了通用汽车的日常开支中。所以，通用汽车开始外包……顺便说一句，通用汽车最糟糕的时候有 87%的成本用于零部件采购。

尤顿：哇。是吗？

斯特拉斯曼：其余的才是日常开支、信息处理。所以，事实走向了错误的方向。那么，回到你的问题，我的确发现的是认识到当今美国大部分人是信息处理器。几乎任何人可以做任何事。

尤顿：一定是的。

斯特拉斯曼：所以，你书中的主要见解之一可能是，当我看着美国以及我们的方向时，我看到更多的是信息处理工作。这不仅仅是 IT 圈的人，而且还是进行信息处理的人。

尤顿：全都有。

斯特拉斯曼：而且，我们基本上不会再有秘书。所以每个人都升级了。女人成为了管理员。女人热爱计算机是因为它能让她们将自己从秘书职位上升为管理员。

尤顿：啊。很有趣。如果要列出过去四五十年来的重大进展，你会把互联网、网络或谷歌加入其中吗？

斯特拉斯曼：哦，是的，是的。当然，互联网非常重要。

尤顿：好。

斯特拉斯曼：当然。非常重要并且越来越重要。互联网上将会有数十亿个节点，并且将会越来越复杂，会出现成本问题。有一些深入的成本问题——比如，究竟是谁在为互联网买单？

尤顿：没错。

斯特拉斯曼：谁又在从互联网中获利？我们对高带宽的需求不断增长，所以你正在谈论 10 到 30 千兆字节的回路。还有一个问题，现在要在前沿而非在中心做计算，为了降低延迟，比方你处在某个特定情况，尤其是华尔街。现在的某些交易里，人们是在与毫秒延迟的差别作斗争。

我所说的是，在延迟、可用性、正常运行时间中有一些深层次的问题。换言之，99.999%是可以接受的可靠性水平吗？很难做到。

尤顿：是。

斯特拉斯曼：并且还有技术问题，你会在哪些地方设置冗余？因为没有办法提高单台服务器的可靠性。不行，做不到。我的意思是，只能做到这种程度，然后你就要面对无情的电气或机械故障问题。之后，你就得在冗余设备上开展工作。所以问题很多。

尤顿：我当然赞同。让我回到我们不曾谈到的问题，我确定你有一些好的意见。关于整个下一代人的问题。在 IT 工作者中，尤其是相对上一代或上两代人而言的大学生们，你是否看到他们的行为或态度有显著的差异？

斯特拉斯曼：其实也不一定。比方说在精英输出地——我有个孙子在卡内基梅隆大学，他正在学习软件工程专业，这家伙将会很厉害。

尤顿：没错。

斯特拉斯曼：我还有个孙子在弗吉尼亚理工大学，也在学习电气工程。所以你知道，我让每个人都循规蹈矩。这些家伙都会成为佼佼者，他们将会发展得非常好，只要不做疯狂的事情。我的儿子拥有麻省理工学院的博士学位。他也非常出色。他是个程序员。他们都很棒，我的朋友。

尤顿：没错。

斯特拉斯曼：他不想成为大老板，因为他没兴趣并且也不靠这个挣钱。他获得的回报非常可观。

尤顿：但如你所说，这些都是精英例子。

斯特拉斯曼：就是精英。顺便说一句，这就是中国人未来的情况。你看，我们面临的大问题是，看看硅谷软件公司，一半多都不是美国人。在我授课的班级，半数以上学生也不是美国人。

尤顿：我想只有一个问题，那就是如果我们让他们感到难受，以至于想打退堂鼓，或者我们让他们难以进入，然后他们就没法进入。我想，如果能吸引他们，让他们留下来才是最好的。

斯特拉斯曼：其实这不一定，而我们也无法介入。我遇到的大问题是年轻一代。他们并不出色，他们真的不出色。他们很肤浅。你知道，我也是教育者，我让他们听我的课。他们并不努力，他们不是工程师。

尤顿：啊，好的。

斯特拉斯曼：他们的精神状态就是行为，幻灯片，假象。我现在说的是非常高层次的人。相当于海军上将及以上的层次。他们是既不严格也不面向科学的教育的产物。我对当前一代真的没有信心。他们当中大部分都不够优秀，不合适。

尤顿：你认为这种情况已经持续了一代人了？

斯特拉斯曼：哦，从 20 世纪 60 年代以来就是这样。

尤顿：当然，你听到许多人抱怨年轻一代的浅薄、不发奋。

斯特拉斯曼：他们不发奋。换言之，你不能进行深度对话，因为他们会溜走。他们没有工程师、科学家的思维模式去深入细节，并探究事物的原理。

尤顿：你知道为什么会这样吗？或者这是怎么搞的？

斯特拉斯曼：我肯定会责怪小学、中学等的教育。都是这些小学、中学的问题。你知道，我有七个孙子接受过公立学校系统的教育，所以我会观察这些孩子。他们有的做得非常好，有一个是个非常出色的孩子。他在加州大学戴维斯分校。他是个乖孩子，非常不错的有个性的孩子，但他还是个“毛头”。顺便说一句，他的性格比我的极客们性格要好。

尤顿：（笑）其实所有这些孩子们，显然，都来自有着技术和信息氛围的高中或学院。

斯特拉斯曼：哦，他们认为自己了解技术，了解计算机。

尤顿：是的。

斯特拉斯曼：我的意思是，请让我休息一下。他们已经知道如何使用玩具了。

尤顿：的确如此。我不只说即将开始 IT 职业生涯的人，而是一般而言，将自己的玩具带到工作中的白领人士。如你所说，他们不具备钻研任何问题的能力。那你认为他们是没有好好利用他们的玩具，还是只停留在表面上使用这些玩具？

斯特拉斯曼：不一定。他们只是不能应付而已，所以你得雇用更多的人，但他们做的事却越来越少。然后，你始终可以找到承包人。接着你雇用承包人来履行合约。再然后，承包人会提供脑力、分析，但他也会确保为你所做的一切是无可替代的，这就意味着他将长时间做下去。

尤顿：或者定期回来进行调整？

斯特拉斯曼：是的。所以，我们对年轻一代很不满意。他们就是不……这不是信息社会。

尤顿：有没有可能，至少从某种程度上，他们拥有完全不同的关注重点，而不像他们父母一代？我给你举个例子。我早些日子去过加州，那有一场 Web 2.0 活动，我和一个在创业公司的人聊了几句，他说："现在的同事从未见过 Microsoft Outlook。如果他们见过，一定会大吃一惊，不只因为那难看的用户界面，还包括它的任务取向。"我被这个话题吸引了，因为我早上起床首先会问自己："今天的任务是什么？"这任务通常都是头天晚上收到的电子邮件消息，人们在要求这样或者那样的东西。

斯特拉斯曼：是。

尤顿：嗯，加州这人说，一半大学生起床的第一个问题是："我的朋友们在哪，他们在干什么？我怎样才能找到他们？"

斯特拉斯曼：这是社交。这是社交。

尤顿：所以，他们需要工具、日历，以及迎合这一取向的类似东西。他们发现，上一代人的工具与之完全不同。

斯特拉斯曼：我只能说，三年以前，一切都还不错，然后就开始糟糕了。

尤顿：发生了什么？

斯特拉斯曼：我们现在的债务达 15 万亿，并且在不断上升。

尤顿：（笑）好吧。

斯特拉斯曼：所以，每个人都虚度时光，高歌欢唱，就好像一切都很棒。突然，年轻人中出现了 20%以上的失业率。他们不能获得工作。之所以没有工作，是因为生产工作都消失了。信息工作也没有了，因为我现在需要的信息人员越来越少，而且我只会雇用能真正为我工作的卡内基梅隆大学的人。

尤顿：是。

斯特拉斯曼：所以，我们遇到问题了。这是一个社会问题。现在在突尼斯，你知道，25 岁以下的人中有 30%没有工作。那么，他们将会发起一场革命。因为大面积的失业，因为年轻人，尤其是大学毕业生认为他们应该被重用，在美国也将出现社会问题。

尤顿：啊。

斯特拉斯曼：所以，美国知识分子的增长一直都是政府支持的活动。这一增长是巨大的。

尤顿：很有意思。那么，所有这些是否为 CIO 带来了任何指导或建议呢？面对目前的毕业生浪潮，你应该怎么做呢？

斯特拉斯曼：就像我一直做的那样做。

尤顿：具体说呢？

斯特拉斯曼：我一直在这样做。我从在食品公司起就这么做，我会确保将暑期工作交给自己挑选的人。

尤顿：好。

斯特拉斯曼：所以你挑选的他们。现在，其中一半都要离开。但你观察他们，给了他们一份暑期工，这比他们能得到的任何其他暑期工都要好。

尤顿：绝对的。我就是其中之一。（笑）

斯特拉斯曼：是的，并且其中一些人其实进了研究生院，并且仍然在工作，然后他们就得到了全职工作。然后我进入施乐，他们也跟我一起走了。

尤顿：噢，没错。你在斯隆管理学院时也是那样做的。

斯特拉斯曼：所以，我给如今 CIO 的建议是，像训练棒球运动员那样做。找个地方作为训练场。你只要训练他们，然后你就会拥有出色的人力资源。

尤顿：所以，这就是他要怎样训练自己的 IT 员工。当成千上万的人都被雇用到营销部门或财务部，他们会怎么做，所有这些其他人？

斯特拉斯曼：你不能那样做。你是个 CIO。你有特定的权限，有预算的。

尤顿：好。

斯特拉斯曼：每个人都有预算，对吧？所以问题是你将要做什么。你在问我有没有针对 CIO 的实际建议，我的答案是，发展并培养年轻人。要带他们一起发展。

尤顿：但，对于所有其他人呢？因为一部分问题在于，他们带着自己的玩具，并且对要使用的技术有自己的预期。

斯特拉斯曼：是的，但不完全是。他们可以带着自己的玩具，但你不能允许这些玩具进入数据库。你必须明白，当所有都已说明并执行，CIO 就是手持大棒的人。他有预算，有大棒和权力。

尤顿：没错。

斯特拉斯曼：现在，如果你没有权力，也没有预算，那你就什么都不是。所以，我们来谈谈实际政策，马基雅维利对此情况的看法。作为 CIO，你必须维持权力地位。否则，你就会发现自己无法开展工作。

尤顿：你是如何做的？怎样维持权力地位的？

斯特拉斯曼：这视情况而定。在通用食品的时候，我和 CFO 达成联盟，当时他也愿意这样……那是第一次。你必须了解，CFO 和 CIO 之间的战争由来已久，就像……这很典型。

尤顿：当然。

斯特拉斯曼：CFO 始终习惯于掌控，并且还占有 IT 部门的大多数成果。在某些组织中，这持续了很长时间。

尤顿：可能一代人的时间甚至更长。

斯特拉斯曼：哦，几乎一代人，但每个地方都不同。而事实是，在通用食品公司，控制者是一名叫麦克达德的家伙——他以前是麦克阿瑟的情报官。

尤顿：是吗？

斯特拉斯曼：是的。然后，麦克达德和我一起出去吃午餐，他只是一直打量我。我是新来的。我说："你知道，问题在于你现在控制了它，并且你认为自己有控制权，但那些营销人员却我行我素，做他们自己的事。"当时的大问题就是广告。财务部开支和控制的资金，以及他们在工厂控制的东西如此之多（做出拇指和食指并拢的手势）。通

用食品在广告中投入了大量资金。我说："其实，汤姆，你知道，这些人想去 BBDO。"[①]

尤顿：没错。

斯特拉斯曼："并且还出租 7090s，真的玩得太大了，这样就脱离了你的控制。"然后麦克达德看着我，他说："我现在了解了。"我当时还只是不起眼的家伙，但一个星期以后，我成为了通用食品的信息总监。

尤顿：（笑）啊。

斯特拉斯曼：我和麦克达德达成同盟，然后麦克达德决定退休，而我是他的退休计划的一部分。我的意思是，他是年长的绅士，还是一位非常杰出、受过教育的哈佛才子，非常想去 CIA。耶鲁和哈佛毕业生以前都进 CIA。

尤顿：一点没错。

斯特拉斯曼：你看，这就是以前的方式。麦克达德退休的时候，当然，形势变得紧张起来。所有财务总监的地位都岌岌可危。然后在他们要让我无路可退时，我接到一个来自卡夫财务总监的电话："你知道，我们听说了不少关于你的事情。你愿意过来担任卡夫全球信息总监吗？"然后我说："卡夫？你知道，我不太确定，你知道，和通用食品相比。"他说："那么你知道什么？为何你不看下我们的财务报表？"原来卡夫比通用食品大很多。

尤顿：（笑）

斯特拉斯曼：因此这是一次提升。所以，我从一个控制者那里成长起来，又为另一个财务总监工作。这样，就建立了联盟。当我进入国防部时，问题也在于联盟中的一个——那时候苏联解体了。

尤顿：一点没错。

斯特拉斯曼：国会决定宣布一项和平红利：740 亿美元。国会可以拿到这笔钱，再把钱拿出来，然后就没了。因此，在他们拿出这笔钱的时候，他们说："哦，顺便说一句，我们给你留了三十亿来提高效率。你要拿出效率来。"切尼改变了政策，任命通用汽车副总裁为他的副部长。如果了解政策，你就会知道部长主外，副部长主内。

尤顿：没错。

斯特拉斯曼：好。副部长是麻省理工学院非常杰出的工程师，他对通用汽车拥有足够大的控制权，因此，佩罗先生准备好了开始一场革命。他进入五角大楼，四处打量，

---

① 一个全球广告机构。

然后几个月后，他说："我将要启动一项企业信息管理举措。而我刚好认识知道怎样实施的那个人。"

尤顿：（笑）

斯特拉斯曼：因为我在通用汽车随时都在开人。我从佩罗先生那里拿出约 3 亿美元，所以他接纳了我。于是，我成为阿特伍德的人，大楼中的每个人都知道我每周会见阿特伍德一次。你知道，剩下的就是细节问题了。

尤顿：是。

斯特拉斯曼：所以从政治角度讲，如你要成为 CIO，就必须与各掌权者达成同盟，否则你就出局了。

尤顿：很有意思。好的，这就进入我的下一个问题，事实上，你可能已经给出了答案。显然如果你是 CIO，手下有许多员工，通常会有一两个人想要成为 CIO，他会说："总有一天我要得到这个职位。"

斯特拉斯曼：噢，当然。

尤顿：你对这些人的重点建议是什么？

斯特拉斯曼：让他们吃苦。只要给他们安排可以承受的足够多的工作，让他们超负荷工作，将他们击倒。

尤顿：击倒谁？有 CIO 抱负的人吗？

斯特拉斯曼：用工作将他们击倒。

尤顿：噢，我懂了。

斯特拉斯曼：只要看下他们能做到什么程度。一个出色的员工可以完成无限多的工作。

尤顿：所以，你对有 CIO 抱负的人的建议是：展示出你的工作能力，然后借此取得成功？

斯特拉斯曼：是的。他们可能与你在一起，也可能去其他地方，谁知道？但你接下来几年都可以看到他们的出色表现。

尤顿：哦，好的。

斯特拉斯曼：但其中有些人比较忠诚，他们会坚持跟着你。所以，当我从卡夫来到施乐时，有很多人也跟着来到施乐。

尤顿：很有意思。这的确是相关问题的一部分，我之前还未想到这点——那就是，CIO

通常拥有一个完整的直接下属团队来帮助他们完成工作，我的问题是：作为 CIO，你挑选成为可以信赖的团队成员时，需要他们具备哪些品质或特点？

斯特拉斯曼：努力工作，长时间工作。

尤顿：好。

斯特拉斯曼：当出现危机时，他们始终在你旁边。

尤顿：啊，好的。我曾听到一个出乎我意料的说法，是 CIO 告诉我的："我想要团队里的人能相处融洽，因为如果你要努力工作，每天工作 12 个小时，你也需要团队成员和你一样。"

斯特拉斯曼：噢，当然得好好相处，但不用打成一片，不用和每个人都打成一片。我不这么认为。

尤顿：好。

斯特拉斯曼：大家都认为我很不错，但我其实没那么好。我真的是这样。我努力整合施乐的数据中心，以便融入这个只有 67%的账单能按时发出的公司。从本地财务总监手中接管其数据中心，并在两年内全部进行整合，你知道，这需要费些力气。

尤顿：在寻找将要帮助你的人时，你其实是在寻找能真正勤奋工作并且能承受压力的人？

斯特拉斯曼：是的，你需要能够真正开展工作的人。

尤顿：如果出现危机，会是在谁身上？

斯特拉斯曼：是的，你知道，这是从军事角度的观点来看，如果你是指挥官就必须要了解这一点。你一定知道我是军人。你知道我在军队服过役吗？我的父亲是一名军人，他是在一战中拥有团级指挥权的少数犹太人之一。

尤顿：啊，好的。

斯特拉斯曼：所以，我也去了军队。在部队时，刚去那儿，会发现有一大堆坏家伙，你知道，团队精神、专注、承诺和忠诚是非常重要的。

尤顿：的确如此。但让我们更深入地探讨一下。如果考虑事情的先后顺序，是否看到其他业务总监可能误解或者有不同感受的情况？

斯特拉斯曼：噢，绝对的，你知道，肯定会有与财务总监对着干的情况，而且从未消失。事实上，哈佛商学院设立了关于施乐部门管理者与斯特拉斯曼案例研究课程。它

就是这样的案例研究。

尤顿：啊。

斯特拉斯曼：而这个想要成为施乐总裁的人，名字叫恩格尔曼。他决定在我从这些小地方带走计算机的时候攻击 IT 系统，以便他们可以积累自己的权力飞地。而我却什么都没有。你知道，都是肮脏的东西，肮脏的东西。

尤顿：所以你需要进行权力斗争？

斯特拉斯曼：是的，需要这样做。首先，需要以一种非常绅士的方式来做。绝不进行人身攻击。

尤顿：好。

斯特拉斯曼：你绝不要进行人身攻击，要确保在困难的时候符合人事相关问题，这样当事情恶化时你才不会陷入困境。我们也出现过问题，包括法律案件。

尤顿：嗯。

斯特拉斯曼：你得花时间与律师打交道，因为需要花时间找出什么是可行的，可以做什么，以及可以进行哪些调整。这是比较棘手的工作，要成为 CIO 是非常非常困难的事情。

尤顿：是的。当然，随着和大家谈话的增多，我对这些是越来越赞同了。实际上，这也进入了下一个问题，即 CIO 是个棘手的职位，但如果你成功了，然后呢？你知道，你说自己在某种程度上仍然是 CIO，而你显然已经成为了顾问、指导和教授角色。

斯特拉斯曼：其实，是我尽了自己的一份力量，在施乐工作了 18 年，而施乐也已经每况愈下了。

尤顿：没错。

斯特拉斯曼：是吧？所以始终有时间摆脱困境。然后你脱离了困境，你是寻找了另一份 CIO 工作，还是成为了顾问？你知道事情通常是什么样的吧。成为顾问就完蛋了，我的意思是，玩完了。CIO 成为顾问，这几乎行不通。我知道许多 CIO 曾经尝试过这样做，但就是做不到。

尤顿：那么，在你的案例中，许多情况下你都不是传统意义上的顾问，但你却花费了大量时间做顾问的事情。

斯特拉斯曼：没错，我花了一年时间在 AT&T。AT&T 的 IT 副总裁聘请我开展一项特定的工作，所以我在那里花费了一年的时间。

尤顿：从某种程度上，通用汽车也做了类似的事情。

斯特拉斯曼：我从未做过所谓的“现场顾问”。我到处发表演讲或者做类似的事情，但我从未做过所谓的“进行顾问工作”。我看着这些事情。然后就是国防部的事情。现在，我已经为国防部做了许多事情了。换言之，我的方式通常是面对许多事情，许多人。

有时还没有报酬。有的时候有报酬，有时又没有。所以，我为通用汽车做了大量工作，最终我进入国防部并留在了那里。在国防部，我最大的问题在于国防部财务总监，因为在我进入国防部时，我说：“我们不能让财务总监接管 IT。”

（一起笑）

斯特拉斯曼：我一直在做这样的事情。做这种事情有个程序，有许多理由把它从财务总监手里拿回来，因为他并不真的控制任何东西。财务总监只控制资本预算，而问题不在于此。所以，这一项工作被抽出来放到了单独的组织中。顺便说一句，它的职位级别非常高。你知道，我不想自夸自己的职位。所以，我只是做好国防部的工作。然后，当然，我们做了八年的时间，但由于选举，时间用完了。然后克林顿上台了，我不为克林顿或他指派的任何人工作，顺便一提，不管怎么说，这最后成为了一种灾难。所以，我离开了，开始寻找机会，然后有人说：“你知道吗，我希望你能为我们上课讲授些东西。”所以，我开始喜欢上了学术。学术能让人获得极大的自由。

尤顿：没错。

斯特拉斯曼：你去某个地方，然后拿出名片，说道：“我是顾问。”你知道，那太可怕了。如果你作为受尊重的教授，那就“很好，不错”了。同样一个人，情况却不同。所以我这样做，然后有一天我接到 NASA 的电话。“嗯，NASA 遇到问题了。我们有个新的管理者。”“谁是新管理者？”其实，国防部的财务总监现在成为了 NASA 管理者，因为 NASA 有很多很深的财务问题，所以他们将其展现给财务部的人，让他负责 NASA。愚蠢的事情。“并且（笑）他对你评价很高。你愿意来看看这里的情况吗？”

所以，我去了 NASA，清晨就到了。我知道这些人一直都是很早就开始工作，所以我也一早到了。非常重要的事情，顺便说一句，政府的关键层次在于，人们都在 7 点或 6:45 开始工作。

尤顿：啊。

斯特拉斯曼：是的。他们很早就来了。他们给我做了全面的介绍。然后吃午餐。午餐过后，他们告诉我，“管理者想见你”。我就进去了，我的朋友肖恩 · 奥基夫在那里，他就是管理者。“噢，见到你非常高兴。我很高兴你能来。请告诉我你看到了什么。”然后我就全部告诉了他。我说：“你们这些人把事情弄得糟蹋透了。你们不知道自己在做些什么。你们是在浪费钱。你和毕马威都在浪费钱，你们花了十亿美元，但其实

只需一台小型计算机就可以搞定。”他们有大型 SAP 计划，这需要耗资大量资金，却不见成效。

尤顿：（笑）

斯特拉斯曼：所以，肖恩 · 奥基夫坐在那，而他的那些人都在强作笑颜。我只是说："你看，我不知道我能为你们做什么，因为你们已经做出了承诺，签订了合约，你们要为根本无用的东西花费十亿美元。不同的中心就是相互独立的计算机。我不知道能为你们做些什么。”我说完这些后，奥基夫转身说："斯特拉斯曼，你来这儿，把问题纠正过来吧。”

我说："好吧，我刚结束了在华盛顿的六年。你不想让我再来华盛顿吧？”

"好吧，我会让你对它感兴趣的。”

我说："我需要和妻子谈谈。让我回家想想。”

然后奥基夫这个颇具外交手腕的人说："好吧，如果回了家，你就永远不会再来了。你知道吗？我要和你打个赌。我要为你提供 NASA 的 CIO 职位，如果你接受，今天下午五点以前，我就去 NASA 给你拿身份名牌。”当时好像是下午三点钟。我足够了解华盛顿，知道那样做不可能。

尤顿：没错。

斯特拉斯曼：你知道，有文职人员之类的。就是所谓的"高级执行职位”。

尤顿：没错。

斯特拉斯曼：我很愚蠢。我真的很愚蠢。他是个聪明的爱尔兰人。他说："我要你加入我的部门。”于是我说："好的，当然。如果你能在五点钟以前回来，我会接受这个工作。”有点好笑，就像在说，"不行”。肖恩 · 奥基夫拿起电话。律师、人事人员开始走进房间。他们都说正在等待。整个事情是设计好的！五点钟的时候，我拿到了 NASA 的 CIO 名牌！

尤顿：那太神奇了。

斯特拉斯曼：现在，你知道，这就是我的对手，我一直在竭尽全力进行斗争。他输了，因为我让 IT 脱离了国防部财务部门的控制。你知道，那可是 300 亿美元。

尤顿：是的。

斯特拉斯曼：然后，我花了一年的时间做这件事。我说："好吧，肖恩，我会给你一年的时间。我只是给你点小插曲……这是个游戏。”

尤顿：你会向其他成功的 CIO 建议，表示当他们感到自己到达旅途的终点时，这不过是一场游戏？

斯特拉斯曼：当然。绝对的。

尤顿：所以，绝对不要成为顾问，要找些有趣的工作。

斯特拉斯曼：找些你能利用的工作。有许多可以利用的工作。绝不要为毕马威或德勤工作。不然，他们会让你费尽心神的。

尤顿：你是否见过 CIO 尝试着向更高层次发展，比如（成为）CEO？

斯特拉斯曼：噢，是的，有。

尤顿：成功的案例多吗？

斯特拉斯曼：哦，是的，有许多，相当多。原因在于，这些人处于权力结构之中，他们创建了联盟，并且被他人接受。他们在政治上也是被接受的。他们非常了解公司，因为作为 CIO，你真的需要了解公司，尤其是当你的方向正确时，即你足够努力，看到了相关的是哪些人，以及谁和谁讲话。

尤顿：显然，越来越多的公司开始意识到信息的作用非同小可。

斯特拉斯曼：是的。所以，CIO 需要采取正确的政治行动，做些恰当的准备工作，需要了解基础设施，以及组织机构和管理工作的方式……在三四年后，这样的人会对公司的运作了如指掌，因为所有其他人都是可以利用的，包括营销人员、律师或其他人。

尤顿：我想，大约是 20 年前，约翰·里德成为了花旗银行的 CEO，他离开了所在的 IT 部门。我不知道他是否也是 CIO。

斯特拉斯曼：是的，他曾经是。我认识约翰·里德。噢，他来看过我。

尤顿：他是斯隆管理学院毕业的。

斯特拉斯曼：噢，是的。约翰·里德雇用的我。

尤顿：啊，好的。我只是说，他是我现在记得从 IT 成长起来的唯一例子。可能还有许多这样的人。

斯特拉斯曼：还有其他人，是的，有其他的例子。

尤顿：可能有相当多的情况会让 CIO 觉得自己筋疲力尽，因为他一直在应对各种情况，而且可能并未做好准备。

斯特拉斯曼：噢，你不用进行战斗。答案是，你始终要选择你的战役，而且选择极少数即可。你始终要选择那些你不能输掉的战役。

尤顿：哦，好的。

斯特拉斯曼：因为如果输掉，你就得走人。对 CIO 而言，最糟糕的事情就是输掉战役却还待在那里。这样，他就是个活死人。

尤顿：啊，好的。那么，长期以来，你知道，CIO 的职业年限一直都是两年左右或者更短。

斯特拉斯曼：噢，是的。

尤顿：这样看来，是因为他们输掉了战斗吗？

斯特拉斯曼：不不不。有许多原因，但我来告诉你最基本的错误在哪里。雇用 CIO 的人并不知道他们希望这些人做什么。他们没有清理好权力结构。所以，他们完全误解了这个人应该做什么，并且以这样的想法来雇用某人。

尤顿：原因通常存在于外部？

斯特拉斯曼：是的，来自外部。这就是所谓的两年 CIO——他们进来了，这个人留下来，他有自己的办公室，然后觉得要做什么事情。然后，就开始艰难地做每件事。他不知道预算，不知道自己的领导在哪里。你知道，你始终需要一个领导。

尤顿：是的，是的。

斯特拉斯曼：所以，一年以后，高管发现问题并说："好吧，我们的确做了错误的选择。他不是合适的人选。"他并非错误的人选。把他选中的人才是不合适的人选，因为他们从未做好自己的工作。从来没有……你的书籍能做到的一件事，就是为处在 CFO/CEO 位置的人带来一种思维，即如何锻造成功的 CIO。

尤顿：好。

斯特拉斯曼：除非别人要 CIO 成功，否则 CIO 不能获得成功。

尤顿：但这需要相当清楚这个角色的需求。

斯特拉斯曼：是。然后，你为这个角色雇用正确的人选。

尤顿：你是否看到过许多这样的情况，即 CIO 是从内部往上晋升的，而不是被选派或从外部带进来的？

斯特拉斯曼：非常少。确实也有，是些例外。在施乐的时候，我让一些人为我工作，因为我在数据中心有真正的培训学校，而其中一些人会从轮班主管一直做到 CIO。

尤顿：哇。

斯特拉斯曼：但他们是例外。我的意思是，这样的案例也不是没有。

尤顿：实际上，我现在开始注意到在这点上的一些变化，而有趣的是，你提到了花旗银行。花旗银行是有多个 CIO 的大公司之一。我曾经尝试与一位 CIO 联系过。但是，结果他好像不是总的 CIO，他只是十个中的一个。

斯特拉斯曼：一个公司有多个 CIO 的情况很常见。

尤顿：尤其是在如今的许多跨国公司中。所以，他们可能是处于副 CIO 的水平，有许多这样通过职位晋升的情况。但如果不这样，问题就出现了，CIO 从哪里来？他们并非生来就是，所以需要一次跳槽。也许你从一家公司的某职位跳到另一家公司成为 CIO？那样是不是更常见的方式呢？

斯特拉斯曼：你知道，很难将问题普遍化。我曾经跳过槽，曾经在通用食品、卡夫、施乐、国防部和 NASA 工作过。5 个地方，对吧？所以，我在这个领域，其实看你怎么算，我在这个领域待了 60 年。在这 60 年中，我换了 5 份工作。平均而言，你知道，这……

尤顿：这比平均年限长得多。

斯特拉斯曼：问题是，这些工作是累加的吗，或者只是占位游戏？我想给大家提一点非常重要的建议：当你是 CIO 时，你也是程序员。

尤顿：啊。

斯特拉斯曼：你决不能放弃技能，决不能放弃技能。我现在已经发布了 300 篇论文。我经常写论文，因为有些事情我并不了解。而学习这些事情的最好方法就是写论文，因为你确实会学到它们。顺便一提，一直在学习的人那是教授。

尤顿：（笑）

斯特拉斯曼：教授学得比学生多。猜猜为什么我在教授网络操作的课程？

尤顿：为了可以学习它。

斯特拉斯曼：我正在学习这东西！我最近已经花了两个半月学习它。所以，所以这是技能……你必须清楚，你有需要培养的基本技能。你不能放弃它。

尤顿：在你踏入工作后，是否有业务指导或角色模范等告诉你如何表现，教会你哪些

重要、哪些不重要？

斯特拉斯曼：我会说，最美妙的经历之一是当我来到施乐的时候。我星期一到的，8:30 报到工作，10:30 的时候，一个灰白头发的绅士走进我的房间说："我是乔 · 威尔逊（施乐 CEO）。"

尤顿："叫我乔就好。"我读过你的书。

斯特拉斯曼：是的，"叫我乔就好"。如此谦逊。看，有种礼貌和道德的感觉，这非常重要。你知道，这是权力斗争，但一直都要保持得体，始终要符合道德标准，这总是可以用来判断一个人。现在，我违背过这样的标准一次或两次，我感到十分抱歉——在我表现得有些严厉，对某些人进行报复的时候。但这不是行事的方式。

尤顿：你认为在当今的美国企业中，这样的行为已经大体消失了吗？

斯特拉斯曼：哦，美国企业，就我所知，现在非常有对抗性。过于对抗了。

尤顿：当然，你在硅谷解读到和听说的行为是 IT 世界的缩影。我是说，那些看起来像暗箭伤人和对抗性的行为。

斯特拉斯曼：其实你知道，花旗充满了那种情况。我的意思是，这是一种病态的情况。

约翰 · 里德从外面雇用了三个人来看他的公司。我们去看了看，参观了许多花旗分公司。然后我们回来了，存在这样一种言论：问题不在于技术，因为技术没有问题，但是抵抗和不断的冲突让这个地方四分五裂。

尤顿：那是多久以前？

斯特拉斯曼：（1995）1996 年。

尤顿：有趣，有趣。另一件事，当然，在硅谷这样的 IT 世界通常是这样的，公司由非常年轻的，可以说缺乏经验的、不成熟的人来运营，他们可能还没学会恰当的行为，如何融入组织，在这里他们观察着别人。

斯特拉斯曼：哦，你从你的父母、朋友那里学习行为表现。我的意思是，不要等到了公司再去纠正你的行为。

尤顿：那么，父母的影响很重要，当然，你的整个教育和学习环境也是如此。你是对的，这不仅是在商务世界中。但我认为，人们通常会在商务世界中看到许多不好的例子。如果你接受的是某种方式的教育，但突然发现自己处于一种卑鄙的文化中，那会是一种文化打击。

斯特拉斯曼：是。顺便说一句，我在卡夫的日子非常不错。大家都很努力工作。他们都是走本地路线的牛奶工——努力工作、努力工作，为人友善。虽然钱不多，但很快乐。大家都非常有教养。

尤顿：嗯，很有意思。和在军队相比如何呢？我的意思是，最后做计算机工作的那些人，有的人可能刚从大学毕业，但有些不是来自更加传统的学校，比如西点军校之类的吗？

斯特拉斯曼：是的，但我告诉你，我发现军队里的绅士多于美国公司，尤其是在海军中。

尤顿：是吗？

斯特拉斯曼：噢，是的。我的意思是，野蛮无礼的方法会被嗤之以鼻。这些人绝不会晋升，因为在你成为海军上将之前要经历许多步骤。他们都是绅士，每一个人都是。他们可能有不同的见解，可能有些守旧落后，但他们都很有绅士风度。

尤顿：现在，是从安纳波利斯开始并一路向前吗？

斯特拉斯曼：他们都没去过安纳波利斯。

尤顿：除非他们有那样的基础。哦，好的。

斯特拉斯曼：顺便说一句，我的孙子获得了安纳波利斯议会的提名。

尤顿：祝贺！

斯特拉斯曼：但他们认为他是一个极客，只能做船长，所以他们把他送到卡内基梅隆大学，并为他支付费用。

尤顿：最后一个技术问题，问完我就放你走。最近流行的一项 IT 技术是敏捷开发方法，它似乎对项目管理也有影响，而不仅是开发系统的技术方式。但从管理角度看，你是否发现了敏捷系统开发的优劣？

斯特拉斯曼：（笑）让我说说这个词语“敏捷”，许多东西都在以它的名义进行。

尤顿：的确如此。

斯特拉斯曼：我对这东西看得越多，尤其是在最近 20 年，我就越不关心开发，但却越发关注架构、技术，你知道，现在的关系是怎么设置的？是谁来决定要用哪类数据库、什么样的元数据？

尤顿：好。

斯特拉斯曼：如果没有让事情有意义地组合在一起，进行敏捷开发的效率可能会非常

低下，就像许多小蚂蚁在搬动各个地方的小树枝。

尤顿：（笑）这个比喻不错。好。

斯特拉斯曼：我想那很棒。但我没有花时间在上面。我真的没有花时间在这上面。我更关心还没做的事情，使人们可以进行开发工作。

尤顿：好吧，你观察事情，正如你之前所说，是以四五十年的周期看的。所以，是一件事在推动这些细节，但这些细节却都消失在风暴中。

斯特拉斯曼：最重要的一个问题是：代码的生命是什么，它可以在多大程度上得到维护？代码是否经过敏捷开发，只有一年的生命周期，然后被会被抛弃？

尤顿：有的事情是，但，当然，你和我都这么大年纪了，知道一些我们认为要在一年内抛弃的东西却延续了 25 年或 30 年，所以这就是大的惊喜。

斯特拉斯曼：而会不会被抛弃的差异就在于：它是否被嵌入到了框架中？你看，我对数据就非常关心。

尤顿：好。

斯特拉斯曼：这个特别应用程序如何保障数据安全，这些人是否真正回答了这个问题？现在，代码本身，尤其是如果我已经有基础架构，代码本身的基础架构是一种服务，即提供基础架构的云服务。基础架构不需要我来做。如果你每三个月就抛弃前端，我不介意。

尤顿：好。

斯特拉斯曼：问题将会得到累计，包括数据、通讯基础架构、编码基础架构、互操作性、元数据、连接性、协议。我的意思，累积的问题会有层次之分。

尤顿：没错。

斯特拉斯曼：我不在乎你是否在想放弃的时候就放弃前 5 个百分点。这不重要。它不过是个应用程序，放弃就好了。99 美分，它就值这么多。问题在于，你使用了将会造成所有问题的应用程序，或者你开始了一个需要耗时一年、耗资 1000 万到 5000 万美元的大项目，这不是做事情的方式。

尤顿：所以，对于这样的事情，你是否觉得我们根本不该使用流行的敏捷方法？

斯特拉斯曼：哦，你可以使用敏捷方法。这取决于你要将它放在哪一层。

斯特拉斯曼：可能你并不想将敏捷方法用于基础设施上。你不想对数据使用敏捷方法，那你不用它就好了。

尤顿：好。

斯特拉斯曼：事实上，你有完全不同的数据控制环境，尤其是基础设施。在基础设施中，你可以从互联网开始。然后，由于延迟，你可能决定使用数据中心，即所谓的“边界”（on the edge），来让你实现毫秒级响应。

尤顿：没错。

斯特拉斯曼：你要能摆脱基础设施的难题，并将它放在不同的……使它的上层和下层不受影响。这就是成本所在。

尤顿：没错。很有趣。你知道，如今这是充斥激烈斗争的领域，而 20 年前，我的朋友和我还在引入结构化方法。

好吧，我想我已经问完了清单上的所有问题，非常感谢你花时间接受我的采访。

站在巨人的肩上
Standing on Shoulders of Giants
TURING
图灵教育
iTuring.cn

站在巨人的肩上
Standing on Shoulders of Giants

TURING
图灵教育

iTuring.cn